John Coleman

# El Instituto Tavistock de Relaciones Humanas

La formación de la decadencia moral, espiritual, cultural, política y económica de los Estados Unidos de América

# John Coleman

John Coleman es un autor británico y antiguo miembro del Servicio Secreto de Inteligencia. Coleman ha realizado varios análisis del Club de Roma, la Fundación Giorgio Cini, el Forbes Global 2000, el Coloquio Interreligioso por la Paz, el Instituto Tavistock, la Nobleza Negra y otras organizaciones afines al tema del Nuevo Orden Mundial.

## El Instituto Tavistock de Relaciones Humanas
*La formación de la decadencia moral, espiritual, cultural, política y económica de los Estados Unidos de América*

*The Tavistock Institute of Human Relations: Shaping the Moral, Spiritual, Cultural, Political, and Economic Decline of the United States of America*

Traducido del inglés y publicado por Omnia Veritas Limited

Omnia Veritas Ltd - 2022

www.omnia-veritas.com

Todos los derechos reservados. Ninguna parte de esta publicación puede ser reproducida por ningún medio sin la autorización previa del editor. El Código de la Propiedad Intelectual prohíbe las copias o reproducciones para uso colectivo. Toda representación o reproducción total o parcial por cualquier medio sin el consentimiento del editor, del autor o de sus derechohabientes es ilegal y constituye una infracción sancionada por el Código de la Propiedad Intelectual.

| | |
|---|---|
| **PRÓLOGO** | **13** |
| **CAPÍTULO 1** | **26** |
| FUNDAR EL PRIMER INSTITUTO DE LAVADO DE CEREBRO DEL MUNDO | 26 |
| **CAPÍTULO 2** | **33** |
| EUROPA CAE POR EL PRECIPICIO | 33 |
| **CAPÍTULO 3** | **36** |
| CÓMO HAN CAMBIADO LOS "TIEMPOS" | 36 |
| **CAPÍTULO 4** | **41** |
| INGENIERÍA SOCIAL Y CIENTÍFICOS SOCIALES | 41 |
| **CAPÍTULO 5** | **46** |
| ¿TENEMOS LO QUE H.G. WELLS LLAMÓ "UN GOBIERNO INVISIBLE"? | 46 |
| **CAPÍTULO 6** | **50** |
| LA COMUNICACIÓN DE MASAS INTRODUCE LA INDUSTRIA DE LAS ENCUESTAS | 50 |
| *Los estudios de opinión y la Segunda Guerra Mundial* | 51 |
| **CAPÍTULO 7** | **54** |
| LA FORMACIÓN DE LA OPINIÓN PÚBLICA | 54 |
| **CAPÍTULO 8** | **58** |
| LA DEGRADACIÓN DE LA MUJER Y EL DECLIVE DE LAS NORMAS MORALES | 58 |
| **CAPÍTULO 9** | **62** |
| ¿CÓMO RESPONDEN LOS INDIVIDUOS Y LOS GRUPOS A LA MEZCLA DE REALIDAD Y FICCIÓN? | 62 |
| *Realizar cambios en la "estructura cognitiva y conductual".* | 64 |
| **CAPÍTULO 10** | **67** |
| LAS ENCUESTAS LLEGAN A LA MAYORÍA DE EDAD | 67 |
| **CAPÍTULO 11** | **71** |
| EL CAMBIO DE PARADIGMA EN LA EDUCACIÓN | 71 |
| **CAPÍTULO 12** | **77** |
| LA DOCTRINA DE LEWIN SOBRE EL "CAMBIO DE IDENTIDAD" | 77 |
| **CAPÍTULO 13** | **80** |
| EL DECLIVE INDUCIDO DE LA CIVILIZACIÓN OCCIDENTAL ENTRE LAS DOS GUERRAS MUNDIALES | 80 |
| **CAPÍTULO 14** | **86** |

ESTADOS UNIDOS NO ES UNA "PATRIA" .................................................................. 86

**CAPÍTULO 15** ........................................................................................................ **94**

EL PAPEL DE LOS MEDIOS DE COMUNICACIÓN EN LA PROPAGANDA .................... 94

**CAPÍTULO 16** ........................................................................................................ **99**

LA PROPAGANDA CIENTÍFICA PUEDE ENGAÑAR A LOS VOTANTES ....................... 99

**CAPÍTULO 17** ...................................................................................................... **103**

PROPAGANDA Y GUERRA PSICOLÓGICA ......................................................... 103

**CAPÍTULO 18** ...................................................................................................... **108**

WILSON INTRODUCE A LOS ESTADOS UNIDOS EN LA PRIMERA GUERRA MUNDIAL A TRAVÉS DE LA PROPAGANDA ....................................................................... 108

**CAPÍTULO 19** ...................................................................................................... **112**

¿SE REPITE LA HISTORIA? EL CASO DE LORD BRYCE ......................................... 112

**CAPÍTULO 20** ...................................................................................................... **121**

EL ARTE DE MENTIR CON ÉXITO: LA GUERRA DEL GOLFO DE 1991 ................... 121

**CAPÍTULO 21** ...................................................................................................... **124**

EL MONUMENTO A LOS SOLDADOS Y LOS CEMENTERIOS DE LA PRIMERA GUERRA MUNDIAL ...................................................................................................... 124

**CAPÍTULO 22** ...................................................................................................... **130**

LA PAZ NO ES POPULAR ................................................................................ 130
*Científicos sociales en Tavistock* ............................................................. *134*

**CAPÍTULO 23** ...................................................................................................... **142**

EL INSTITUTO TAVISTOCK: EL CONTROL BRITÁNICO SOBRE LOS ESTADOS UNIDOS .................................................................................................................... 142

**CAPÍTULO 24** ...................................................................................................... **152**

EL LAVADO DE CEREBRO SALVA A UN PRESIDENTE ESTADOUNIDENSE ............... 152

**CAPÍTULO 25** ...................................................................................................... **158**

EL ASALTO DE TAVISTOCK A LOS ESTADOS UNIDOS ........................................ 158

**CAPÍTULO 26** ...................................................................................................... **162**

CÓMO SE "PROMOCIONAN" LOS POLÍTICOS, ACTORES Y CANTANTES MEDIOCRES .................................................................................................................... 162

**CAPÍTULO 27** ...................................................................................................... **168**

LA FÓRMULA TAVISTOCK QUE LLEVÓ A LOS ESTADOS UNIDOS A LA SEGUNDA GUERRA MUNDIAL ....................................................................................... 168

**CAPÍTULO 28** .................................................................................. 175
CÓMO TAVISTOCK HACE QUE LA GENTE SANA ENFERME .................. 175
**CAPÍTULO 29** .................................................................................. 184
LA PSICOLOGÍA TOPOLÓGICA LLEVA A ESTADOS UNIDOS A LA GUERRA DE IRAK
............................................................................................................ 184
**CAPÍTULO 30** .................................................................................. 194
NO ELECCIÓN DE CANDIDATOS EN LAS ELECCIONES ........................ 194
**CAPÍTULO 31** .................................................................................. 205
CRECIMIENTO CERO EN LA AGRICULTURA Y LA INDUSTRIA: LA SOCIEDAD POSTINDUSTRIAL AMERICANA ............................................................ 205
**CAPÍTULO 32** .................................................................................. 211
REVELANDO EL NIVEL SUPERIOR DEL GOBIERNO PARALELO SECRETO ............ 211
**CAPÍTULO 33** .................................................................................. 218
INTERPOL EN EE.UU.: SU ORIGEN Y PROPÓSITO REVELADOS ............ 218
**CAPÍTULO 34** .................................................................................. 228
LOS CULTOS DE LA COMPAÑÍA DE LAS INDIAS ORIENTALES ............ 228
*Tavistock y la Casa Blanca* .................................................................. 229
**CAPÍTULO 35** .................................................................................. 238
LA INDUSTRIA MUSICAL, EL CONTROL MENTAL, LA PROPAGANDA Y LA GUERRA
............................................................................................................ 238
*Time Warner* ........................................................................................ 240
*SONY* ................................................................................................... 242
*Bertelsman* .......................................................................................... 243
*EMI* ..................................................................................................... 244
*El Grupo Capital* ................................................................................ 245
*Las Indias* ........................................................................................... 245
*Philips Electronic* ............................................................................... 246
**APÉNDICE** ...................................................................................... 253
LA GRAN DEPRESIÓN ........................................................................ 253
*Los acontecimientos que condujeron a la Gran Depresión de los años 30.*
............................................................................................................ 253
*Kurt Lewin* .......................................................................................... 256
*Niall Ferguson* .................................................................................... 257
*"La Gran Guerra: el poder de la propaganda* ................................... 260
*Los esfuerzos de propaganda posteriores* .......................................... 261
**BIBLIOGRAFÍA** ............................................................................... 265
**YA PUBLICADO** ............................................................................. 269

# EL INSTITUTO TAVISTOCK DE RELACIONES HUMANAS

El Instituto Tavistock de Relaciones Humanas ha tenido un profundo efecto en las políticas morales, espirituales, culturales, políticas y económicas de los Estados Unidos de América y Gran Bretaña. Ha estado al frente del ataque a la Constitución estadounidense. Ningún grupo produjo más propaganda para animar a Estados Unidos a participar en la Primera Guerra Mundial en un momento en que la mayoría del pueblo estadounidense se oponía a ella.

Las mismas tácticas fueron utilizadas por los científicos sociales de Tavistock para meter a Estados Unidos en la Segunda Guerra Mundial, Corea, Vietnam, Serbia y las dos guerras con Irak. Tavistock comenzó como una organización de creación y difusión de propaganda en Wellington House, Londres, en el período previo a la Primera Guerra Mundial, que Toynbee llamó "ese agujero negro de la desinformación". En otra ocasión, Toynbee se refirió a Wellington House como una "fábrica de mentiras". A partir de unos inicios un tanto rudimentarios, la Wellington House se convirtió en el Instituto Tavistock y marcó los destinos de Alemania, Rusia, Gran Bretaña y Estados Unidos de forma muy controvertida. Los pueblos de estas naciones no sabían que les estaban "lavando el cerebro". El origen del "control mental", el "condicionamiento direccional interno" y el "lavado de cerebro" masivo se explica en un libro fácil de entender y escrito con autoridad.

La caída de las dinastías católicas, la revolución bolchevique, la primera y la segunda guerras mundiales que vieron la destrucción de las antiguas alianzas y fronteras, las convulsiones de la religión, la decadencia de la moral, la destrucción de la vida familiar, el colapso de los procesos económicos y políticos, la decadencia en la música y el arte pueden atribuirse al adoctrinamiento masivo (lavado de cerebro de las masas) practicado por los científicos sociales del Instituto Tavistock. Entre los profesores de Tavistock estaba Edward Bernays, sobrino de Sigmund Freud. Se dice que Herr Goebbels, el Ministro de Propaganda del Tercer Reich alemán, utilizó los métodos ideados por Bernays, así como los de Willy Munzenberg, cuya extraordinaria carrera se relata en este libro sobre el pasado, el presente y el futuro. Sin Tavistock, no habrían existido la Primera y la Segunda Guerras Mundiales, la Revolución Bolchevique o las guerras de Corea, Vietnam, Serbia e Irak. Sin Tavistock, Estados Unidos no se precipitaría por el camino de la disolución y el colapso.

**Agradecimientos**

Mi inmensa gratitud por la ayuda, el estímulo y las largas horas de trabajo, la crítica reflexiva y el aliento sobre este libro que me han proporcionado mi esposa Lena y nuestro hijo John en cada etapa de su preparación, incluidas las sugerencias para el diseño de la cubierta, la investigación y la lectura de fuentes.

También estoy agradecido a Dana Farnes por su incansable trabajo informático y su asistencia técnica; a Ann Louise Gittleman y James Templeton, que me animaron a escribir este libro y no me dieron descanso hasta que empecé; a Renee y Grant Magan por hacer el trabajo diario, dejándome libre para concentrarme en la escritura. También quiero dar las gracias especialmente al Dr. Kinne McCabe y a Mike Granston, cuyo apoyo leal y constante ha sido un factor clave para permitirme completar este trabajo.

# Prólogo

El *Instituto Tavistock de Relaciones Humanas* era desconocido para el pueblo de Estados Unidos hasta que el Dr. Coleman reveló su existencia en su monografía *The Tavistock Institute of Human Relations: Britain's Control of the United States*. Hasta entonces, el Tavistock se las había arreglado para mantener en secreto su papel en la configuración de los asuntos de los Estados Unidos, su gobierno y su pueblo, desde sus inicios en Londres en 1913 en Wellington House.

Después de que se publicara el artículo original del Dr. Coleman en el que se exponía esta organización ultrasecreta, otros se presentaron reclamando la autoría, pero sin poder demostrarlo.

El Instituto Tavistock comenzó como una organización de creación y difusión de propaganda, con sede en Wellington House, con el objetivo de crear un órgano de propaganda capaz de acabar con la fuerte resistencia pública a la inminente guerra entre Gran Bretaña y Alemania.

El proyecto fue confiado a Lords Rothmere y Northcliffe y su mandato era crear una estructura capaz de manipular la opinión pública y dirigir esta opinión fabricada por el camino deseado para apoyar una declaración de guerra de Gran Bretaña contra Alemania.

La financiación corrió a cargo de la familia real británica y, posteriormente, de los Rothschild, con quienes Lord Northcliffe está emparentado por matrimonio. Arnold Toynbee fue elegido Director de Estudios del Futuro. Dos estadounidenses, Walter Lippmann y Edward Bernays, fueron designados para encargarse de la manipulación de la opinión pública estadounidense para la entrada de Estados Unidos en la Primera Guerra Mundial, y para informar y dirigir al presidente Woodrow Wilson.

A partir de un comienzo un tanto rudimentario en la Casa Wellington, se desarrolló una estructura formidablemente eficaz que moldearía el destino de Alemania, Gran Bretaña y, sobre todo, Estados Unidos de una manera muy sofisticada para manipular y crear opinión pública, lo que se conoce como "lavado de cerebro masivo".

A lo largo de su historia, Tavistock creció en tamaño y ambición, cuando en 1937 se decidió utilizar como modelo la monumental obra del autor alemán Oswald Spengler *Untergange des Abenlandes* (*La decadencia de Occidente*).

Anteriormente, los miembros del consejo de administración de la Wellington House, Rothmere, Northcliffe, Lippmann y Bernays, habían leído y ofrecido como guía los escritos de Correa Moylan Walsh, en particular el libro *The Climax of Civilization* (1917), por corresponder estrechamente a las condiciones que debían crearse antes del advenimiento de un Nuevo Orden Mundial en un Gobierno Único.

En esta empresa, los miembros de la junta directiva consultaron a la familia real británica y obtuvieron la aprobación de los "olímpicos" (el núcleo duro del Comité de los 300) para formular una estrategia. La financiación corrió a cargo de la monarquía, los Rothschild, el grupo Milner y los fideicomisos de la familia Rockefeller.

En 1936, la monumental obra de Spengler había atraído la atención de lo que se había convertido en el Instituto Tavistock. En un esfuerzo por cambiar y remodelar la opinión pública por segunda vez en menos de doce años, por consentimiento unánime del Consejo de Administración, el enorme libro de Spengler fue adoptado como el proyecto de un nuevo modelo de trabajo para provocar el declive y la necesaria caída de la civilización occidental para crear y establecer un Nuevo Orden Mundial dentro de un Gobierno Mundial Único.

Spengler consideraba inevitable que se introdujeran elementos extraños en la civilización occidental en un número cada vez mayor y que Occidente no lograra expulsar estas formas ajenas, sellando así su destino como una sociedad cuyas creencias interiores y convicciones sólidas estarían en desacuerdo con su profesión exterior y, como resultado, la civilización occidental se disolvería como las antiguas civilizaciones de Grecia y Roma.

El pensamiento de Tavistock era que Spengler había adoctrinado a la civilización occidental para que expulsara los elementos extranjeros disolventes, como hizo la civilización romana. La pérdida genética que ha sufrido Europa -y en particular Escandinavia, Inglaterra, Alemania, Francia- (las razas anglosajonas, nórdicas y germánicas alpinas), que comenzó justo antes de la Segunda Guerra Mundial, es ya tan grande que supera todas las expectativas, y continúa a un ritmo alarmante bajo la experta dirección de los responsables de Tavistock.

Lo que antes era un hecho muy raro se ha convertido en algo común, un hombre negro casado con una mujer blanca o viceversa.

Las dos guerras mundiales le costaron a la nación alemana casi una cuarta parte de su población. La mayor parte de las energías intelectuales de la nación alemana se desviaron hacia los cauces de la guerra en defensa de la patria, en detrimento de la ciencia, el arte, la literatura, la música y el progreso cultural, espiritual y moral de la nación. Lo mismo puede decirse de la nación británica. El incendio provocado por los británicos bajo la dirección de Tavistock incendió toda Europa y causó daños incalculables según el plan de Tavistock que correspondía a las predicciones de Spengler.

Las civilizaciones clásica y occidental son las únicas que pueden aportar un renacimiento moderno al mundo. Han prosperado y progresado mientras estas civilizaciones permanecieron bajo el control de las razas anglosajona, nórdica, alpina y germánica. La belleza insuperable de su literatura, su arte, sus clásicos, el avance espiritual y moral del sexo femenino con un grado de protección correspondientemente alto, fue lo que distinguió a las civilizaciones occidentales y clásicas de las demás.

Fue esta fortaleza la que Spengler vio bajo un ataque creciente y el pensamiento de Tavistock siguió caminos paralelos, pero con un objetivo totalmente diferente. Tavistock veía esta civilización como un escollo para el advenimiento de un Nuevo Orden Mundial, al igual que el énfasis en la protección y elevación del sexo femenino a un lugar de gran respeto y honor.

Así, la idea de Tavistock era "democratizar" Occidente atacando la feminidad y los fundamentos raciales, morales, espirituales y religiosos en los que se basa la civilización occidental.

Como sugirió Spengler, los griegos y los romanos se dedicaron al avance social, religioso, moral y espiritual y a la preservación de la feminidad y tuvieron éxito mientras tuvieron el control y pudieron arreglar las cosas de manera que el gobierno fuera dirigido por un número limitado de ciudadanos responsables apoyados por la población en general, todos ellos de la misma raza pura y no adulterada. Los planificadores de Tavistock vieron que la forma de alterar el equilibrio de la civilización occidental era forzar cambios indeseables en la raza transfiriendo el control de los que lo merecían a los que no lo merecían, a la manera de los antiguos gobernantes romanos que fueron suplantados por sus antiguos esclavos y los extranjeros a los que habían permitido venir a vivir entre ellos.

En 1937, Tavistock había recorrido un largo camino desde sus comienzos en Wellington House y la exitosa campaña de propaganda que había convertido al público británico, fuertemente opuesto a la guerra en 1913, en participantes voluntariosos a través de las artes de la manipulación y la cooperación voluntaria de los medios de comunicación.

Esta técnica se aplicó al otro lado del Atlántico en 1916 para manipular al pueblo estadounidense para que apoyara la guerra en Europa. A pesar de que la gran mayoría, incluidos al menos 50 senadores estadounidenses, se oponían rotundamente a que Estados Unidos se viera arrastrado a lo que consideraban esencialmente una disputa entre Gran Bretaña y Francia, por un lado, y Alemania, por otro, en gran medida por motivos comerciales y económicos, los conspiradores no se dejaron intimidar. Fue entonces cuando Wellington House introdujo la palabra "aislacionistas" como descripción peyorativa de los estadounidenses que se oponían a la participación de Estados Unidos en la guerra. El uso de estas palabras y frases proliferó bajo el lavado de cerebro experto de los científicos sociales de Tavistock. Términos como "cambio de régimen" o "daños colaterales" se convirtieron en algo habitual.

Con el plan de Tavistock modificado para adaptarse a las condiciones americanas, Bernays y Lippmann llevaron al presidente Woodrow Wilson a establecer las primeras técnicas metodológicas para encuestar (fabricar) la llamada opinión pública creada por la propaganda emanada de Tavistock. También enseñaron a Wilson a crear un cuerpo secreto de "gestores" para gestionar el esfuerzo bélico y un cuerpo de "asesores" para ayudar al Presidente en su toma de decisiones. La Comisión Creel fue el primer órgano de opinión de este tipo que se creó en Estados Unidos.

Woodrow Wilson fue el primer presidente estadounidense que declaró públicamente su apoyo a la creación de un Nuevo Orden Mundial dentro de un Gobierno Mundial Socialista. Su notable aceptación del Nuevo Orden Mundial se describe en su libro *La nueva libertad*.

Dicen "su" libro, pero en realidad fue escrito por el socialista William B. Hayle. Wilson denuncia el capitalismo. "Es contraria al hombre común y ha traído el estancamiento a nuestra economía", escribió Wilson.

Sin embargo, en ese momento, la economía estadounidense estaba experimentando una prosperidad y una expansión industrial sin precedentes en su historia:

> "Estamos en presencia de una revolución -no sangrienta, América no está hecha para el derramamiento de sangre- sino una revolución silenciosa, por la que América insistirá en volver a la práctica de aquellos ideales que siempre ha defendido, de formar un gobierno dedicado a la defensa del interés general. Estamos en vísperas de una época en la que la vida sistemática del país se verá apoyada o al menos complementada en todos los

aspectos por la actividad del gobierno. Y ahora debemos determinar qué tipo de actividad gubernamental será; si, en primera instancia, es dirigida por el propio gobierno, o si es indirecta, a través de instrumentos que ya han sido formados y que están listos para tomar el lugar del gobierno."

Mientras Estados Unidos era todavía una potencia neutral bajo el mandato del presidente Wilson, la Casa de Wellington vertió un flujo constante de mentiras sobre Alemania y la supuesta amenaza que suponía para Estados Unidos.

Recordemos la declaración de Bakunin en 1814, que tan bien se ajustaba a la escandalosa propaganda que Wilson utilizaba para apoyar sus argumentos:

"Mentir a través de la diplomacia: la diplomacia no tiene otra misión. Cada vez que un Estado quiere declarar la guerra a otro Estado, comienza por emitir un manifiesto dirigido no sólo a sus propios súbditos, sino a todo el mundo.

En este manifiesto, declara que la ley y la justicia están de su lado y se esfuerza por demostrar que la mueve el amor a la paz y a la humanidad (y a la democracia), y que, imbuida de sentimientos generosos y pacíficos, ha sufrido durante mucho tiempo en silencio hasta que la creciente iniquidad de su enemigo la obligó a levantar la espada.

Al mismo tiempo, jura que, desdeñando toda conquista material y sin buscar el aumento del territorio, pondrá fin a esta guerra tan pronto como se restablezca la justicia. Y su antagonista responde con un manifiesto similar, en el que, naturalmente, el derecho, la justicia, la humanidad y todos los sentimientos generosos están respectivamente de su lado. Estos manifiestos, mutuamente opuestos, están escritos con la misma elocuencia, respiran la misma justa indignación, y uno es tan sincero como el otro, es decir, ambos son descarados en sus mentiras, y sólo los tontos se dejan engañar por ellos. Las personas sensatas, todas las que tienen alguna experiencia política, ni siquiera se molestan en leer esas declaraciones."

Las proclamas del presidente Wilson justo antes de acudir al Congreso para pedir una declaración constitucional de guerra encarnan cada uno de los sentimientos de Bakunin.

Mintió por diplomacia" y utilizó la burda propaganda fabricada en Wellington House para enardecer a la opinión pública estadounidense con historias de atrocidades cometidas por el ejército alemán en su marcha por Bélgica en 1914. Como descubriremos, se trataba esencialmente de una gigantesca mentira hecha pasar por verdad gracias a las maniobras de propaganda de Tavistock.

Recuerdo haber hojeado una gran pila de periódicos antiguos en el Museo Británico, donde pasé cinco años investigando a fondo. Los periódicos cubren los años 1912 a 1920. Recuerdo haber pensado entonces: "¿No es sorprendente que la carrera hacia el gobierno socialista totalitario del Nuevo Orden Mundial esté liderada por Estados Unidos, supuestamente un bastión de la libertad?"

Entonces me quedó muy claro que el Comité de los 300 tiene su gente en todos los niveles de Estados Unidos, en la banca, la industria, el comercio, la defensa, el Departamento de Estado e incluso la Casa Blanca, por no hablar del club de élite llamado Senado de Estados Unidos, que creo que es simplemente un foro para impulsar un Nuevo Orden Mundial.

Entonces me di cuenta de que la explosión propagandística del presidente Wilson contra Alemania y el Kaiser (en realidad producto de los agentes de Rothschild, Lords Northcliffe y Rothmere, y de la fábrica de propaganda Wellington House) no era muy diferente de la "situación inventada" de Pearl Harbor, del "incidente" del Golfo de Tonkín y, Mirando hacia atrás, no veo ninguna diferencia entre las mentiras propagandísticas sobre la brutalidad de los soldados alemanes que cortaron los brazos y las piernas de los niños belgas en 1914, y los métodos utilizados para embaucar y drogar al pueblo estadounidense para que permitiera a la administración Bush invadir Irak. Mientras que en 1914 el Kaiser era una "bestia salvaje", un "asesino despiadado", un "monstruo", el "carnicero de Berlín", en 2002 fue el presidente Hussein quien era todo eso y más, ¡incluso el "carnicero de Bagdad"! ¡Pobre América, engañada, embaucada, cómplice y confiada! ¿Cuándo aprenderás?

En 1917, Woodrow Wilson hizo pasar la agenda del Nuevo Orden Mundial por la Cámara de Representantes y el Senado, y el presidente Bush hizo pasar la agenda del Nuevo Orden Mundial para Irak por la Cámara de Representantes y el Senado en 2002 sin debate, en un ejercicio arbitrario del poder y una violación flagrante de la Constitución de Estados Unidos por la que el pueblo estadounidense está pagando un precio enorme. Pero el pueblo estadounidense sufre un shock traumático inducido por el Instituto Tavistock de Relaciones Humanas y es sonámbulo y sin liderazgo real.

No saben cuál es el precio y no les interesa averiguarlo. El Comité de los 300 sigue dirigiendo los Estados Unidos, como lo hizo durante las presidencias de Wilson y Roosevelt, mientras el pueblo estadounidense se distraía con "pan y circo", salvo que hoy es béisbol, fútbol, interminables producciones de Hollywood y seguridad social. Nada ha cambiado.

Los Estados Unidos, acosados, cazados, empujados y empujadas, están en la vía rápida hacia el nuevo orden mundial, impulsados por los republicanos radicales del partido de la guerra que han sido tomados por los científicos del Instituto Tavistock para las Relaciones Humanas.

Hace poco, un suscriptor me preguntó "dónde encontrar el Instituto Tavistock". Mi respuesta fue: "Mira alrededor del Senado de los EE.UU., la Cámara de Representantes, la Casa Blanca, el Departamento de Estado, el Departamento de Defensa, Wall Street, Fox T.V. (Faux T.V.) y verás sus agentes de cambio en cada uno de estos lugares".

El presidente Wilson fue el primer presidente estadounidense que "gestionó" la guerra a través de un comité civil guiado y dirigido por los Bernays y Lippmann de Wellington House, mencionados anteriormente.

El rotundo éxito de la Casa Wellington y su enorme influencia en el curso de la historia de Estados Unidos comenzó antes, en 1913. Wilson había pasado casi un año desmantelando los aranceles comerciales protectores que habían impedido que los mercados nacionales estadounidenses se vieran inundados por el "libre comercio", que esencialmente significaba permitir que los productos británicos baratos fabricados por mano de obra mal pagada en la India inundaran el mercado estadounidense. El 12 de octubre de 1913, Wilson firmó el proyecto de ley que marcó el principio del fin de la singular clase media estadounidense, durante mucho tiempo el objetivo de los socialistas fabianos. El proyecto de ley se describió como una medida para "ajustar los aranceles", pero habría sido más exacto describirlo como un proyecto de ley para "destruir los aranceles".

Tal fue el poder oculto de Wellington House que la gran mayoría del pueblo estadounidense aceptó esta mentira, sin saber ni darse cuenta de que era la sentencia de muerte para el comercio estadounidense y que condujo al TLCAN, al GATT y al Tratado de Libre Comercio de América del Norte, así como a la creación de la Organización Mundial del Comercio (OMC). Más sorprendente aún fue la aceptación de la Ley Federal del Impuesto sobre la Renta, aprobada el 5 de septiembre de 1913, para sustituir los aranceles comerciales como fuente de ingresos del gobierno federal. El impuesto sobre la renta es una doctrina marxista que no aparece en la Constitución de EE.UU., ni tampoco el Banco de la Reserva Federal. Wilson calificó sus dos huelgas contra la Constitución como "una lucha por el pueblo y por la libertad de empresa" y dijo estar orgulloso de haber tomado "parte en la culminación de una gran empresa". La Ley de la Reserva Federal, explicada por Wilson como "la reconstrucción del sistema bancario y monetario de la nación", se aprobó a toda prisa con un torrente de propaganda desde Wellington House, justo a tiempo para las hostilidades que desencadenaron el horror de la Primera Guerra Mundial.

La mayoría de los historiadores coinciden en que sin la aprobación de la Ley del Banco de la Reserva Federal, Lord Grey no podría haber desencadenado esta terrible conflagración.

El lenguaje engañoso de la Ley de la Reserva Federal estaba bajo la dirección de Bernays y Lippman que crearon una "Liga Nacional de Ciudadanos" con el notorio Samuel Untermeyer como su presidente, para promover el Banco de la Reserva Federal, que obtuvo el control del dinero y la moneda del pueblo y lo transfirió a un monopolio privado sin el consentimiento de la víctima.

Uno de los elementos históricos más interesantes que rodean la imposición de la medida de esclavitud financiera extranjera es que antes de ser enviada a Wilson para su firma, se entregó una copia al siniestro coronel Edward Mandel House como representante de la Casa Wellington y de la oligarquía británica representada por el banquero J. P. Morgan, a su vez agente de los Rothschild de Londres y París.

En cuanto al pueblo norteamericano, en cuyo nombre se instituyó esta desastrosa medida, no tenía ni idea de cómo había sido engañado y embaucado totalmente. Un instrumento de esclavitud fue atado a sus cuellos sin que las víctimas se dieran cuenta.

La metodología de la Casa de Wellington estaba en su punto álgido cuando Wilson fue instruido sobre cómo persuadir al Congreso para que declarara la guerra a Alemania, a pesar de que había sido elegido con la solemne promesa de mantener a Estados Unidos fuera de la guerra que entonces hacía estragos en Europa, un gran triunfo para el nuevo arte de la formación de la opinión pública. Eso fue todo: las preguntas de la encuesta estaban matizadas para que las respuestas reflejaran las opiniones del público, no su comprensión de los temas o de los procesos de la ciencia política.

Una extensa investigación y lectura de los registros del Congreso de 1910 a 1920 por parte de este autor ha dejado muy claro que si Wilson no hubiera firmado el inicuo proyecto de ley de "reforma monetaria" el 23 de diciembre de 1913, el gobierno paralelo secreto que controlaba los Estados Unidos predicho por H.G. Wells no habría podido comprometer los vastos recursos de los Estados Unidos en la guerra de Europa.

La Casa de Morgan, que representa a los "olímpicos" del Comité de los 300, y su todopoderosa red financiera en la City de Londres, desempeñó un papel destacado en la creación de los

"Bancos de la Reserva Federal de los Estados Unidos", que no eran ni "federales" ni "bancos", sino un monopolio privado generador de dinero atado al cuello del pueblo estadounidense, cuyo dinero era ahora libre para ser robado a una escala inimaginable, convirtiéndolo en esclavo del Nuevo Orden Mundial en el futuro Gobierno Mundial Único. La Gran Depresión de los años 30 fue la segunda gran factura catastrófica que tuvo que pagar el pueblo estadounidense, la primera fue la Primera Guerra Mundial. (Ver anexo)

Aquellos que lean este libro como una primera introducción al Nuevo Orden Mundial dentro de un Gobierno Mundial serán escépticos; pero consideren que una figura tan importante como el gran Sir Harold Mackinder no ocultó sus creencias en su llegada.

Más que eso, sugirió que podría ser una dictadura. Sir Harold tenía un currículum impresionante, ya que había sido profesor de geografía en la Universidad de Londres, director de la London School of Economics de 1903 a 1908 y miembro del Parlamento de 1910 a 1922. También fue un estrecho colaborador de Arnold Toynbee, una de las principales figuras de Wellington House. Predijo correctamente un núcleo de acontecimientos geopolíticos sorprendentes, muchos de los cuales se han hecho realidad.

Una de estas "profecías" fue la fundación de dos Alemanias, la República Socialdemócrata de Alemania y la República Federal de Alemania. Los críticos han sugerido que obtuvo esta información de Toynbee; que se trataba simplemente de la planificación a largo plazo del Comité de los 300 de la que Toynbee tenía conocimiento.

Después de Wellington House, Toynbee se trasladó al Royal Institute for International Affairs (RIIA) y luego a la Universidad de Londres, donde ocupó la cátedra de historia internacional. En su libro *America and World Revolution*, afirma

> "Si queremos evitar el suicidio colectivo, tenemos que crear nuestro estado mundial rápidamente y eso probablemente signifique tenerlo de forma no democrática para empezar. Tendremos que empezar a construir un estado mundial ahora, en

el mejor modelo que podamos en este momento".

Toynbee continúa diciendo que esta "dictadura global" tendrá que suplantar a "los estados nacionales locales que pueblan el mapa geopolítico actual".

El nuevo estado mundial debía establecerse sobre la base de un control mental masivo y una propaganda que lo hiciera aceptable. En mi libro *El Comité de los 300*,[1] expliqué que Bernays "denunció" las encuestas en sus libros de 1923 y 1928, *Propaganda* y *Crystallizing Public Opinion*.

A esto le siguió el consentimiento de los ingenieros:

> La autopreservación, la ambición, el orgullo, el hambre, el amor a la familia y a los hijos, el patriotismo, la imitación, el deseo de ser líder, el amor al juego... Estas y otras motivaciones son la materia prima psicológica que todo líder debe tener en cuenta en sus esfuerzos por ganarse al público para su punto de vista... Para mantener su confianza, la mayoría de la gente necesita estar segura de que todo lo que cree sobre algo es cierto.

Se discuten estas obras reveladoras y debe añadirse que al escribirlas, la jerarquía de Tavistock se sintió aparentemente lo suficientemente segura como para regodearse de su logrado control de los Estados Unidos y Gran Bretaña, que se había convertido en una conspiración abierta en los términos sugeridos por primera vez por H.G. Wells.

Con la llegada de la Casa Wellington, financiada por la monarquía británica y más tarde por Rockefeller, Rothschild y Estados Unidos, la civilización occidental entró en la primera fase de un plan que preveía un gobierno secreto para dirigir el mundo, el Comité de los 300.

El Instituto Tavistock de Relaciones Humanas es una consecuencia de ello. Como este libro no trata sobre el Comité de los 300, sugerimos a los lectores que obtengan ejemplares del

---

[1] Publicado por Omnia Veritas Limited.

primer y segundo libro, *El Comité de los 300*.[2]

El plan cuidadosamente estructurado de los "300" se ha seguido al pie de la letra y hoy, al llegar a finales de 2005, es bastante fácil para los bien informados trazar el curso de la civilización occidental y marcar su progreso hasta donde estamos hoy. Como mínimo, este libro es un intento de hacerlo.

---

[2] *The Hierarchy of Conspirators, A History of the Committee of 300*, Omnia Veritas Ltd, www.omnia-veritas.com.

# CAPÍTULO 1

## Fundar el primer instituto de lavado de cerebro del mundo

Desde sus modestos pero vitalmente importantes comienzos en Wellington House, el Instituto Tavistock para las Relaciones Humanas ha crecido rápidamente hasta convertirse en el primer instituto secreto de "lavado de cerebro" del mundo. Merece la pena explicar cómo se ha conseguido este rápido progreso.

La ciencia moderna de la manipulación masiva de la opinión pública nació en Wellington House, en Londres, bajo la dirección de Lord Northcliffe y Lord Rothmere.

La monarquía británica, Lord Rothschild y los Rockefeller fueron los encargados de financiar la empresa. Los documentos que hemos tenido el privilegio de examinar muestran que el objetivo de quienes trabajaban en Wellington House era cambiar la opinión del pueblo británico, que se oponía rotundamente a la guerra con Alemania, una tarea ingente que se llevó a cabo mediante la "formación de opinión" a través de encuestas. El equipo incluía a Arnold Toynbee, posteriormente director de estudios del Royal Institute of International Affairs (RIIA), a los lores Norhcliffe y a los estadounidenses Walter Lippmann y Edward Bernays.

Bernays nació en Viena el 22 de noviembre de 1891. Sobrino de Sigmund Freud, el padre del psicoanálisis, es considerado por muchos como "el padre de las relaciones públicas", aunque ese título pertenece a Willy Munzenberg. Bernays fue pionero en el uso de la psicología y otras ciencias sociales para moldear y formar la opinión pública, de modo que el público crea que estas opiniones fabricadas son suyas.

"Si comprendemos el mecanismo y las motivaciones de la mente grupal, ahora es posible controlar y gobernar a las masas según nuestra voluntad sin que lo sepan", postuló Bernays. Llamó a esta técnica "la ingeniería del consentimiento". Una de sus técnicas más conocidas para lograr este objetivo era el uso indirecto de lo que él llamaba autoridades de terceros para dar forma a las opiniones deseadas: "Si se puede influir en los líderes, con o sin su cooperación consciente, se influye automáticamente en el grupo en el que influyen. Llamó a esta técnica "creación de opinión".

Tal vez ahora podamos empezar a entender cómo Wilson, Roosevelt, Clinton, Bush padre e hijo pudieron arrastrar tan fácilmente a los Estados Unidos a guerras desastrosas en las que su pueblo nunca debería haberse involucrado.

Los participantes británicos y estadounidenses se centraron en técnicas no probadas para movilizar el apoyo a la guerra que se avecinaba.

Como se ha señalado anteriormente, el pueblo británico no quería la guerra, y así lo manifestaba, pero Toynbee, Lippmann y Bernays pretendían cambiar esta situación aplicando técnicas destinadas a manipular la opinión pública a través de encuestas. Aquí repasamos los métodos que se idearon y ejecutaron para que Gran Bretaña y Estados Unidos entraran en la Primera Guerra Mundial, así como las técnicas que se pusieron en práctica entre las dos guerras mundiales y después. Como veremos, la propaganda iba a desempeñar un papel importante.

Uno de los principales objetivos de Tavistock era lograr la degradación de la mujer. Tavistock reconoció que Jesucristo había dado a la mujer un lugar nuevo y respetable en el orden de la civilización, que no existía antes de su venida.

Tras el ministerio de Cristo, las mujeres adquirieron una estima y un lugar elevado en la sociedad que no existía en las civilizaciones precristianas. Por supuesto, se puede argumentar que un estatus tan elevado existía en los imperios griego y romano, y esto sería cierto hasta cierto punto, pero aún así está muy lejos del estatus que se encontró la mujer en la sociedad post-cristiana.

Tavistock trató de cambiar esta situación y el proceso comenzó inmediatamente después de la Primera Guerra Mundial. La Iglesia Ortodoxa Oriental, que los príncipes rus (vikingos) de Moscú trajeron de Constantinopla, veneraba y respetaba la feminidad, y su experiencia con los jázaros, a los que más tarde derrotaron y expulsaron de Rusia, les hizo decidirse a proteger la feminidad en Rusia.

Fundador de la dinastía Romanov, Miguel Romanov era descendiente de una familia noble que había defendido a Rusia sobre la base de un país cristiano. A partir de 1613, los Romanov trataron de ennoblecer a Rusia e impregnarla de un gran espíritu de cristiandad, lo que también significaba la protección y el honor de las mujeres rusas.

Los nobles moscovitas, bajo el liderazgo del príncipe Dimitri Donskoi, se ganaron el odio implacable de los Rothschild hacia Rusia debido a la derrota y expulsión por parte de Donskoi de las hordas jázaras que habitaban las regiones bajas del Volga. Esta bárbara nación guerrera, de misterioso origen indo-turco, había adoptado la religión judaica por decreto del rey Bulant después de que esta religión hubiera sido aprobada por el gran adivino-mago jázaro, David el-Roi.

Fue la bandera personal de El Roi, ahora llamada "Estrella de David", la que se convirtió en la bandera oficial de la nación jázara cuando se estableció en Polonia tras ser expulsada de Rusia.

La bandera fue adoptada más tarde por los sionistas como su estandarte y todavía se le llama erróneamente Estrella de David. Los cristianos cometen el error de confundirlo con el rey David del Antiguo Testamento, cuando en realidad no hay ninguna relación entre ambos.

El odio a Rusia se exacerbó en 1612, cuando la dinastía Romanov envió un ejército ruso contra Polonia, apoderándose de amplias zonas de Polonia que antes habían pertenecido a Rusia.

El principal artífice de la enemistad hacia Rusia fue la dinastía Rothschild y fue este odio ardiente el que Tavistock utilizó y canalizó en su plan para destruir la civilización occidental. La primera oportunidad de Tavistock llegó en 1905, cuando la armada japonesa atacó y sorprendió por completo a la flota rusa. El ejercicio militar fue financiado por Jacob Schiff, el banquero de Wall Street, vinculado a Rothschild.

La derrota de la flota rusa en Port Arthur en un ataque por sorpresa marcó el comienzo de la oscuridad que iba a caer sobre la Europa cristiana. El grupo Standard Oil de Rockefeller, dirigido por Tavistock y con la ayuda de los "300", organizó la guerra ruso-japonesa. El dinero utilizado para financiar la operación procedía de Jacob Schiff, pero en realidad fue proporcionado por la Junta General de Educación de Rockefeller, cuyo propósito declarado era financiar la educación de los negros. Toda la propaganda y publicidad de la Junta fue escrita y diseñada por los científicos sociales de Tavistock, entonces llamada Wellington House.

En 1941, otra organización de fachada de Rockefeller, el Instituto de Relaciones del Pacífico (IPR), pagó grandes sumas a su homólogo japonés en Tokio. El dinero fue canalizado a un miembro de la familia imperial por Richard Sorge, un jefe de espionaje ruso, con el fin de inducir a Japón a atacar a los Estados Unidos en Pearl Harbor. De nuevo, Tavistock fue la fuente de todas las publicaciones del DPI.

Aunque todavía no es evidente, como mencionaría Spengler en su monumental obra, publicada en 1936, marca el principio del fin del viejo orden. En contra de la mayoría de los relatos históricos del establishment, la revolución "rusa" no fue en absoluto una revolución rusa, sino una ideología extranjera apoyada principalmente por el Comité de los 300 y su brazo armado, el Instituto Tavistock, que se impuso violentamente a una familia Romanov sorprendida, desprevenida y consternada.

Era una guerra política, una guerra de bajo nivel y una guerra psicológica en la que Tavistock se había vuelto muy hábil.

Como observó Winston Churchill: "Llevaron a Lenin en un camión sellado, como un bacilo de la peste, desde Suiza hasta Rusia", y luego, una vez establecidos, "Lenin y Trotsky tomaron a Rusia por los pelos".

Se ha escrito mucho (pero casi siempre de pasada, como si fuera un mero epílogo de la historia) sobre el "vagón de plomo", el "vagón sellado", el "tren sellado" que transportó a Lenin y a sus revolucionarios bolcheviques a salvo a través de la Europa desgarrada por la guerra y los depositó en Rusia, donde comenzaron su revolución bolchevique importada, llamada erróneamente "revolución rusa".

Los documentos que el autor tuvo el privilegio de estudiar en Wellington House y lo que revelaron los papeles de Arnold Toynbee y los papeles privados de Bruce Lockhart, le llevaron a la conclusión de que sin Toynbee, Bruce Lockhart del servicio secreto británico MI6 y la complicidad de al menos cinco naciones europeas, ostensiblemente leales y amigas de la Corte de San Petersburgo, la despiadada revolución bolchevique no habría tenido lugar.

Como este relato debe limitarse necesariamente a la participación de Tavistock en el asunto, no será tan completo como hubiéramos deseado. Según los papeles privados de Milner, sus asistentes, a través de Tavistock, se pusieron en contacto con un compañero socialista, Fritz Platten (Milner era un destacado socialista fabiano, aunque despreciara a Sydney y Beatrice Webb). Fue Platten quien planificó la logística del viaje y lo supervisó hasta que los revolucionarios llegaron a Petrogrado.

Esto ha sido confirmado y corroborado por los archivos de la Guillaumestrasse, la mayoría de los cuales hemos podido consultar, ya que estos archivos están abiertos a ciertas personas cualificadas para consultarlos. Coinciden bastante bien con el relato de Bruce Lockhart en sus papeles privados y con lo que Lord Alfred Milner dijo sobre el tortuoso asunto que traicionó a

Rusia. Parece que Milner tenía muchos contactos entre los expatriados bolcheviques, incluido Lenin. Fue a Lord Milner a quien recurrió Lenin cuando necesitó dinero para la revolución. Armado con una carta de presentación de Platten, Lenin se reunió con Lord Milner y esbozó su plan para derrocar a los Romanov y a la Rusia cristiana.

Milner aceptó con la condición de poder enviar a su agente del MI6, Bruce Lockhart, para supervisar los asuntos de actualidad e informar sobre Lenin.

Lord Rothschild y los Rockefeller exigieron que se les permitiera enviar a Sydney Reilly a Rusia para supervisar la transferencia de los recursos naturales de Rusia y de los rublos de oro en poder del Banco Central a Londres. Lenin, y más tarde Trotsky, estuvieron de acuerdo.

Para sellar el acuerdo, Lord Milner, en nombre de los Rothschild, entregó a Lenin 60 millones de libras en soberanos de oro, mientras que los Rockefeller contribuyeron con unos 40 millones de dólares.

Los países cómplices en el asunto del "vagón de plomo" fueron Gran Bretaña, Alemania, Finlandia, Suiza y Suecia. Aunque Estados Unidos no estaba directamente implicado, debía estar al tanto de lo que ocurría. Al fin y al cabo, por orden del presidente Wilson, se expidió un flamante pasaporte estadounidense a León Trotsky (cuyo verdadero nombre era Lev Bronstein) para que pudiera viajar en paz, aunque Trotsky no era ciudadano estadounidense.

Lenin y sus compatriotas disponían de un vagón privado bien equipado, proporcionado por altos funcionarios del gobierno alemán y siempre cerrado por acuerdo con las estaciones de la línea. Platten estaba a cargo y estableció las reglas del viaje, algunas de las cuales están registradas en los archivos de la Guillaumestrasse:

> ➢ El coche tuvo que permanecer cerrado durante todo el viaje.

> ➢ Nadie podía entrar en el coche sin el permiso de

Platten.
> El tren tendría un estatus territorial adicional. No se pedían pasaportes en las fronteras.
> Las entradas se comprarán al precio normal.
> El ejército o la policía de un país en ruta no deben plantear "problemas de seguridad".

Según los archivos de la Guillaumestrasse, el viaje fue autorizado y aprobado por el General Ludendorff y el Kaiser Wilhelm. Ludendorff llegó a decir que si Suecia se negaba a dejar pasar a los bolcheviques, ¡les garantizaría el paso a Rusia a través de las líneas alemanas! Resulta que el gobierno sueco no puso ninguna objeción, como tampoco lo hizo el gobierno finlandés.

Uno de los notables revolucionarios que se unió al tren al llegar a la frontera alemana con Suiza fue Radek, que desempeñaría un papel destacado en la sangrienta revolución bolchevique. También hubo momentos más ligeros. Los Archivos de la Guillaumestrasse describen cómo el vagón perdió su locomotora en Frankfurt, lo que provocó un ir y venir durante unas 8 horas.

El grupo dejó la comodidad de su carruaje en la ciudad alemana de Sasnitz, en el Báltico, donde el gobierno alemán les proporcionó un "alojamiento decente". El gobierno sueco les ofreció amablemente transporte en ferry hasta Malmö, desde donde navegaron hasta Estocolmo, donde un "bonito" alojamiento esperaba al grupo bolchevique para hacer una parada nocturna, antes de dirigirse a la frontera finlandesa.

Aquí, el intrépido Platten abandonó el grupo con mucho ánimo y el último viaje a Rusia fue en tren hasta Petrogrado. Así, un viaje épico que comenzó en Zúrich, Suiza, terminó en Petrogrado. Lenin había llegado allí y Rusia estaba a punto de colapsar. Y todo el tiempo, Bernays y Lippmann y sus asociados en Wellington House (Tavistock) mantuvieron un flujo constante de propaganda de lavado de cerebro que, es seguro concluir, engañó a gran parte del mundo.

# CAPÍTULO 2

## Europa cae por el precipicio

Después de la Primera Guerra Mundial y el fin de la revolución bolchevique, Europa se vio obligada a cambiar según el plan de Tavistock. Cuando, gracias a la Primera Guerra Mundial inducida por los británicos, Europa cayó por el precipicio hacia el fin de su mundo, o quizás sería más apropiado decir que se arrastró como un zombi hasta que los últimos representantes de su pasado desaparecieron en la oscuridad del abismo, los cambios forzados se hicieron muy evidentes.

Este no es un libro sobre la Primera Guerra Mundial como tal. Se han escrito cientos de miles de análisis sobre las causas y los efectos de la mayor tragedia que ha sufrido la humanidad y, sin embargo, no se ha tratado adecuadamente y probablemente nunca se hará. Hay una cosa en la que muchos escritores -yo incluido- estamos de acuerdo.

La guerra fue iniciada por Gran Bretaña por puro odio al rápido ascenso de Alemania a una gran potencia económica en competencia con Gran Bretaña, y Lord Edward Grey fue el principal arquitecto de la guerra.

El hecho de que fuera impopular y no fuera aprobado por una gran mayoría del pueblo británico exigía "medidas especiales", un nuevo ministerio para hacer frente al desafío. En esencia, esta es la razón por la que se creó la Casa Wellington.

De tan humildes comienzos, en 2005 se convirtió en el gigantesco Instituto Tavistock de Relaciones Humanas, la principal institución de lavado de cerebro del mundo con la más siniestra influencia ocultista. Habrá que enfrentarse a ella y derrotarla si se quiere que Estados Unidos sobreviva como república constitucional con una forma de gobierno republicana garantizada en los 50 estados, según la opinión de varios miembros del Senado estadounidense que fueron consultados en la preparación de este libro, pero que pidieron no ser nombrados.

Las consecuencias de la Primera Guerra Mundial y los intentos infructuosos de crear una Sociedad de Naciones no hicieron más que ampliar la brecha entre la vieja civilización occidental y la nueva. El desastre económico de la Alemania de posguerra se cernía sobre la cultura occidental como el humo de una pira funeraria, y se sumaba a la atmósfera sombría, triste y aterradora que comenzó en los años veinte.

Los historiadores están de acuerdo en que todos los combatientes sufrieron diversos grados de devastación económica, aunque Rusia se salvó un poco, sólo para ser destruida por los bolcheviques, mientras que Alemania y Austria fueron los más afectados. Un extraño tipo de alegría forzada descendió sobre Europa en la década de 1920 (en la que incluyo a Gran Bretaña) y sobre Estados Unidos. Esto se atribuyó a la "juventud rebelde" y al hecho de que la gente estaba en general "harta de la guerra y la política". De hecho, la gente respondía a la penetración de largo alcance y al condicionamiento doméstico de los maestros de Tavistock.

Entre el final de la Primera Guerra Mundial y 1935, estaban tan conmocionados como las tropas que habían sobrevivido al infierno de las trincheras donde las balas y los proyectiles volaban a su alrededor, salvo que ahora eran las balas y los proyectiles económicos y los grandes cambios en las costumbres sociales los que adormecían sus sentidos.

Pero el resultado final del "tratamiento" fue el mismo. La gente tiró la discreción a los vientos y la podredumbre moral que comenzó en 1918 continúa y crece. En este estado de alegría forzada, nadie vio venir la crisis económica mundial y la subsiguiente depresión global.

La mayoría de los historiadores están de acuerdo en que esto fue artificial y se nos hace creer que Tavistock desempeñó un papel en las febriles campañas publicitarias de las diversas facciones en este período. En apoyo de nuestra afirmación de que el choque y la depresión fueron eventos artificiales. Consulte el anexo de eventos.

Spengler predijo lo que estaba por venir y resulta que sus predicciones fueron sorprendentemente acertadas. La "sociedad decadente" y las "mujeres libres", caracterizadas por actitudes "marimachos" y hombres sombríos, exigieron y lograron una reducción del pudor femenino que se tradujo en dobladillos más altos, pelo recogido y maquillaje excesivo, mujeres que fumaban y bebían en público. A medida que el dinero se hacía más difícil de conseguir y las colas para el comedor social y el desempleo se hacían más largas, las faldas se hacían más cortas, mientras los escritos de Sinclair Lewis, F. Scott Fitzgerald, James Joyce y D. H. Lawrence causaban asombro, los últimos espectáculos de Broadway y los actos de los clubes nocturnos revelaban más que nunca los encantos ocultos de las mujeres y los exponían a la vista del público.

En 1919, los diseñadores de moda señalaron en la revista *New Yorker* que "los dobladillos de este año están a 15 centímetros del suelo y son muy atrevidos".

# CAPÍTULO 3

## Cómo han cambiado los "tiempos"

Pero eso era sólo el principio. En 1935, con el ascenso de Hitler al poder, garantizado por las condiciones imposibles impuestas a Alemania en Versalles, los dobladillos también subieron hasta la vertiginosa altura de las rodillas, excepto en Alemania, donde Hitler exigió modestia a las mujeres alemanas y la obtuvo, así como un sano respeto, que no se ajustaba al programa de Tavistock.

Las personas que se paran a pensar dicen que odian la forma en que "los tiempos están cambiando", pero lo que no saben ni pueden saber es que los tiempos están hechos para cambiar según una fórmula de Tavistock cuidadosamente elaborada. En el resto de Europa y América, la revuelta está en marcha, la fiebre de la "emancipación" se extiende.

En Estados Unidos, fueron los ídolos del cine mudo los que abrieron el camino, pero no es lo mismo que en Europa, donde se consienten todos los "placeres", incluida la homosexualidad, que durante mucho tiempo ha estado oculta en las sombras y nunca se ha mencionado en la buena sociedad.

La homosexualidad apareció junto al lesbianismo para provocar asco y, al parecer, para ofender deliberadamente a los que aún se apegaban al viejo orden.

El estudio de esta aberración demostró que la homosexualidad y el lesbianismo se extendieron no por deseos internos o latentes, sino para "escandalizar" al viejo establishment y sus rígidos códigos de buena moral. La música también sufrió y se transformó en jazz y otras formas "decadentes".

Tavistock se encontraba ahora en la fase más crucial del desarrollo de su plan, que exigía la reducción de la mujer a un nivel de moralidad y comportamiento sin parangón en la historia. Las naciones se encontraban en un estado de adormecimiento, "conmocionadas" por los cambios radicales que se les imponían y que parecían imparables, en los que la ausencia total de pudor femenino se reflejaba en actitudes de comportamiento aprendidas que hacían que los años 20 y 30 parecieran una convención de profesores de escuela dominical. Nada podía detener la "revolución sexual" que barría el mundo en aquella época y la degradación planificada de la feminidad que la acompañaba.

Se escucharon algunas voces, sobre todo las de G.K. Chesterton y Oswald Spengler, pero no fue suficiente para contrarrestar la embestida del Instituto Tavistock, que de hecho había "declarado la guerra a la civilización occidental". Los efectos de la "penetración de largo alcance y el condicionamiento direccional interno" pueden verse en todas partes. La bancarrota moral, espiritual, racial, económica, cultural e intelectual en la que nos encontramos hoy en día no es un fenómeno social o el resultado de algo abstracto o sociológico que simplemente "ocurrió". Más bien, es el resultado de un programa de Tavistock cuidadosamente planificado.

Lo que estamos viendo no es accidental, ni una aberración de la historia. Es más bien el producto final de una crisis social y moral deliberadamente inducida, que se manifiesta en todas partes y en figuras como Mick Jagger, Oprah Winfrey, Britney Spears, los programas de televisión de "realidad", la "música" que parece ser una amalgama de todos los instintos primarios, Fox News (Faux News), películas casi pornográficas en los cines convencionales, publicidad en la que el pudor y la decencia se tiran por la ventana, comportamiento ruidoso y grosero en los lugares públicos, especialmente en los restaurantes estadounidenses; Katie Curic y otros muchos en puestos destacados de la sociedad.

Todas estas personas estaban entrenadas para hablar con una voz áspera, monótona y chirriante, sin ninguna cadencia, como si hablaran a través de las mandíbulas apretadas, de forma áspera, estridente y desagradable para los oídos. Mientras que los lectores de noticias y los "presentadores" siempre habían sido hombres, de repente sólo había una docena de hombres sobre el terreno.

Lo vemos en las "estrellas" de la industria cinematográfica que producen películas de un nivel cultural cada vez más bajo. Lo vemos también en la glorificación de los matrimonios interraciales, el divorcio a la carta, el aborto y el comportamiento homosexual y lésbico flagrante, en la pérdida de las creencias religiosas y la vida familiar de la civilización occidental. Estrellas" como Ellen DeGeneres, que no tienen absolutamente ningún talento ni valor cultural que ofrecer, se presentan como modelos de conducta para las jóvenes impresionables que desfilan cada vez más hasta el 75% de su cuerpo. Lo vemos en el aumento masivo de la adicción a las drogas y en todo tipo de males sociales, como la aprobación en Canadá de una "ley" que legaliza el "matrimonio" de gays y lesbianas con el pretexto de los "derechos civiles".

Lo vemos en la corrupción generalizada del sistema político y en el caos constitucional en el que la Cámara de Representantes y el Senado permiten violaciones flagrantes de la ley suprema del país en todos los niveles del gobierno, y en ningún lugar más que en la rama ejecutiva del gobierno, donde todos los presidentes desde Roosevelt se han arrogado poderes que el presidente en funciones no debe tener. Lo vemos en la decisión ilícita del presidente de declarar guerras cuando tales prerrogativas están explícitamente negadas al poder ejecutivo por la Constitución de los Estados Unidos.

Lo vemos en una nueva dimensión de desobediencia constitucional que se suma a una fea lista de "leyes" no autorizadas por la Constitución, siendo una de las más recientes y chocantes la flagrante extralimitación de los poderes del Tribunal Supremo de Estados Unidos que rompió los derechos de los estados y eligió a George Bush Jr. como presidente. Este es uno de los golpes más salvajes a la Constitución y la violación más flagrante de la 10a Enmienda de la Constitución de los

Estados Unidos en la historia de este país. Sin embargo, el pueblo estadounidense está tan aturdido y conmocionado que no se han expresado protestas, no se han celebrado manifestaciones masivas, no se han hecho llamamientos para poner a raya al Tribunal Supremo. En este incidente, el poder de la "penetración de largo alcance y el condicionamiento direccional interno" de Tavistock demostró ser un gran triunfo.

No, el estado de desintegración de nuestra República en el que nos encontramos en 2005 no es el resultado de la evolución; más bien, es el producto final de un proyecto de lavado de cerebro de ingeniería social cuidadosamente planificado de inmensas proporciones. La verdad se refleja en la agonía de la que fue la mayor nación del mundo.

La literatura sobre el condicionamiento fisiológico escrita por los sociólogos de Tavistock funciona bien. Su reacción está programada. No puedes pensar de otra manera a menos que hagas un esfuerzo supremo.

Tampoco se pueden tomar medidas para liberarse de esta condición a menos que se pueda identificar primero al enemigo y su plan para la disolución de los Estados Unidos y Europa en particular y del mundo occidental en general. Este enemigo se llama Instituto Tavistock para las Relaciones Humanas y ha estado en guerra con la civilización occidental desde sus primeros días, antes de que encontrara forma y sustancia en Wellington House y evolucionara hasta sus instalaciones actuales en la Universidad de Sussex y la Clínica Tavistock de Londres. Antes de desenmascarar esta institución en 1969, era desconocida en Estados Unidos. Es, sin duda, la primera institución de ingeniería social de lavado de cerebro del mundo.

Veremos lo que consiguió en sus inicios en la Inglaterra de antes de la Primera Guerra Mundial, y luego en el periodo anterior y posterior a la Segunda Guerra Mundial, hasta la actualidad. Durante la Segunda Guerra Mundial, el Instituto Tavistock tenía su sede en la División de Guerra Fisiológica del ejército británico. Hemos cubierto su historia durante sus años de formación en Wellington House y ahora pasamos a sus actividades antes y después de la Segunda Guerra Mundial.

# CAPÍTULO 4

## Ingeniería social y científicos sociales

El Dr. Kurt Lewin fue el principal teórico, especializado en la enseñanza y aplicación de la psicología topológica, que fue y sigue siendo el método más avanzado de modificación de la conducta. Lewin contó con la ayuda del general de división John Rawlings Reese, Eric Trist, W. R. Bion, H. V. Dicks y varios de los "grandes" del lavado de cerebro y la ingeniería social, como Margaret Meade y su marido, Gregory Bateson. Bernays fue el principal asesor hasta que el Tribunal Supremo colocó a George Bush en la Casa Blanca. No queremos ponernos demasiado técnicos, así que no entraremos en los detalles de cómo aplicaron las ciencias sociales. La mayoría de la gente aceptará el término genérico "lavado de cerebro" como una explicación completa de las actividades de esta "madre de todos los think tanks".

No le sorprenderá saber que Lewin y su equipo fundaron el Centro de Investigación de Stanford, la Escuela de Economía de Wharton, el MIT y el Instituto Nacional de Salud Mental, entre otras muchas instituciones popularmente consideradas "americanas". A lo largo de los años, el gobierno federal ha aportado millones y millones de dólares a Tavistock y a su extensa red de instituciones interconectadas, mientras que las empresas estadounidenses y Wall Street han igualado los fondos.

Nos atrevemos a decir que sin el crecimiento y el asombroso progreso de las técnicas de lavado de cerebro masivo desarrolladas por el Instituto Tavistock, no habría habido Segunda Guerra Mundial, ni ninguna de las guerras que le siguieron, y ciertamente no las dos Guerras del Golfo, la segunda de las cuales todavía hace estragos en noviembre de 2005.

En el año 2000, no había prácticamente ningún aspecto de la vida en Estados Unidos al que no hubieran llegado los tentáculos de Tavistock, incluidos todos los niveles de gobierno, desde el local hasta el federal, la industria, el comercio, la educación y las instituciones políticas de la nación. Cada aspecto mental y psicológico de la nación ha sido analizado, registrado, perfilado y almacenado en bancos de datos informáticos.

Lo que ha surgido es lo que Tavistock llama "una respuesta de tres sistemas" y que es la forma en que los grupos de población reaccionan al estrés resultante de "situaciones inventadas" que se convierten en ejercicios de gestión de crisis. Lo que tenemos en Estados Unidos y Gran Bretaña es un gobierno que crea una situación que es vista por sus ciudadanos como una crisis, y el gobierno entonces gestiona esa "crisis".

El ataque japonés a Pearl Harbor en diciembre de 1941 es un ejemplo de "situación artificial". El ataque a Pearl Harbor fue "fabricado", como ya se ha explicado, con la transferencia de dinero de los Rockefeller a Richard Sorge, el jefe de espionaje, y luego a un miembro de la familia imperial, para inducir a Japón a efectuar los primeros disparos, de modo que la administración Roosevelt tuviera un pretexto para introducir a Estados Unidos en la Segunda Guerra Mundial.

El estrangulamiento económico de Japón por parte de Gran Bretaña y Estados Unidos, que bloqueaban unilateralmente el flujo de materias primas esenciales a la fábrica insular que es Japón, llegó a un punto en el que se decidió ponerle fin.

Tavistock desempeñó un enorme papel en la configuración de la masiva ola de propaganda antijaponesa que llevó a Estados Unidos a la guerra en Europa a través de la guerra contra Japón.

Se ejerció una presión económica insoportable sobre Japón y, al mismo tiempo, la administración Roosevelt se negó a "negociar" hasta que el gobierno de Tokio no vio otra salida que atacar Pearl Harbor. Roosevelt había puesto convenientemente en peligro a la Flota del Pacífico al trasladarla desde su puerto base de San

Diego a Pearl Harbor sin ninguna razón buena o estratégica, poniéndola así directamente al alcance de la Armada japonesa.

Otro ejemplo es más reciente: la Guerra del Golfo, que comenzó cuando se alzaron voces sobre los supuestos arsenales de armas nucleares y químicas de Irak, las llamadas "armas de destrucción masiva" (ADM). La administración Bush y el gobierno de Blair sabían que este asunto era una "situación inventada" sin fundamento ni mérito; sabían que esas armas no existían. Había pruebas irrefutables de que el programa de armamento de Hussein había sido cancelado tras la Guerra del Golfo de 1991 y por el mantenimiento de las brutales sanciones.

En resumen, los dos "líderes" occidentales se vieron atrapados en una red de mentiras, pero es tal el poder del Comité de los 300 y la capacidad de lavado de cerebro de Tavistock que siguieron en el cargo a pesar de que se admite que, a causa de sus mentiras, murieron al menos un millón de iraquíes y más de 2.000 militares estadounidenses y 25.999 resultaron heridos (cifras de la inteligencia militar rusa GRU), el 53% de los cuales quedaron mutilados, con un coste en términos monetarios que supera, en octubre de 2005, los 550.000 millones de dólares.

El número de muertos iraquíes es el total de las dos guerras del Golfo, la mayoría de los cuales eran civiles que murieron por falta de alimentos, agua potable y medicinas como resultado de las sanciones criminales impuestas por los gobiernos británico y estadounidense bajo la cobertura de la ONU.

Al aplicar las sanciones contra Irak, la ONU violó su propia carta y se convirtió en una institución paralizada y sin credibilidad.

No hay ningún paralelo en la historia en el que se haya demostrado que un hombre que ocupa el cargo más alto es un mentiroso y un embustero y, sin embargo, ha podido mantenerse en el poder como si nada hubiera manchado su cargo, un estado de cosas que demuestra el poder del tratamiento de "penetración y condicionamiento a largo plazo" del Instituto Tavistock en el pueblo estadounidense, que le llevaría a aceptar dócilmente una situación tan turbia y horrible sin llegar a salir a la calle enfurecido.

¿No dijo Henry Ford que "el pueblo se merece el gobierno que tiene"? Si el pueblo no hace nada para derrocar a ese gobierno, como es el derecho del pueblo estadounidense según la Constitución de Estados Unidos, entonces se merece tener a mentirosos y engañadores dirigiendo su nación y sus vidas.

Por otra parte, el pueblo estadounidense puede estar atravesando una de las tres fases de lo que el Dr. Fred Emery, en su día psiquiatra jefe de Tavistock, ha descrito como "turbulencia social ambiental". Según Emery:

> "Los grandes grupos de población presentan los siguientes síntomas cuando están sometidos a condiciones de cambio social violento, estrés y turbulencias que pueden dividirse en categorías bien definidas: La superficialidad es la condición que surge cuando el grupo de población amenazado reacciona adoptando eslóganes superficiales, que intenta hacer pasar por ideales."

Se produce muy poca "inversión del ego", lo que hace que la primera fase sea una "respuesta inadecuada" porque, como afirmó Emery, "la causa de la crisis no se aísla ni se identifica" y la crisis y la tensión no remiten, sino que continúan mientras el controlador quiere que duren. La segunda fase de la respuesta a la crisis (ya que la crisis continúa) es la "fragmentación", un estado en el que se instala el pánico, la "cohesión social" se derrumba con el resultado de que se forman grupos muy pequeños que tratan de protegerse de la crisis sin tener en cuenta el gasto o el coste para otros pequeños grupos fragmentados. Emery llama a esta fase "inadaptación pasiva", al tiempo que no identifica la causa de la crisis.

La tercera fase es cuando las víctimas se alejan de la fuente de la crisis inducida y de la tensión resultante. Realizan "viajes fantasiosos de migración interna, introspección y autoobsesión". Esto es lo que Tavistock llama "disociación y autorrealización". Emery continúa explicando que "a las respuestas pasivas inadaptadas se suman ahora las "respuestas activas inadaptadas"".

Emery afirma que en los últimos 50 años, los experimentos de psicología social aplicada y la consiguiente "gestión de crisis" se han apoderado de todos los aspectos de la vida en Estados Unidos y que los resultados se almacenan en los ordenadores de los principales "think tanks", como la Universidad de Stanford. Los escenarios se publican, se utilizan y se revisan de vez en cuando y, según Tavistock, "los escenarios están en funcionamiento en este momento".

Esto significa que Tavistock ha perfilado y lavado el cerebro a la mayoría del pueblo estadounidense. Si alguna parte del público estadounidense es capaz de identificar la causa de las crisis en las que se ha sumido esta nación en los últimos setenta años, la estructura de ingeniería social construida por Tavistock se derrumbará. Pero esto aún no ha ocurrido. Tavistock sigue ahogando al público estadounidense en su mar de opinión pública creada.

La ingeniería social desarrollada por los científicos sociales de Tavistock se utilizó como arma en las dos guerras mundiales de este siglo, especialmente en la Primera Guerra Mundial. Los encuestadores que la desarrollaron fueron muy francos: utilizaron los mismos dispositivos y métodos en la población estadounidense que se utilizaron y probaron contra las poblaciones enemigas. Los encuestadores que lo desarrollaron fueron bastante francos: utilizan los mismos dispositivos y métodos en la población estadounidense que los utilizados y probados contra las poblaciones enemigas.

Hoy en día, la manipulación de la opinión pública a través de encuestas se ha convertido en una técnica central en manos de los ingenieros sociales y los controladores de las ciencias sociales empleados en Tavistock y sus numerosos "think tanks" ubicados en todo Estados Unidos y Gran Bretaña.

# CAPÍTULO 5

## ¿Tenemos lo que H. G. Wells llamó "un gobierno invisible"?

Como he indicado, la ciencia moderna de la formación de la opinión pública mediante técnicas avanzadas de manipulación de la opinión de las masas comenzó en una de las fábricas de propaganda más avanzadas de Occidente, situada en Gran Bretaña, en Wellington House. Esta instalación dedicada a la ingeniería social y a la creación de opinión pública al inicio de la Primera Guerra Mundial estuvo bajo la égida de los lores Rothmere y Northcliffe, y del futuro director de estudios del Royal Institute of International Affairs (RIIA), Arnold Toynbee. Wellington House tenía una sección americana, cuyos miembros más destacados eran Walter Lippmann y Edward Bernays. Como descubrimos más tarde, Bernays era el sobrino de Sigmund Freud, un hecho cuidadosamente ocultado al público.

Juntos se centraron en las técnicas para "movilizar" el apoyo a la Primera Guerra Mundial entre las masas que se oponían a la guerra con Alemania. La percepción pública era que Alemania era un amigo del pueblo británico, no un enemigo, y el pueblo británico no veía la necesidad de luchar contra Alemania. Después de todo, ¿no es cierto que la reina Victoria era prima del Kaiser Guillermo II? Toynbee, Lippmann y Bernays trataron de persuadirles de la necesidad de la guerra, utilizando las técnicas de la nueva ciencia a través de las nuevas artes de la manipulación de masas a través de los medios de comunicación, con fines propagandísticos teñidos de una voluntad de mentir que no hacía más que empezar, tras haber adquirido una considerable experiencia durante la guerra anglo-boer (1899-1902).

No sólo hay que cambiar la percepción de los acontecimientos por parte de la opinión pública británica, sino también por parte de un público estadounidense reticente.

Para ello, Bernays y Lippmann contribuyeron a la creación por parte de Woodrow Wilson del Comité Creel, que creó el primer conjunto de técnicas metodológicas para la difusión de una propaganda exitosa y para la ciencia de las encuestas para obtener la opinión "correcta".

Desde el principio, las técnicas se diseñaron para que el sondeo (la formación de la opinión pública) se basara en una característica obvia pero llamativa: se trataba de las opiniones de la gente, no de su comprensión de los procesos científicos y políticos. Así, por intención, los encuestadores forjaron una mentalidad esencialmente irracional en el nivel primario de atención al público. Fue una decisión consciente de socavar la comprensión de la realidad por parte de las masas en una sociedad industrial cada vez más compleja.

Si alguna vez ha visto "Fox News", donde los espectadores reciben los resultados de una encuesta sobre "lo que piensan los estadounidenses" y luego, durante la siguiente hora, se encuentra sacudiendo la cabeza y preguntándose qué reflejan los resultados de la encuesta sobre sus propios procesos de pensamiento, entonces no puede evitar sentirse más perplejo que nunca.

La clave para entender Fox News y la encuesta puede estar en lo que Lippmann dijo sobre estos temas. En su libro de 1922, *Public Opinion*, Lippmann describe la metodología de guerra psicológica de Tavistock.

En un capítulo introductorio titulado "The World Outside and the Pictures in Our Heads",[3] Lippmann señala que

"el objeto de estudio del analista social de la opinión pública es

---

[3] El mundo exterior y las imágenes en nuestra cabeza. Ndt.

la realidad definida por la percepción interna o las imágenes de esa realidad. La opinión pública se enfrenta a hechos indirectos, invisibles y confusos, y no hay nada evidente en ellos. Las situaciones a las que se refiere la opinión pública sólo se conocen como opiniones.

> "Las imágenes en la cabeza de estos seres humanos, las imágenes de sí mismos, de los demás, de sus necesidades, de sus objetivos, de sus relaciones, son sus opiniones públicas. Estas imágenes, actuadas por grupos de personas, o individuos que actúan en nombre de grupos, son la opinión pública con mayúsculas. La imagen interior engaña a menudo a los hombres en sus relaciones con el mundo exterior.

A partir de esta evaluación, es fácil dar el siguiente paso decisivo dado por Bernays, a saber, que las élites que dirigen la sociedad pueden movilizar los recursos de la comunicación de masas para movilizar y cambiar las mentes del "rebaño".

Un año después del libro de Lippmann, Bernays escribió *Crystallizing Public Opinion*. A éste le siguió, en 1928, un libro titulado simplemente: *Propaganda*.

En el primer capítulo, "Organizar el caos", Bernays escribe:

> La manipulación consciente e inteligente de la organización, los hábitos y las opiniones de las masas es un elemento importante de la sociedad democrática. Los que manipulan este mecanismo invisible de la sociedad constituyen un gobierno invisible, que es el verdadero poder gobernante de nuestro país.

Somos gobernados, nuestras mentes moldeadas, nuestros gustos formados, nuestras ideas sugeridas, en gran parte por hombres de los que nunca hemos oído hablar... Nuestros gobernantes invisibles desconocen en muchos casos la identidad de sus colegas en el gabinete interno.

Sea cual sea la actitud que se adopte ante esta condición, el hecho es que en casi todos los actos de nuestra vida cotidiana, ya sea en la política o en los negocios, en nuestra conducta social o en el pensamiento ético, estamos dominados por el número relativamente pequeño de personas -una fracción insignificante de nuestros millones- que comprenden los procesos mentales y las pautas sociales de las masas. Son los que mueven los hilos, los que controlan la mente del público, los que aprovechan las viejas fuerzas sociales e inventan nuevas formas de atar y guiar el mundo.

En *"Propaganda"*, Bernays continúa su elogio del "gobierno invisible" esbozando la siguiente fase de las técnicas de propaganda:

> A medida que la civilización se ha vuelto más compleja y se ha demostrado cada vez más la necesidad de un gobierno invisible, se han inventado y desarrollado los medios técnicos para gobernar la opinión. Con la imprenta y el periódico, el teléfono, el telégrafo, la radio y el avión, las ideas pueden difundirse rápida e incluso instantáneamente por toda América.

Para apoyar su argumento, Bernays cita al mentor de la "manipulación de la opinión pública", H. G. Wells. Cita un artículo de 1928 en el *New York Times*, en el que Wells elogia los "modernos medios de comunicación" por "abrir un nuevo mundo de procesos políticos" y hacer posible "documentar y sostener el propósito común" contra la perversión y la traición. Para Wells, la llegada de la "comunicación de masas", incluida la televisión, supuso la apertura de nuevas y fantásticas vías de control social, más allá de los sueños más descabellados de los primeros fanáticos de la manipulación de masas de la Sociedad Fabiana británica. Volveremos a tratar este tema de vital importancia más adelante.

# CAPÍTULO 6

## La comunicación de masas introduce la industria de las encuestas

Por Bernays, el reconocimiento de la idea de Wells le valió una posición clave en la jerarquía de los monitores de la opinión pública estadounidense; en 1929, obtuvo un puesto en la CBS, que acababa de ser comprada por William Paley.

Del mismo modo, la llegada de las comunicaciones de masas ha dado lugar a la industria de las encuestas y los muestreos, para organizar las percepciones de las masas para la mafia de los medios de comunicación (parte del "gobierno invisible" que dirige el espectáculo entre bastidores).

En 1935-36, las encuestas estaban en pleno apogeo. Ese mismo año, Elmo Roper lanzó su revista *Fortune* PARA las encuestas, que evolucionó hasta convertirse en su columna "What People Are Thinking"[4] para el *New York Herald Tribune*.

George Gallup fundó el Instituto Americano de Opinión Pública; - en 1936, abrió el Instituto Británico de Opinión Pública. Gallup iba a basar sus actividades en torno a la Universidad de Princeton, interactuando con la compleja Oficina de Investigación de la Opinión Pública/Instituto de Investigación Social Internacional/Departamento de Psicología dirigido por Hadley Cantril, que estaba destinado a desempeñar un papel cada vez más importante en el desarrollo de los métodos de elaboración de

---

[4] "Lo que la gente piensa", Ndt.

perfiles psicológicos utilizados posteriormente en la fabricación de la Conspiración de Acuario.

Durante el mismo periodo, 1935-36, se utilizaron por primera vez encuestas en las elecciones presidenciales, impulsadas por dos periódicos propiedad de Cowles, el *Minneapolis Star-Tribune* y el *Des Moines Register*. Los Cowles siguen en el negocio de los periódicos.

Con sede en Spokane, Washington, son activos creadores de opinión y su apoyo a la guerra de Bush en Irak fue un factor crucial.

No está claro quién introdujo la práctica de los "asesores presidenciales", personas que no son elegidas por los ciudadanos y a las que éstos no pueden controlar, pero que deciden la política exterior e interior de la nación. Woodrow Wilson fue el primer presidente estadounidense en utilizar esta práctica.

### Las encuestas de opinión y la Segunda Guerra Mundial

Se trataba de pequeños preparativos para la siguiente fase, que fue desencadenada por dos importantes acontecimientos que se cruzaron: la llegada a Iowa del emigrante experto en guerra psicológica Kurt Lewin y la participación de Estados Unidos en la Segunda Guerra Mundial.

La Segunda Guerra Mundial proporcionó a los emergentes científicos sociales de Tavistock un enorme campo de experimentación. Bajo la dirección de Lewin, las fuerzas clave que se desplegarían después de la Segunda Guerra Mundial utilizarían las técnicas desarrolladas para la guerra contra la población estadounidense. De hecho, en 1946, Tavistock declaró la guerra a la población civil de Estados Unidos y ha permanecido en estado de guerra desde entonces.

Los conceptos básicos expuestos por Lewin, Wells, Bernays y Lippmann siguieron vigentes como guía para la manipulación de la opinión pública; la guerra dio a los científicos sociales la oportunidad de aplicarlos de forma muy concentrada y de reunir a un gran número de instituciones bajo su dirección para lograr los objetivos de sus experimentos.

El instituto central, que era el vehículo para formar la "opinión pública", era el Comité Nacional de Moral. Establecido aparentemente para movilizar el apoyo a la guerra, al igual que el presidente Wilson había creado su Comité de Gestión para "gestionar" la Primera Guerra Mundial, su objetivo real era realizar un perfil intensivo de las poblaciones del "Eje" y de Estados Unidos con el fin de crear y mantener un medio de control social.

El comité estaba encabezado por varios líderes de la sociedad estadounidense, como Robert P. Bass, Herbert Bayard Swope, entre otros notables. Su secretario era el marido de Margaret Meade, Gregory Bateson, uno de los principales instigadores de los famosos experimentos con LSD "MK-Ultra" de la CIA, que algunos expertos consideran el vehículo de lanzamiento de la contracultura estadounidense de las drogas, el rock y el sexo.

La junta del comité incluía al encuestador George Gallup, al oficial de inteligencia Ladislas Farago y al psicólogo de Tavistock Gardner Murphy.

El comité llevó a cabo una serie de proyectos especiales, siendo el más importante un gran estudio sobre la mejor manera de librar una guerra psicológica contra Alemania. Las personas clave que desempeñaron un papel vital en el desarrollo del proyecto de opinión pública fueron

*     Kurt K. Lewin, Educación e Historia; Psicología; Ciencias Sociales

*     El profesor Gordon W. Allport, Psicología

*     Profesor Edwin G. Borin, Psicología

*     Profesor Hadley Cantril, Psicología

*     Ronald Lippitt, Ciencias Sociales

*     Margaret Mead, Antropología, Ciencias Sociales; Juventud y Desarrollo Infantil

El personal incluía más de 100 investigadores y varias instituciones de perfiles de opinión esenciales para el proyecto.

Uno de estos equipos de proyectos especiales se encontraba en la Oficina de Servicios Estratégicos (OSS) (el precursor de la CIA), formado por Margaret Mead, Kurt Lewin, Ronald Lippitt, Dorwin Cartwright, John K. Especialistas franceses y de opinión pública como Samuel Stouffer (posteriormente presidente del Grupo de Relaciones Sociales del Laboratorio de la Universidad de Harvard), Paul Lazarsfeld del Departamento de Sociología de la Universidad de Columbia, que junto con el perfilador Harold Lasswell desarrolló una metodología de "investigación de opinión" para la OSS basada en un detallado "análisis de contenido" de la prensa local en los países enemigos, y Rensis Likert

Likert, un alto ejecutivo de la compañía de seguros Prudential justo antes de la guerra, había perfeccionado las técnicas de elaboración de perfiles como director de investigación de la Asociación de Gestión de Agencias de Seguros de Vida. Esto le permitió relacionarse favorablemente con el jefe de la Investigación de Bombardeos Estratégicos de Estados Unidos, que era el antiguo jefe de la Compañía de Seguros de Vida Prudential. Likert fue director de la División de Moral del Estudio de Bombardeo Estratégico de 1945 a 1946, lo que le dio un considerable margen de maniobra para perfilar y manipular la opinión pública de las masas.

# CAPÍTULO 7

## La formación de la opinión pública

Según los archivos del Instituto Tavistock, el Estudio de Bombardeo Estratégico desempeñó un papel clave para poner a Alemania de rodillas mediante un programa muy disciplinado de bombardeo sistemático de las viviendas de los trabajadores alemanes, que Sir Arthur Harris, de la RAF, estaba encantado de llevar a cabo.

Además, de 1939 a 1945, Likert dirigió la División de Encuestas de Programas del Departamento de Agricultura, de la que surgieron importantes estudios sobre las técnicas de "persuasión de masas". O, dicho de otro modo, "conseguir que la opinión pública esté de acuerdo con los objetivos deseados". Sólo se puede especular sobre cuántos ciudadanos creían que su apoyo al esfuerzo bélico "aliado" provenía de sus propias opiniones.

Uno de los principales colaboradores de Likert en esta división fue Dorwin Cartwright, protegido de Lewin y futuro agente de Tavistock, que escribió el manual "Algunos principios de la persuasión de masas", que todavía se utiliza.

La Oficina de Información de Guerra (OWI), dirigida por Gardner Cowles durante gran parte del esfuerzo bélico, fue otra agencia importante para formar la opinión pública. Bernays se incorporó a la OWI como asesor. A partir de los vínculos que hemos descrito aquí surgió la red de grandes "instituciones electorales" después de la Segunda Guerra Mundial. Desde entonces han desempeñado un papel poderoso y decisivo en la vida estadounidense. Gallup, que surgió del Consejo de Administración del Comité Moral Nacional, intensificó su actividad y se convirtió en el comandante clave de las instituciones de sondeo para lanzar las nuevas políticas del Comité de los 300, que hizo pasar por "resultados de encuestas".

Bernays desempeñó varios papeles clave después de la guerra. En 1953, escribió un documento para el Departamento de Estado en el que recomendaba la creación de una oficina estatal de guerra psicológica. En 1954 fue consultor de las Fuerzas Aéreas de Estados Unidos, la rama de las fuerzas armadas más influenciada por la gente del Strategic Bombing Survey.

A principios de la década de 1950, Bernays era el asesor de relaciones públicas de la United Fruit (United Brands) Corporation, una de las principales empresas del aparato de seguridad nacional/comunicaciones (el "complejo militar-industrial" de Eisenhower), que entonces estaba ocupado en consolidar su poder sobre la política estadounidense.

Bernays dirigió la campaña de propaganda alegando que Guatemala estaba cayendo bajo el "control comunista", lo que llevó a un golpe de estado organizado por Estados Unidos en ese país. En 1955, Bernays escribió un libro sobre su experiencia titulado *The Engineering of Consent*.[5]

Este libro se ha convertido en el plan virtual de Tavistock que sigue el gobierno estadounidense para derrocar a cualquier país cuya política sea inaceptable para la dictadura socialista del gobierno mundial.

A lo largo de la posguerra, Bernays fue miembro de la Sociedad de Antropología Aplicada, una de las instituciones de control social de Margaret Mead en Estados Unidos, y de la Sociedad para el Estudio Psicológico de las Cuestiones Sociales, un grupo creado por el fundador de Tavistock, John Rawlings Reese, para realizar "tropas de choque psiquiátricas" entre la población estadounidense

Una de sus primeras acciones fue el desprestigio de la homosexualidad en Florida, una medida a la que se opuso

---

[5] *La fabricación del consentimiento*, Ndt.

amargamente Anita Bryant, que no tenía ni idea de a qué se enfrentaba.

La segunda de sus acciones fue introducir el tema de que los no blancos son más inteligentes que los blancos, lo que discutiremos más adelante.

Likert se trasladó a la Universidad de Michigan para crear el Instituto de Investigación Social (ISR), que absorbió el Centro de Massachusetts para el Estudio de la Dinámica de Grupos, la principal filial de Tavistock en EE.UU. a principios de la posguerra.

El ISR de Tavistock fue el centro de una serie de subgrupos de perfiles críticos y "estudios de opinión", entre ellos el Centro de Investigación para la Utilización del Conocimiento Científico, creado por Ronald Lippitt, colaborador de Likert en la OSS y discípulo de Lewin.

El director del proyecto, Donald Michael, era una figura destacada del Club de Roma, y un segundo subgrupo, el Centro de Investigación de Encuestas, fue una creación personal de Likert que creció hasta convertirse en la institución más elaborada de Estados Unidos para "sondear" (crear) las actitudes y tendencias populares, entre las que destacan el envilecimiento y la degradación de la feminidad y el énfasis en las capacidades intelectuales superiores de las personas no blancas según los escenarios cuidadosamente elaborados por Lewin.

Robert Hutchins se hizo famoso en esta época y su colega más cercano en esos primeros años fue William Benton, el fundador en 1929 con Chester Bowles de Benton and Bowles, la famosa empresa de publicidad. Benton utilizó a Benton y Bowles como medio para desarrollar la ciencia del control de masas a través de la publicidad.

Fue el trabajo pionero de Benton, apoyado por Douglass Cater, el que condujo al desarrollo del incipiente control de Tavistock sobre la política de los medios de comunicación de EE.UU. a través del Instituto Aspen de Colorado, la sede estadounidense del Comité de los 300 del Gobierno Socialista Mundial.

Menciono de paso que la ciencia del control de los medios de comunicación de masas a través de la publicidad está ahora tan firmemente establecida que se ha convertido en el componente clave de la formación de opinión. A principios de la posguerra, Hollywood la incorporó en casi todas sus películas. La publicidad (el lavado de cerebro) se hacía a través del tipo y la marca de coche que conducía el héroe, la marca de cigarrillos que fumaba el suave Lawrence Harvey, la ropa y el maquillaje que llevaba la estrella, ropa que se fue haciendo más y más atrevida con los años, Hasta ahora, en 2005, la feminidad ha sido degradada por los pechos casi desnudos y el vientre desnudo de Britney Spear, expuestos por los vaqueros ajustados que suele llevar, y por la moral que a Hollywood le gusta tanto despreciar.

# CAPÍTULO 8

## La degradación de las mujeres y el declive de las normas morales

El ritmo de degradación de la feminidad se ha acelerado de forma notable desde que las faldas llegan a la rodilla. Esto es evidente en áreas como la cuasi-pornografía en las películas y telenovelas convencionales, y nos aventuramos a sugerir que no está lejos el día en que tales escenas serán "totales y obligatorias".

Esta disminución del discurso femenino atractivo puede atribuirse a la metodología Tavistock y a sus practicantes, Cantril, Likert y Lewin. Otro cambio notable ha sido el aumento del número de películas con encuentros y sexo interracial, junto con la reivindicación de los "derechos humanos" de las lesbianas de la forma más abierta.

Se han seleccionado y entrenado personas especiales para esta tarea, siendo probablemente la más conocida Ellen Degeneres, que ha recibido cientos de miles de dólares en publicidad gratuita con el pretexto de ser entrevistada en programas de entrevistas y grupos de "discusión" sobre el tema del "amor entre personas del mismo sexo", es decir, encuentros entre dos mujeres que implican algún tipo de práctica sexual.

Benton, el pionero del envilecimiento de la mujer, tuvo como mentor al principal científico social de la teoría de los perfiles de Tavistock, Harold Lasswell, quien, con Benton, fundó la Comisión de Política Americana en 1940. La empresa conjunta de Lasswell con Benton marcó el vínculo más claro entre las operaciones secretas del gobierno socialista mundial de Aspen en

América y el Instituto Tavistock. Aspen se convirtió en la sede del Comité de 300 sucursales en Estados Unidos.

Hedley Cantril, Likert y Lewin, con su metodología aplicada a la psicología humanista y al lavado de cerebro, han desempeñado un papel cada vez más vital en el uso de la "investigación de opinión" para provocar cambios de paradigma y de valores en la sociedad, como los que acabamos de describir, pero a una escala más amplia y en todos los niveles de la sociedad que conforman la civilización occidental tal y como se conoce desde hace siglos.

La base de Cantril, desde la que dirigió sus operaciones bélicas contra el pueblo estadounidense, fue la Oficina de Investigación de la Opinión Pública de la Universidad de Princeton, fundada en 1940, el mismo año en que Cantril escribió su libro *"La invasión de Marte"*, un análisis detallado de cómo la población del área de Nueva York-Nueva Jersey reaccionó con miedo y pánico a la emisión de "La guerra de los mundos" de Orson Wells en 1938.

¿Cómo podían saber que formaban parte de una empresa de elaboración de perfiles cuando es razonable concluir que en 1938 prácticamente ningún estadounidense había oído hablar de Hadley Cantril o del Instituto Tavistock? Sería interesante saber cuántos estadounidenses habían oído hablar de Tavistock en 2005.

La mayoría de la gente recuerda a Orson Wells, pero probablemente el 99% de la población no le da ninguna importancia al nombre de Cantril y no conoce el Instituto Tavistock.

Vamos a contar la historia de la noche del 30 de octubre de 1938, porque las mismas técnicas fueron utilizadas por la administración Bush, el Departamento de Defensa y la CIA para moldear la percepción pública de los acontecimientos que condujeron a la invasión de Irak en 2003 y siguen siendo relevantes en 2005.

En 1938, Orson Wells se había creado una reputación de maestro de las noticias falsas utilizando al autor inglés H. G. Wells, antiguo agente del MI6, y su libro *La guerra de los mundos*.

En la adaptación radiofónica de la obra de Wells, el otro Wells interrumpía los programas de radio en Nueva Jersey anunciando que los marcianos acababan de aterrizar. "La invasión marciana ha comenzado", declaró Orson Welles.

Durante esta producción de cuatro horas, se anunció no menos de cuatro veces que lo que el público estaba escuchando era una recreación ficticia de lo que sería la historia de H.G. Wells si cobrara vida. Pero fue inútil. El pánico se apoderó de millones de personas que huyeron aterrorizadas de sus casas y bloquearon las carreteras y los sistemas de comunicación.

¿Cuál era el objetivo del "engaño"? En primer lugar, se trataba de poner a prueba la eficacia de los métodos de Cantril y Tavistock en la práctica y, quizás más importante, de preparar el terreno para la guerra que se avecinaba en Europa, en la que los "noticiarios" desempeñarían un papel crucial en la recopilación y difusión de información como fuente establecida de información fiable, así como un foro para la formación de la opinión pública.

Dos días después de la emisión del boletín informativo "Invasión marciana", un editorial del *New York Times* titulado "Terror por radio" puso de manifiesto, sin quererlo, lo que Tavistock tenía previsto para el pueblo estadounidense en la guerra que se avecinaba: "Lo que empezó como un entretenimiento podría haber terminado fácilmente en un desastre", decía el editorial. Los ejecutivos de la radio tenían una responsabilidad y "deberían pensárselo dos veces antes de mezclar las técnicas informativas con una ficción tan aterradora".

Con lo que el *Times* tropezó inadvertidamente fue con la ola del futuro vista a través de los ojos de los teóricos de Tavistock. A partir de ahora, "mezclar las técnicas de las noticias con una ficción tan aterradora" que se tomaría como un hecho, iba a ser la práctica habitual de los graduados de Tavistock. Todos los programas informativos debían ser adaptaciones de "noticias y ficción" en una mezcla inteligente para que una fuera irreconocible de la otra.

De hecho, Tavistock puso en práctica su recién probada teoría un año más tarde, cuando la población de las ciudades europeas de Londres, Múnich, París y Ámsterdam se vio afectada por el miedo a la guerra, incluso cuando Neville Chamberlain consiguió evitarla, utilizando las mismas técnicas que las empleadas en las emisiones de radio de la "Guerra de los Mundos" de octubre de 1938.

# CAPÍTULO 9

## ¿Cómo reaccionan los individuos y los grupos ante la mezcla de realidad y ficción?

La conclusión de Cantril es que el público reaccionó exactamente como sus experimentos de investigación sobre la elaboración de perfiles le habían hecho creer. Aquella noche del domingo 30 de octubre de 1938 se convertiría en un hito en su historial y en una fecha que significaría un gran cambio de paradigma en la forma de presentar las "noticias" en lo sucesivo. Poco más de siete décadas después, el mundo sigue recibiendo noticias mezcladas con ficción, una ficción que en muchos casos es aterradora. El mundo occidental ha sufrido cambios radicales que se le han impuesto a regañadientes, hasta el punto de que se ha convertido en un mundo tan diferente de lo que era en aquella noche de octubre de 1938 que se ha convertido en "otro planeta". Volveremos a tratar este tema esencial más adelante en este libro.

Después de la Segunda Guerra Mundial, Cantril se involucró de lleno con el principal gurú de Tavistock, su fundador, John Rawlings Reese y su proyecto sobre tensiones globales en la UNESCO de las Naciones Unidas.

A partir de una hábil mezcla de hechos y ficción aterradora, se formularon perfiles de cómo respondían los individuos y grupos a las tensiones internacionales para una campaña de lanzamiento de "ciudadanos del mundo" (de una dictadura gubernamental socialista-comunista de un solo mundo) que comenzó a utilizarse para debilitar las fronteras, lengua y la cultura y para desacreditar el orgullo nacional y la soberanía de los estados-nación, en preparación para el nuevo orden mundial socialista, un gobierno mundial único, que el presidente Woodrow Wilson dijo que Estados Unidos haría seguro para la "democracia".

Estos jóvenes estadounidenses de Arkansas y Carolina del Norte fueron enviados a Europa creyendo que "luchaban por su país", sin saber que la "democracia" que Wilson les enviaba para "asegurar el mundo" era una dictadura socialista-comunista internacional de gobierno único.

John Rawlings Reese fue el editor de la revista de Tavistock, el *Journal of Humanistic Psychology*. Su mentalidad compartida se refleja en la monografía de 1955, Toward a Humanistic Psychology (Hacia una psicología humanista), y como una progresión del apoyo de Cantril a la percepción de la "personalidad" de Gordon Airport, formado en Tavistock. Como lo expresó en el libro de 1947, *Understanding Man's Social Behavior,* en un capítulo sobre "Causalidad". La metodología de Cantril se basaba en la opinión de que "el entorno particular en el que tiene lugar el crecimiento da al individuo particular una dirección particular para su crecimiento".

Los esfuerzos de Cantril son buenos ejemplos de la ruptura de los límites entre la formación de opinión supuestamente neutral y la creación de opinión socialmente manipulada a través del compromiso de Tavistock de forzar importantes cambios de personalidad y comportamiento en todos los sectores de los grupos de población a los que nos dirigimos.

Cantril ha designado un consejo de administración para que le asista en su labor, entre ellos :

- ➢ Warren Bennis, seguidor del director de Tavistock, Eric Trist.
- ➢ Marilyn Ferguson, que sería la autora de *La Conspiración de Acuario*;
- ➢ Jean Houston, director del Instituto de Investigación del Cerebro, miembro del Club de Roma y autor de Mind Games.
- ➢ Aldous Huxley, que supervisó el programa MK-Ultra de LSD que duró 20 años.

- Willis Harman, director de la Universidad de Stanford y mentor de "Las imágenes cambiantes del hombre", posteriormente disfrazado de "La conspiración acuariana" y presentado como obra de Marilyn Ferguson.

- Michael Murphy, director del Instituto Esalen, creado por Huxley y otros como centro de "entrenamiento de la sensibilidad" y experimentos con drogas.

- James F. T. Bugenthal, iniciador de proyectos de creación de culto en Esalen.

- Abraham Maslow, máximo exponente de la "fuerza del pensamiento" irracionalista y fundador del AHP en 1957.

- Carl Rogers, colega de Maslow en el AHP en 1957.

La ideología reinante de la AHP quedó ilustrada por la reseña de un libro en un número de 1966 de su revista, *The Journal of Humanistic Psychology*.

Al reseñar el libro de Maslow, *La psicología de la ciencia*, Willis Harman, un año antes de su estudio de 1967-69 en Stanford, dio la bienvenida al "desafío a la ciencia" por parte de "la percepción extrasensorial, la psicoquinesis, el misticismo y las drogas que expanden la conciencia" (especialmente el LSD y la mescalina). Elogió la "nueva ciencia" de Maslow por poner en primer plano "la hipnosis, la creatividad, la parapsicología y la experiencia psicodélica" y por desplazar las preocupaciones científicas del mundo "exterior" al estudio del "espacio interior".

El pensamiento original de Cantril sobre la "personalidad especial" fue llevado a su conclusión lógica. Cantril tuvo la "gloria y el honor" de forzar un amplio cambio de paradigma en la forma de pensar y comportarse del mundo occidental.

Sin duda, Oswald Spengler no habría tenido ningún problema en identificarla como una de las causas de la caída de Occidente que predijo en 1936.

**Realizar cambios en la "estructura cognitiva y conductual".**

Cualquiera que sea el color particular de la ideología que

acompañó a los encuestadores después de la Segunda Guerra Mundial, la noción invariable de ingeniería social a través de "métodos de muestreo" e "investigación de opinión" se puede encontrar en el documento de Cartwright *Some Principles of Mass Persuasion*[6] preparado para la División de Encuestas de Programas del Departamento de Agricultura

El artículo se subtitulaba "Selected Findings of Research on the Sale of United States War Bonds",[7] pero, como deja claro Cartwright, el aspecto bélico de la encuesta no era más que un pretexto para llevar a cabo un análisis de los principios de cómo se puede alterar la percepción para adaptarla a los fines que el controlador pueda tener en mente.

Uno podría preguntarse qué tiene que ver la venta de bonos de guerra con la agricultura, pero eso era parte de la metodología de Cartwright. Era la hipótesis Bernays-Lippmann-Cantril-Cartwright sintetizada y concentrada en un contexto de la Segunda Guerra Mundial. El artículo apareció en el periódico Tavistock, lo que debería atraer inmediatamente la atención del lector.

> De los muchos avances tecnológicos del último siglo que han provocado cambios en la organización social", comienza Cartwright, "el desarrollo de los medios de comunicación de masas promete tener el mayor impacto". Esta mayor interdependencia de las personas significa que las posibilidades de movilizar una acción social masiva han aumentado considerablemente. Es concebible que una sola persona persuasiva pueda, mediante el uso de los medios de comunicación, doblegar a la población mundial a su voluntad."

No creemos que Cartwright tuviera en mente a Jesucristo cuando hizo esta declaración.

En un subtítulo, "Creación de una estructura cognitiva

---

[6] *Principio de persuasión de masas*, Ndt.

[7] "Hallazgos selectivos sobre la investigación de la venta de bonos de guerra estadounidenses", Ndt.

particular", Cartwright continúa:

> Primer principio: "Casi todos los psicólogos dan por sentado que el comportamiento de una persona está guiado por su percepción del mundo en el que vive... De esta formulación se deduce que una forma de cambiar el comportamiento de una persona es cambiar su estructura cognitiva. La modificación de la estructura cognitiva de los individuos por medio de los medios de comunicación tiene varias condiciones previas. Se pueden enunciar como principios".

Intercalando su relato con ejemplos de la aplicación de su estudio a la campaña de venta de bonos de guerra de la Segunda Guerra Mundial, Cartwright pasó a desarrollar los principios: "El 'mensaje' (es decir, la información, los hechos, etc.) debe llegar a los órganos de los sentidos de las personas a las que se quiere influir... Las situaciones de estímulo totales se seleccionan o rechazan en función de una impresión de sus características generales", etc. Un segundo conjunto de principios desarrolló los métodos de modificación de la "estructura cognitiva".

> Segundo principio: "Una vez que ha llegado a los órganos de los sentidos, el "mensaje" debe ser aceptado como parte de la estructura cognitiva de la persona".

Cartwright señala en esta sección que

> "cualquier esfuerzo por cambiar el comportamiento modificando esta estructura cognitiva debe superar las fuerzas que tienden a mantener la estructura actual".

Sólo cuando una estructura cognitiva determinada le parece a la persona insatisfactoria para su adaptación, es probable que reciba fácilmente las influencias destinadas a modificar esa estructura".

Bajo el epígrafe "Creación de una estructura motivacional particular", Cartwright ha analizado además

> "los alicientes sociales que han sumido a los gobernantes de la Reserva Federal de EE.UU. en Washington en la confusión durante un periodo prolongado".

# CAPÍTULO 10

## Las encuestas llegan a la mayoría de edad

La Clínica Tavistock de Londres fue el lugar donde Sigmund Freud se instaló a su llegada de Alemania, y donde su sobrino, Edward Bernays, mantuvo más tarde una corte de admiradores.

Así, Inglaterra se convirtió en el centro mundial del lavado de cerebro masivo, un experimento de ingeniería social que se extendió en las clínicas de posguerra por todo Estados Unidos.

Durante la Segunda Guerra Mundial, Tavistock fue la sede de la oficina de guerra psicológica del ejército británico que, a través de los arreglos del Special Operation Executive (SOE) británico (más tarde conocido como MI6), dictaba la política a las fuerzas armadas estadounidenses en materia de guerra psicológica.

Hacia el final de la guerra, el personal de Tavistock se hizo cargo de la Federación Mundial de Salud Mental y de la División de Guerra Psicológica del Cuartel General Supremo de las Fuerzas Expedicionarias Aliadas (SHAEF) en Europa.

El principal teórico de Tavistock, el Dr. Kurt Lewin, llegó a Estados Unidos para organizar la Clínica Psicológica de Harvard, el Centro de Investigación sobre Dinámica de Grupos del MIT y el Instituto de Investigación Social de la Universidad de Michigan, mientras que sus colegas Cartwright y Cantrill se unieron a él para desempeñar papeles políticos clave en el departamento psicológico de la Oficina de Servicios Estratégicos (OSS), la Oficina de Investigación Naval (ONI), el Estudio de Bombardeo Estratégico de Estados Unidos y el Comité de Moral

Nacional.

Además, muchas personas influyentes de los más altos niveles políticos se han formado en la teoría de la psicología topológica del Dr. Lewin, que es hasta la fecha el método más avanzado del mundo para modificar el comportamiento y el lavado de cerebro. Los importantes colegas de Kurt Lewin en Tavistock, Eric Trist, John Rawlings Reese, H. V. Dicks, W. R. Bion y Richard Crossman, así como algunos miembros del Strategic Bombing Survey, el Committee on National Morale y el National Defense Resources Council, se unieron a Lewin en la Rand Corporation, el Stanford Research Institute, la Wharton School, los National Training Laboratories y el National Institute of Mental Health.

El gobierno estadounidense comenzó a hacer contratos multimillonarios con todas estas instituciones. Durante un periodo de cuarenta años, el gobierno federal destinó decenas de miles de millones de dólares a financiar el trabajo de estos grupos, mientras que decenas de miles de millones más fueron entregados a estas instituciones por fundaciones privadas.

A lo largo de los años, estas instituciones han crecido y el alcance de los proyectos que han contratado ha crecido con ellas. Cada aspecto de la vida mental y psicológica del pueblo estadounidense ha sido perfilado, registrado y almacenado en bancos de datos informáticos.

Las instituciones, el personal y las redes han seguido expandiéndose y penetrando profundamente en todos los rincones de los gobiernos federales, estatales y locales. Sus especialistas y licenciados internos han sido llamados a desarrollar políticas para los servicios sociales, las juntas de mediación laboral, los sindicatos, las Fuerzas Aéreas, la Marina, el Ejército, la Asociación Nacional de Educación y las clínicas psiquiátricas, así como la Casa Blanca, el Departamento de Defensa y el Departamento de Estado. Estas estructuras también se benefician de numerosos contratos con la Agencia Central de Inteligencia (CIA).

Se desarrollaron estrechas relaciones de cooperación entre estos think tanks y las principales empresas de encuestas y medios de comunicación de Estados Unidos. La encuesta Gallup, la encuesta Yankelovich-CBS-New York Times, el Centro Nacional de Investigación de la Opinión y otros realizaban constantemente perfiles psicológicos de la población general, compartiendo los resultados para su evaluación y procesamiento con los omnipresentes psicólogos sociales.

Lo que el público ve en los periódicos como encuestas de opinión es sólo una parte del trabajo que los encuestadores se proponen hacer. Una de las claves del control que ejerce Tavistock sobre áreas clave de la actividad diaria en Occidente es el hecho de que no existen otros medios de comunicación.

Estados Unidos tiene ahora su propia cadena de televisión de facto, Fox News, que, desde su adquisición por Richard Murdoch, ha sido una máquina de propaganda prácticamente sin fisuras para el gobierno.

Por encima de este apretado grupo de psicólogos sociales, investigadores y manipuladores de los medios de comunicación preside una élite de poderosos mecenas, "los Dioses del Olimpo" (el Comité de los 300). Es sabido en los círculos informados que este grupo lo controla todo en el mundo, con la excepción de Rusia y, más recientemente, China.

Planifica y ejecuta las estrategias a largo plazo de forma global, disciplinada y unificada. Está al mando de más de 400 de las mayores empresas de la lista Fortune 500 de Estados Unidos, con conexiones entrelazadas que tocan todas las facetas del gobierno, el comercio, la banca, la política exterior, las agencias de inteligencia y el estamento militar.

Esta élite absorbió a todos los demás "grupos de poder" de la historia anterior de EE.UU.: el grupo Rothschild, Morgan, Rockefeller, el establishment liberal de la costa este personificado por las familias Perkins, Cabot, Lodge, la flor y nata del antiguo y multimillonario comercio de opio de las Indias Orientales.

Su jerarquía incluye a las antiguas familias descendientes de la

Compañía Británica de las Indias Orientales, cuyas vastas fortunas procedían del comercio del opio, y que son gobernadas de arriba abajo, incluyendo a la realeza europea, entre otras.

En lo más recóndito del sistema de inteligencia de Washington, los altos funcionarios de inteligencia se refieren a este impresionante grupo, en voz baja y en un lenguaje misterioso, como el "Comité de los 300". Los líderes se llaman "Los Olímpicos". Ningún presidente estadounidense es elegido o permanece en el cargo sin su favor.

Los que se oponen a su control son eliminados. Los ejemplos son John F. Kennedy, Richard Nixon y Lyndon Johnson. El Comité de los 300 es el gobierno mundial socialista internacional que dirige el Nuevo Orden Mundial entre bastidores, donde permanecerá hasta que esté listo para emerger y tomar el control total y abierto de todos los gobiernos del mundo en una dictadura comunista internacional.

# CAPÍTULO 11

## El cambio de paradigma en la educación

En la década de 1970 se produjo un cambio radical de paradigma en los planes de estudio de todos los niveles, hasta el punto de que los alumnos recibieron créditos escolares por cursos de educación cívica en lugar de lectura, escritura y aritmética. Una epidemia de "sexo casual" y consumo de drogas ha desbordado a los adolescentes escolarizados y se ha extendido por todo el país.

En julio de 1980 se celebró en Toronto (Canadá) una gran conferencia internacional bajo los auspicios de la Primera Conferencia Mundial sobre el Futuro, a la que asistieron 4.000 ingenieros sociales, expertos en cibernética y futuristas de todos los grupos de reflexión. La conferencia fue dirigida por el multimillonario presidente del Instituto Tavistock, Maurice Strong, quien estableció el tema:

> "Ha llegado el momento de pasar de la reflexión y el diálogo a la acción. Esta conferencia se convertirá en la plataforma de lanzamiento de esta importante acción en la década de 1980.

Strong fue presidente de Petro-Canada, una de las muchas empresas "insignia" de los "olímpicos". Fue miembro del servicio secreto británico MI6, donde tuvo el rango de coronel durante la Segunda Guerra Mundial. Strong y su red de empresas estaban muy involucrados en el lucrativo comercio de opio, heroína y cocaína. Strong y Aldous Huxley fueron los responsables de la plaga del LSD que arrasó en Estados Unidos y posteriormente en Europa. Fue director del programa medioambiental de las Naciones Unidas.

Uno de los principales oradores de los "olímpicos" en la conferencia fue el Dr. Aurelio Peccei, Presidente del Club de Roma, un grupo de reflexión de la OTAN.

La Organización del Tratado del Atlántico Norte (OTAN) fue creada como parte de la Conspiración Acuariana, un proyecto de sociólogos de la Universidad de Stanford bajo la dirección de Willis Harmon. La OTAN, a su vez, formó y promovió una nueva rama llamada "El Club de Roma", nombre que pretende confundir y disimular porque no tiene nada que ver con la Iglesia Católica.

Sin entrar en los detalles técnicos del Club de Roma (en adelante "el Club"), su objetivo era contrarrestar la expansión agrícola y militar postindustrial, una "sociedad agrícola postindustrial de crecimiento cero", que debía poner fin a las florecientes industrias manufactureras y a la creciente capacidad de producción de alimentos de la agricultura mecanizada de Estados Unidos. La pertenencia al Club y a la OTAN eran intercambiables.

El Stanford Research, el Instituto Tavistock y otros centros de psiquiatría social aplicada se han unido a él. En 1994, Tavistock firmó un importante contrato con la NASA para evaluar los efectos de su programa espacial. El propio Club no se fundó hasta 1968 como parte del llamamiento a un Nuevo Orden Mundial dentro de un Gobierno Mundial Único. El Club se convirtió en un instrumento para imponer límites al crecimiento de las naciones industrializadas, y Estados Unidos fue el primer país en el que se puso en el punto de mira.

Este fue, de hecho, uno de los primeros pasos dados para poner en práctica el objetivo de los "300", a saber, devolver a los Estados Unidos a una especie de estado feudal en el que toda la población está controlada por una nueva aristocracia oculta. Una de las industrias contra las que el Club arremetió fue la de la energía nuclear, y consiguió detener la construcción de todas las centrales nucleares para la generación de electricidad, lo que hizo que la demanda fuera muy superior a la oferta de energía eléctrica. La OTAN era su alianza militar para mantener a Rusia a raya.

Los siguientes puntos figuraban en el orden del día de la reunión de 1980 mencionada anteriormente:

> El movimiento de liberación de la mujer.

> La conciencia negra, la mezcla racial, la eliminación de los tabúes contra los matrimonios mixtos, tal y como propusieron la antropóloga de Tavistock Margaret Meade y Gregory Bateson.

> En esta reunión se decidió lanzar un programa agresivo para presentar a las "razas de color" como superiores a los blancos de la civilización occidental. Fue a partir de este foro que Oprah Winfrey y una serie de negros fueron reclutados y entrenados para su papel de presentar a las "razas mixtas" como superiores a los blancos.

> *Esto también se ve en las películas en las que las estrellas negras proliferan de repente hasta el punto de convertirse en nombres conocidos. También se observa cuando se coloca a una persona negra en una posición de autoridad sobre los blancos, como un juez, un jefe de distrito del FBI o del ejército, un director general de una gran empresa, etc.

> La rebelión de los jóvenes contra los males imaginarios de la sociedad.

> Interés emergente en la responsabilidad social de las empresas.

> La brecha generacional implica un cambio de paradigma.

> El sesgo antitecnológico de muchos jóvenes.

> La experimentación de nuevas estructuras familiares - relaciones interpersonales en las que la homosexualidad y el lesbianismo se han "normalizado" y "no se diferencian de las demás personas"- son aceptables en

todos los niveles de la sociedad, dos "mamás" lesbianas.

➢ La aparición de falsos movimientos conservacionistas/ecológicos como "Greenpeace".

➢ Un renovado interés por las perspectivas religiosas y filosóficas orientales.

➢ Un renovado interés por el cristianismo "fundamentalista".

➢ Los sindicatos se centran en la calidad del entorno laboral.

➢ El creciente interés por la meditación y otras disciplinas espirituales "Kabbalah" iba a suplantar la cultura cristiana y se eligieron personas especiales para enseñar y difundir la Kabbalah. Las primeras discípulas elegidas fueron Shirley McLean, Roseanne Barr y más tarde Madonna y Demi Moore.

➢ La creciente importancia de los procesos de "autorrealización".

➢ *Reinvención de la música, el "hip-hop" y el "rap", por grupos como "Ice Cube".

➢ Una nueva forma de lenguaje en la que el inglés está tan mutilado que resulta ininteligible. Este fenómeno se extiende a los lectores de noticias en horario de máxima audiencia.

Estas tendencias dispares significan el surgimiento de un clima de agitación social y de cambio profundo, ya que empieza a imponerse una nueva imagen del ser humano que provoca cambios radicales en la civilización occidental.

Una red "sin líderes" pero poderosa, el "ejército invisible", se propuso provocar un cambio "inaceptable" en Estados Unidos. Sus miembros principales fueron las "tropas de choque" que radicalizaron todas las formas de la norma, rompiendo con elementos clave de la civilización occidental. Entre los "olímpicos" esta red era conocida como la "Conspiración

Acuariana" y sus adherentes serían conocidos como las "tropas de choque invisibles".

Este masivo, gigantesco e irrevocable cambio de paradigma ha invadido América mientras dormimos, barriendo lo viejo con nuevos sistemas políticos, religiosos y filosóficos. Esto es lo que los ciudadanos del nuevo orden mundial -un gobierno mundial- tendrán que mostrar a continuación, un nuevo espíritu: el nacimiento de un nuevo orden sin estados-nación, sin orgullo de lugar ni de raza, una cultura del pasado condenada al basurero de la historia, que nunca revivirá.

Sabemos por experiencia que este trabajo es probable que sea recibido con desprecio e incredulidad. Algunos incluso se compadecerán de nosotros. Se utilizarán términos como "fuera de lo común" para describir este trabajo. Esta es la reacción habitual cuando se desconocen los motivos de los científicos sociales de Tavistock, los lavadores de cerebro, los creadores de opinión, los psicólogos sociales, para librar su guerra contra los Estados Unidos. Lo más probable es que el 90% de los estadounidenses no sepa que Tavistock declaró la guerra a la población civil alemana para terminar la Segunda Guerra Mundial.

Cuando este conflicto terminó en 1946, los profesionales del lavado de cerebro y de la opinión de Tavistock entraron en guerra con el pueblo estadounidense.

Si así es como reaccionas a esta presentación, no te sientas mal: entiende que así es como debes reaccionar. Si la motivación parece descabellada e inverosímil, o incluso incomprensible, entonces la motivación "no existe". Si este es el caso, entonces la acción resultante no existe; por lo tanto, ergo "los olímpicos" no existen y no hay trama.

Pero el hecho es que existe una gigantesca conspiración. No cabe duda de que Kurt Lewin, el principal científico de Tavistock y teórico clave de todos los grupos de reflexión, podría explicarlo con más claridad que nosotros, si quisiera. Su práctica se deriva de lo que él llama la doctrina de la "topología-psicología". Lewin es el hombre cuyas teorías permitieron librar con éxito las batallas de guerra psicológica de la Segunda Guerra Mundial, el hombre que planificó y ejecutó el bombardeo estratégico que condujo a la derrota de Alemania en la Segunda Guerra Mundial mediante la destrucción masiva del 65% de las viviendas de los trabajadores alemanes, de la que acabamos de hablar muy brevemente.

# CAPÍTULO 12

## La doctrina de Lewin de "cambio de identidad"

La doctrina de Lewin no es fácil de seguir para el profano. Básicamente, Lewin afirma que todos los fenómenos psicológicos ocurren dentro de un dominio definido como "espacio de fase psicológica". Este espacio está compuesto por dos "campos" interdependientes, el "entorno" y el "yo".

El concepto de "entorno controlado" surgió del estudio de que si se tiene una personalidad fija (que se puede perfilar de forma predecible), y se quiere obtener un tipo de comportamiento concreto de esa personalidad, basta con controlar la tercera variable de la ecuación para producir el comportamiento deseado.

Era un estándar en las fórmulas de la psicología social. El MI6 lo utilizó, y casi todo tipo de situaciones que implicaban negociaciones; las operaciones de contrainsurgencia del ejército, las negociaciones laborales y las negociaciones diplomáticas lo utilizaron hasta, aparentemente, la década de 1960.

Después de 1960, Tavistock cambió la ecuación poniendo más énfasis en la técnica del entorno controlado; no en el comportamiento, sino en la personalidad deseada. Lo que Lewin se propuso conseguir fue mucho más radical y permanente: cambiar las estructuras profundas de la personalidad humana. En resumen, lo que Lewin consiguió fue pasar de la "modificación del comportamiento" al "cambio de identidad".

El cambio de identidad fue acogido por las naciones del mundo. Las naciones se esforzaban por adquirir una "nueva personalidad" que cambiara la forma en que el mundo las miraba.

La teoría se basó en las formulaciones originales de dos teóricos de Tavistock, la teoría del Dr. William Sargent en su libro *Battle for the Mind*, y el trabajo de Kurt Lewin sobre la regresión de la personalidad.

Lewin observó que

> "el yo interior del individuo muestra ciertas reacciones cuando se ve sometido a la tensión del entorno. Cuando no hay tensión, el yo interior normal de una persona está bien diferenciado, equilibrado, multifacético y versátil".
>
> "Cuando el entorno aplica una tensión razonable, todas las capacidades y facultades del ser interior se ponen en alerta, listas para actuar con eficacia.
>
> Pero cuando se aplica una tensión intolerable, esta geometría se derrumba en una sopa ciega e indiferenciada; una personalidad primitiva en estado de regresión. La persona se reduce a un animal; las capacidades altamente diferenciadas y versátiles desaparecen. El entorno controlado se apodera de la personalidad".

Esta "técnica" de Lewin es la que se utiliza con los cautivos del campo de prisioneros de Guantánamo, desafiando el derecho internacional y la Constitución de Estados Unidos. La flagrante mala conducta de la administración Bush en este campo va más allá de los límites de la civilización cristiana occidental normal, y su aceptación por parte de un público estadounidense complaciente puede ser la primera señal de que el pueblo estadounidense ha sido tan transformado por la "penetración de largo alcance y el condicionamiento doméstico" de Tavistock que ahora está listo para descender al nivel del Nuevo Orden Mundial en un Gobierno Mundial Único en el que tal "tratamiento" bárbaro será considerado normal y aceptado sin protestar.

El hecho de que los médicos participaran en la tortura inhumana de otro ser humano y no sintieran ningún remordimiento demuestra lo bajo que ha caído el mundo.

Se observó que esta fue la base del campo militar de la Bahía de Guantánamo, Cuba, que se abrió allí para evitar las restricciones de la Constitución de los Estados Unidos y para proporcionar un entorno controlado tipo Lewin. Los hombres retenidos en esta prisión psicológica se encuentran ahora en un estado de regresión en el que han sido reducidos al nivel de animales.

Guantánamo es el tipo de campo que creemos que se establecerá en todo Estados Unidos y en el mundo cuando el Nuevo Orden Mundial -un gobierno de un solo mundo- tome el control total del mundo. Se trata de un campo sádico, inhumano y bestial, diseñado para acabar con el orgullo natural de las víctimas, para quebrar la voluntad de resistencia y para reducir a los prisioneros a bestias.

En el primer experimento de gobierno mundial en la entonces URSS, se permitió a los hombres usar el baño sólo para ser interrumpidos en medio de la evacuación y expulsados antes de que pudieran limpiarse. Abu Ghraihb y Guantánamo se encontraban más o menos a este nivel cuando los controladores fueron sometidos al escrutinio mundial. El general Miller, que era el jefe kapo, ha desaparecido desde entonces.

Los "disidentes" que insisten en que el gobierno de EE.UU. obedezca la Constitución y exija sus derechos constitucionales serán tratados en el futuro como "disidentes", al igual que Stalin trataba a los "disidentes" en Rusia. Los futuros "Guantanamos" que han surgido por toda América son un presagio de lo que está por venir. Podemos estar seguros de ello.

# CAPÍTULO 13

## El declive inducido de la civilización occidental entre las dos guerras mundiales

De todas las naciones europeas, en el periodo entre las dos guerras mundiales, Alemania, como nación supereconómica, superracialmente pura y superguerrera, fue la que más sufrió, como era de esperar. La Sociedad de Naciones era el "primer borrador" del nuevo orden mundial que se avecinaba en un gobierno mundial, y las "propuestas de paz" de la Conferencia de Paz de París, dirigidas y controladas por Tavistock, estaban diseñadas para convertir a Alemania en una potencia europea permanente de segunda clase, cuya autoestima sería destruida por la degradación social al pauperismo o, en el mejor de los casos, al estatus de proletario.

No es de extrañar que el pueblo alemán se volviera loco y diera a Hitler el apoyo de masas que necesitaba para transformar su movimiento nacionalista latente en una fuerza renovadora.

Nunca sabremos si Tavistock cometió un error de cálculo o si con ello preparó el terreno para una guerra mayor y más sangrienta. Después de todo, Meade y Bertrand Russell habían dicho que lo que se necesitaba era un mundo poblado por sujetos "dóciles". Russell había comentado el carácter "infantil" del negro americano que había conocido en sus viajes por Estados Unidos. Russell dijo que los prefería a los blancos. También dijo que si la raza blanca quería sobrevivir, tendría que aprender a comportarse como un niño, como el negro. Sin embargo, ampliando su pensamiento, el emisario de Tavistock se refirió a los negros como "comedores inútiles" y declaró que debían ser eliminados en masa.

Russell también aprecia la docilidad del pueblo brasileño, debida, dice, a la "cría interracial con africanos traídos como esclavos".

Hay una corriente de pensamiento que sostiene que uno de los principales objetivos de los monstruos que planearon las dos guerras mundiales era que fueran libradas en su mayoría por jóvenes blancos. Es cierto que Alemania, Gran Bretaña, Estados Unidos y Rusia perdieron millones de la flor de su población masculina que fueron eliminados para siempre de la reserva genética de la nación. En la Primera Guerra Mundial diseñada por Tavistock, los frentes de guerra y las batallas se organizaron de tal manera que Rusia perdió 9 millones de hombres, es decir, el 70% de su fuerza militar total.

Con la excepción de Rusia, la aristocracia sufrió mucho menos que la burguesía las consecuencias económicas de la guerra y la revolución. Tradicionalmente, gran parte de su riqueza era la tierra, que no se depreciaba tanto como otros activos tangibles en caso de inflación.

La desintegración de las monarquías (con la excepción de Inglaterra) afectó al antiguo orden de la sociedad de las clases altas, que ya no podían seguir sirviendo a la sociedad en sus funciones de oficiales o diplomáticos, pues sus servicios ya no eran demandados, ya que las oportunidades para ese servicio eran mucho menores que antes de la guerra.

Algunos miembros de la aristocracia rusa aceptaron valientemente la condición de proletarios o incluso de trabajadores como taxistas, porteros de discoteca y mayordomos rusos en el París de la posguerra; otros se dedicaron a los negocios. La mayoría, sin embargo, cayó en una vida de denigración social. Donde antes la frontera estrictamente vigilada entre las sociedades era infranqueable en las antiguas capitales monárquicas y el resto de la sociedad, ahora aparecen amplias brechas al difuminarse las líneas.

Como dijo el Duque de Windsor en sus memorias, *A King's*

*Story*:

"La fuerza del cambio aún no había penetrado tan profundamente en la textura de la sociedad británica como para haber borrado gran parte de la antigua elegancia. Durante la llamada temporada londinense, el West End era un baile casi continuo desde la medianoche hasta el amanecer. La noche siempre podía salvarse recurriendo a uno u otro de los clubes nocturnos gay, que entonces se habían puesto tan de moda y eran casi respetables."

(En aquella época, la palabra "gay" significaba "feliz". Sólo fue cooptado como eufemismo de sodomía a mediados de los años cincuenta). El Duque tampoco explicó que la "fuerza del cambio" que menciona había sido aplicada de forma experta por el Instituto Tavistock.

El declive del pudor femenino, que se hizo patente poco después del final de la Primera Guerra Mundial, apareció de repente en todas partes y con una velocidad cada vez mayor. Para los no informados, era un fenómeno social. Nadie podía sospechar que la Casa Wellington y sus siniestros ingenieros sociales eran la causa.

Esta emancipación femenina fue acompañada por una revuelta, especialmente entre los jóvenes, contra cualquier restricción convencional de la mente o el cuerpo que se extinguía en medio de los ídolos rotos de los imperios caídos. La generación de la posguerra en Europa se rebeló contra todas las costumbres mientras luchaba desesperadamente por sacudirse los horrores de la guerra que había vivido. El escote se desplomó, fumar y beber en público se convirtió en una forma de revuelta. La homosexualidad y el lesbianismo se hicieron patentes, no por convicción interna, sino como protesta contra lo que había ocurrido, y como rebelión contra todo lo que la guerra había destruido.

El exceso radical y revolucionario se manifestó en el arte, la música y la moda. El "jazz" estaba en el aire y el "arte moderno" se consideraba "chic". El elemento comprensible de todo era "no tener cuidado"[8] ; era inquietante e irreal. Eran los años en que toda Europa estaba conmocionada. Wellington House y Tavistock habían hecho bien su trabajo.

Bajo la agitada sensación de estar impulsado por acontecimientos incontrolables se escondía un entumecimiento espiritual y emocional. El horror de la guerra, en la que millones de jóvenes habían sido innecesariamente masacrados, mutilados, heridos y gaseados, estaba empezando a sentirse, y por eso había que "borrarlo de la memoria".

Las víctimas hicieron que la guerra fuera demasiado real en su espantosa y cruel fealdad, y la gente retrocedió en el shock y la revolución, en la desesperación provocada por la desilusión de la paz. Los europeos, con su cultura superior que encarnaba la civilización occidental, estaban aún más escandalizados que los estadounidenses.

Perdieron su fe en los rudimentos del progreso que habían sostenido a sus padres y abuelos y habían hecho grandes a sus naciones. Y esto fue especialmente cierto en el caso de Alemania, Rusia, Francia e Inglaterra.

Las personas reflexivas no podían entender por qué las dos naciones más civilizadas y avanzadas del mundo se habían desgarrado y habían quitado la vida a millones de sus mejores jóvenes. Era como si una locura aterradora se hubiera apoderado de Gran Bretaña y Alemania.

Para los entendidos, no fue la locura, sino la metodología de la Casa Wellington la que se apoderó de la juventud británica. El miedo a que se repita casi impidió el estallido de la Segunda Guerra Mundial.

Los oficiales que regresaban de la carnicería describían a los periódicos los horrores de los combates cuerpo a cuerpo que a menudo tenían lugar en "la Gran Guerra". Estaban consternados y asustados, horrorizados y descorazonados. Ninguno de ellos

---

[8] "No me importa nada", Ndt.

entendía por qué había habido una guerra. Los oscuros secretos de la Casa Wellington y de los "olímpicos" permanecieron ocultos, como lo siguen estando hoy.

Donde antes la colocación de una corona en el cenotafio de Whitehall, en Londres, por parte del monarca de Inglaterra, traía consuelo, ahora engendra amargura, ira y disgusto. El escenario estaba preparado para la Segunda Guerra Mundial, en la que Tavistock desempeñaría un papel enorme y desproporcionado.

Había algunos pensadores que tenían algo que decir: Spengler en historia, por ejemplo, Hemingway, Evelyn Waugh en literatura, y en América Upton Sinclair y Jack London, pero su mensaje era igualmente sombrío, incluso más sombrío que el sombrío presagio de Spengler sobre el inevitable declive de la civilización occidental.

Estas impresiones se vieron confirmadas por el deterioro de las relaciones personales después de la guerra. El divorcio y el engaño a su mujer eran más frecuentes. El bello concepto de la mujer en un pedestal, la mujer gentil y femenina con una hermosa y cadenciosa voz, la flor de la creación de Dios, el misterio, era un ideal que se desvanecía. En su lugar quedó lo estridente, lo chillón, lo vulgar, con un discurso chillón y chirriante, como el que retomó y popularizó una tertulia matinal especialmente popular.

Nadie podía saber que esta triste decadencia era el producto final de la guerra de Tavistock contra la mujer occidental.

En la Europa de la posguerra, Montparnasse, en París, se había convertido en un lugar triste. La Viena de la posguerra, vaciada por la marea de la guerra que había arrastrado a tantos de sus hijos, era aún más triste. Pero Berlín, antaño tan viva y limpia, se ha convertido en la Babilonia de Europa y quizá en el lugar más triste de todos.

> "Cualquiera que haya vivido esos meses apocalípticos, esos años, se ha sentido asqueado y amargado, ha sentido la llegada de un contragolpe, una reacción horrible,

escribió el historiador Zweig.

La bancarrota política, espiritual y social de las nuevas élites de poder, que sucedieron a los monarcas, aristócratas y dinastías burguesas anticuadas, fue en muchos aspectos más espectacular que la de sus predecesores, y en ningún lugar más que en Estados Unidos con el advenimiento de la era socialista bajo Franklin D. Roosevelt. Esta vez, sin embargo, el eclipse de liderazgo no se ha localizado en un continente ni se ha limitado a una clase particular de la sociedad.

Como Nuevo Mundo geográfico, en cuanto a los problemas a los que se enfrentaba, la América de Franklin Roosevelt demostró rápidamente que Estados Unidos era sólo un poco menos anacrónico de lo que había sido la Austria-Hungría de Francisco José. Aquí está estableciendo un socialismo "democrático" del Nuevo Orden Mundial, directamente del modelo creado por la Sociedad Fabiana, mientras que Estados Unidos es una República Constitucional Confederada, que es exactamente lo contrario.

Ni el desplazamiento del centro del poder y el prestigio europeos de las antiguas democracias occidentales al Imperio Central, ni la sustitución de las clases dirigentes tradicionales de las monarquías caídas por los Estados Unidos, contribuyeron a mejorar el clima económico, político, social, moral o religioso del mundo de la posguerra. La caída de Wall Street y la posterior depresión son un testimonio elocuente, aunque silencioso, de la veracidad y exactitud de nuestra afirmación.

La organización de este evento por parte del Instituto Tavistock puede verse en el calendario de eventos que ofrecemos en el apéndice.

# CAPÍTULO 14

## Estados Unidos no es una "patria"

Los Estados Unidos de América han sido durante mucho tiempo el terreno más fértil para la difusión a gran escala de la propaganda, ya que sus habitantes han sido objeto de connivencia, mentiras y engaños, en los que los británicos siempre han estado a la cabeza del mundo, siendo el primer centro mundial de control mental, lavado de cerebro y propaganda el Instituto Tavistock de Relaciones Humanas. Su precursor fue la organización creada por Lord Northcliffe, que se casó con una heredera de los Rothschild, y que contó con la hábil ayuda de Lord Rothmere y de los estadounidenses Walter Lippman y Edward Bernays.

De este modesto comienzo en 1914 surgió el Instituto Tavistock de Relaciones Humanas, que no tiene rival en la creación de propaganda a gran escala. Tavistock es una institución que se dedica a propagar y apalear para adaptar todos los aspectos de la vida. Tavistock abordó la propaganda como si fuera una batalla, y en cierto sentido lo fue. No hay medias tintas; es una guerra en la que todo vale con tal de garantizar la victoria.

Observando el panorama político, no se puede obviar el hecho de que en las dos últimas décadas, el aumento de la profundidad y el volumen de la propaganda, y especialmente del control mental, se ha hecho omnipresente. La correcta aplicación de la propaganda a cualquier asunto, ya sea económico o político, es una parte esencial del mecanismo de control del gobierno.

Stalin dijo una vez que si querías una población dócil, tenías que desatar el miedo y el terror sobre ella. En cierto sentido, esto es lo que ocurrió en Estados Unidos y Gran Bretaña.

La Segunda Guerra Mundial ofreció oportunidades ilimitadas para convertir la propaganda en un arte. Si observamos los esfuerzos de la administración Roosevelt para hacer cambiar de opinión al pueblo estadounidense, que en un 87% se oponía a entrar en la guerra en Europa, vemos que Roosevelt no tuvo éxito. El pueblo estadounidense rechazó ir a la guerra en Europa.

Se necesitó una situación artificiosa, un pretexto elegido de antemano, el ataque japonés a Pearl Harbor, para que la opinión pública se inclinara a favor de la entrada de Estados Unidos en la guerra europea. Roosevelt afirmó que Estados Unidos luchaba por la democracia y su modo de vida, lo que no era en absoluto el caso; la guerra se libraba para promover la causa del socialismo internacional hacia su objetivo de un nuevo orden mundial bajo un único gobierno mundial.

Para ser eficaz, la propaganda debe dirigirse a toda la población y no a individuos o grupos individuales, con el objetivo de atraer la mayor atención posible. No pretende ser una instrucción personal. Los hechos no juegan ningún papel en la propaganda, que siempre tiene como objetivo crear una impresión. Debe adoctrinar de forma unilateral, sistemática y sostenida que lo que dicen el gobierno, los medios de comunicación y los líderes políticos es la verdad. Y debe presentarse de tal manera que la gente sienta que es su pensamiento.

Por lo tanto, la propaganda debe dirigirse a un público masivo en el que su mensaje llegue a buen puerto. Tomemos un ejemplo reciente del tipo de propaganda que generalmente adoptaría un público receptivo. Tras la catástrofe del World Trade Center, el presidente Bush creó una nueva agencia gubernamental, a la que llamó Oficina de Seguridad Nacional, y nombró a un director para supervisar la agencia.

Esto suena muy reconfortante y tranquilizador hasta que miramos la 10a Enmienda, que reserva todos los poderes que el Sr. Bush ha propuesto confiscar, a los estados individuales.

El hecho de que el Sr. Bush no puede anular la Enmienda 10 fue alegremente ignorado. El texto propagandístico dice que puede, y como se dirigía a las masas, éstas creyeron en el texto y no en su Constitución, por lo que hubo poca oposición efectiva a esta flagrante violación de la Constitución, especialmente de la 10a Enmienda. Bush parece haber actuado siguiendo las directrices de Stalin:

"Si quieres controlar al pueblo, empieza por aterrorizarlo".

Los que se opusieron a la cuasi legislación de "seguridad nacional" fueron calificados de "antipatriotas" y "partidarios del terrorismo". De nuevo, el hecho absoluto de que esta falsa ley no es una ley en absoluto y es pura propaganda nunca fue cuestionado, sino que fue aceptado pasivamente por el público irreflexivo. Así es como se forma la opinión pública, y es esta opinión la que hace que los legisladores voten a favor de la "seguridad nacional" o de cualquier otra legislación falsa, como afirmaron tanto Bernays como Lippmann al principio de la Casa Wellington. Los legisladores votan en función de las líneas de partido, como en el sistema parlamentario británico, y no votan en función de la Constitución estadounidense. Sabían que oponiéndose al Presidente, tenían muchas posibilidades de perder un cómodo puesto de trabajo en las siguientes elecciones, o de ser denigrados por un taimado de la "administración".

Estados Unidos no es una "patria" sino 50 estados separados y distintos. En cualquier caso, la palabra "patria" sale directamente del Manifiesto Comunista. Dado que el objetivo final del gobierno es establecer un nuevo orden mundial, un gobierno comunista internacional, la elección de esta palabra para titular la legislación comunista no debería sorprendernos.

El poder de controlar la educación, el bienestar y los poderes policiales pertenece a los estados, donde siempre ha residido, y no se les quitó en el momento del pacto. Ni el Presidente Bush ni la Cámara de Representantes y el Senado tienen poder para cambiar eso, algo que la oficina recién creada se propuso hacer. Sólo mediante el ejercicio de una propaganda sostenida, sistemática y repetida, la población de los estados aceptó esta flagrante violación de la Constitución estadounidense.

El bombo propagandístico continuó con numerosos artículos

sobre la trayectoria y experiencia del "Director de Seguridad Nacional", su trabajo, etc., pero no hay ni una palabra sobre la flagrante inconstitucionalidad del nuevo departamento. No se les escapará que el propio título: "Seguridad Nacional" es una hábil propaganda. Los ciudadanos están ahora convencidos de que la nueva agencia no sólo es constitucional, sino que también es necesaria. La masa de gente ha sido "controlada mentalmente" con éxito (lavado de cerebro).

Quienes deseen estudiar el asunto en lugar de limitarse a ver las noticias de la noche de la CBS encontrarán algo muy diferente entre el relato de un comentarista independiente y los relatos de la prensa. Como siempre, esa persona estará en minoría, por lo que sus opiniones, aunque se expresen, no alterarán el propósito y la intención de la creación de la nueva agencia. Le digo que la Constitución de los EE.UU. y las constituciones de los 50 estados por separado prohíben que a los EE.UU. se les imponga cualquier mecanismo de supervisión federal central. El proyecto de ley de "Seguridad Nacional" es una parodia porque destruye la forma republicana de gobierno concedida a los estados originales en la 10a Enmienda, que no puede ser eliminada.

Por lo tanto, la llamada Ley de Seguridad Nacional es nula y no es una ley en absoluto. Sin embargo, las víctimas de Tavistock, a las que se les ha lavado el cerebro y, por tanto, han sido manipuladas, lo obedecerán como si fuera una ley.

En resumen, la Agencia de Seguridad Nacional es una farsa y no puede ser promulgada como ley. No se puede promulgar ninguna medida inconstitucional y el Congreso tiene el deber urgente de derogar inmediatamente la "ley" que dio origen ilegítimamente a las Leyes Patria y Patriota. El punto cardinal que hay que recordar es que la propaganda y el lavado de cerebro masivo deben considerarse siempre en relación con el propósito que se pretende alcanzar. En este caso, convence a la población de que hay que sacrificar las libertades a cambio de "protección". Henry Clay, el mayor constitucionalista que ha existido, calificó esta estratagema de "doctrina de la necesidad, una doctrina del infierno" y condenó rotundamente tales intentos.

H. V. Dicks enseñó en Tavistock. Declaró que los derechos individuales deben sacrificarse por el bien de todos. ¡Esto incluye la medida que viola la más alta ley de la tierra! Hay que aceptarlo porque es por el bien de todos. Esto se explica mejor por la propaganda y el lavado de cerebro que acompañaron los esfuerzos desesperados del presidente Roosevelt para involucrar a los Estados Unidos en la guerra en curso en Europa, a través de Japón.

Cuando se produjo el anticipado ataque a Pearl Harbor (Roosevelt sabía el día y la hora en que se produciría) anunció en discursos escritos para él por el Instituto Tavistock, que el pueblo estadounidense lucharía por la más alta y noble de las causas, la defensa de la nación, la defensa de la libertad y por la futura seguridad y bienestar de la nación. Como es habitual en estos casos, los hechos hablaban de una serie de objetivos muy diferentes.

Roosevelt no dijo que el pueblo estadounidense iba a la guerra para luchar por el avance del socialismo internacional y por los objetivos del Nuevo Orden Mundial: el establecimiento del comunismo internacional bajo un gobierno mundial único.

Al pueblo estadounidense se le dijo que Alemania pretendía esclavizar al mundo. Esta es una muy buena réplica, porque hasta las personas menos instruidas saben que la esclavitud es uno de los peores destinos que puede sufrir la humanidad. Al introducir la palabra "esclavitud", hemos tocado una fibra sensible.

Una vez más, la propaganda no tiene nada que ver con los hechos. Las personas reflexivas, no susceptibles a la propaganda, se habrían dado cuenta de que una pequeña nación como Alemania no podía esclavizar al mundo, aunque lo hubiera deseado. Los recursos y la mano de obra simplemente no existían. Alemania no poseía la vasta flota naval necesaria para que un ataque de este tipo a los Estados Unidos fuera una posibilidad real.

Los promotores de la guerra comprendieron desde el principio que para mantener el impulso sería necesario un impulso sostenido de propaganda. El vicepresidente Cheney siguió el mismo principio en las semanas previas al ataque de Estados Unidos a Irak; distorsionó los hechos, difundió una serie de "discursos del miedo" y tergiversó la información de inteligencia para adaptarla a sus propósitos. Nadie trabajó más duro que Cheney para asegurar que la guerra con Irak no se evitara en el último minuto.

Para Roosevelt era importante llamar la atención de las masas sobre los "problemas" y darlos a conocer al pueblo, de ahí los interminables reportajes en la prensa, los "noticiarios" proyectados una y otra vez en los cines y los interminables discursos de lavado de cerebro de los políticos.

La propaganda debe presentarse en un medio fácilmente comprensible para el nivel más bajo de inteligencia de la nación, como los carteles de los trabajadores de las fábricas de municiones, los astilleros, las plantas de ensamblaje de aviones, todos trabajando en el "frente interno" para el "esfuerzo de guerra", etc.

Tras la tragedia del WTC, se reavivó gran parte de este tipo de propaganda de lavado de cerebro masivo: "Estados Unidos en guerra", "la línea del frente", "y los vertederos de municiones", "las posiciones de las tropas enemigas" aparecían en subtítulos en casi todas las pantallas de televisión.

Por supuesto, se omitió el hecho de que Estados Unidos no estaba en guerra porque no se había declarado la guerra, y que no había "tropas" enemigas más que grupos guerrilleros poco estructurados.

Los diccionarios definen las tropas como "un cuerpo de soldados; un ejército, generalmente en plural". Los talibanes no tenían ejército y, por tanto, no tenían tropas. Además, no se podía declarar la guerra contra el "terrorismo", el "bolchevismo" o cualquier otro "ismo". Según la Constitución estadounidense, la guerra sólo puede declararse contra naciones soberanas.

La guerra sólo puede declararse a un país o a una nación concreta de personas que viven en ese país. Todo lo demás son patrañas de Tavistock servidas en una bandeja decorada con banderas ondeantes y acompañadas de música marcial. Decir que Estados Unidos está en guerra con los talibanes es el colmo del engaño. Para estar en guerra, debe haber una declaración de guerra previa. Sin una declaración de guerra, se trata de un engaño, de hecho no hay guerra.

Se ha añadido una nueva dimensión. El presidente Bush, al que se le negó el poder de hacer la guerra y legislar según la Constitución de los Estados Unidos, recibió de repente poderes que no existían en la Constitución de los Estados Unidos.

Se le empezó a llamar "comandante en jefe", aunque no tenía derecho a este título temporal, que sólo puede ser conferido por el Congreso tras una declaración de guerra completa. Esto nunca sucedió.

Se le ha "declarado" místicamente que tiene el poder de etiquetar a quien quiera como "combatiente enemigo". El hecho de que tal poder no exista en la Constitución de los Estados Unidos, ni esté expresamente implícito, no preocupó al Sr. Bush ni por un momento: en lo que a él respecta, a partir de ese momento, él era la ley.

Así, la toma ilegal e inconstitucional de poderes por parte de un presidente estadounidense en funciones, que comenzó con Woodrow Wilson "tomando" diez poderes adicionales a los que no tenía ningún derecho, se extendió a Roosevelt "tomando" treinta poderes y a Bush tomando treinta y cinco (y contando) poderes negados por la Constitución de los Estados Unidos.

De hecho, Estados Unidos se ha convertido en una nación sin ley bajo la experta dirección del Instituto Tavistock, cuyo lavado de cerebro del público estadounidense a través del "condicionamiento doméstico y la penetración de largo alcance" ha hecho todo esto posible.

De paso, permítanme añadir que la propaganda británica utilizó el mismo lenguaje de mentiras contra los bóers en Sudáfrica, durante la guerra lanzada por los británicos para hacerse con el control de los enormes yacimientos de oro de ese país. La prensa británica estaba llena de historias sobre el "ejército bóer", mientras que los bóers no tenían ejército, sólo una fuerza guerrillera de agricultores y ciudadanos.

Al igual que el Kaiser Guillermo II en 1913/1914, Paul Kruger, el patriarca temeroso de Dios de la República de Transvaal, fue demonizado en la prensa británica como un tirano despiadado que reprimía brutalmente a la población negra, lo cual no tenía nada que ver con la verdad.

Finalmente, se desarrolló una fórmula a través de una serie de ensayos y errores en la Primera y la Segunda Guerra Mundial, y fue retomada y adaptada para su uso en el ataque estadounidense a Afganistán. Fue suficiente para captar la atención de la mayor parte de la población estadounidense, ya que se adaptó a su nivel psicológico. Las lecciones aprendidas en el arte de la propaganda en las dos guerras mundiales se trasladaron sin más del teatro europeo al estadounidense, y más tarde a Irak, Serbia y Afganistán.

El lavado de cerebro se limitó a lo esencial, plasmado en eslóganes simplistas, eslóganes que utilizan fórmulas estereotipadas desarrolladas por primera vez por Lord Northcliffe en Wellington House en Londres en 1912. Había que enseñar al pueblo británico que el pueblo alemán era "el enemigo". Todo lo malo y cruel se achacó a los alemanes, de modo que la masa del pueblo británico empezó a creer que los alemanes eran en realidad bárbaros crueles que no se detendrían ante nada. Los carteles que mostraban a los "carniceros alemanes" matando a mujeres y niños belgas estaban por todas partes.

# CAPÍTULO 15

## El papel de los medios de comunicación en la propaganda

Como los medios de comunicación han desempeñado un enorme papel en la propaganda, tal vez valga la pena considerar dónde empezó y cómo llegó a ser que los medios de comunicación en Estados Unidos, casi en su totalidad, sean ahora un órgano de propaganda totalmente controlado. El período previo a la Primera Guerra Mundial fue una serie clásica de acontecimientos en los que se manipuló a las figuras públicas, siendo los peores infractores los periódicos británicos y estadounidenses. Como en todas las guerras, hay que demonizar a alguien para que el público se involucre. En 1913, fue el Kaiser Guillermo II de Alemania quien fue demonizado antes, durante y después de esa terrible guerra.

Uno de los principales creadores de propaganda de este periodo fue Lord Northcliffe, el notorio barón de la prensa, pariente de los Rothschild y enemigo de Alemania. Northcliffe dirigía Wellington House como un importante centro de propaganda antialemana y sentía un odio especial por Guillermo II, el primo de la reina Victoria de la famosa dinastía de los Güelfos Negros de Venecia.

Northcliffe intimidó a Guillermo II en cada oportunidad que se le presentaba, especialmente cuando el Kaiser hablaba del poderío y las proezas militares alemanas. Guillermo era propenso a la jactancia infantil y la mayoría de los gobiernos europeos lo conocían como un hombre al que le gustaba "jugar a los soldados" y vestirse con uniformes decorados de forma excéntrica. William no era un militar en absoluto. Como

Rothschild, esto irritó a Northcliffe, que empezó a "advertir" que "el lugar de Alemania en el sol", como le gustaba llamar al Kaiser, era un peligro para el resto de Europa. El hecho de que esta afirmación carezca de todo fundamento no parece molestar a Northcliffe, que la maximiza hasta la credibilidad. Lo cierto es que Alemania no era una amenaza en aquella época, ni el Kaiser era un poderoso guerrero dispuesto a golpear, sino más bien un hombre propenso a las crisis nerviosas, tres de ellas en cinco años, y un brazo marchito casi inútil, que no daba en absoluto la imagen de un hombre marcial. Lo más parecido a un hombre marcial era su afición a los uniformes extravagantes. En realidad, Guillermo II tenía poco o ningún control sobre el ejército alemán, un hecho del que Northcliffe era muy consciente y que, sin embargo, decidió ignorar.

En esto, el Káiser estaba a la altura del monarca británico, el rey Jorge V, que no tenía ningún control sobre la fuerza expedicionaria británica. Esto no impidió que Northcliffe lanzara un feroz ataque contra el primo alemán de la reina Victoria, acusándolo de ser responsable de toda una lista de atrocidades supuestamente cometidas por el ejército alemán al atravesar Bélgica. Por supuesto, el alto mando alemán cometió un error al invadir la neutral Bélgica, pero sólo estaba en tránsito y no planeaba ocupar el país.

Todo esto formaba parte de un plan táctico para marchar sobre París tomando un "atajo" a través de Bélgica para flanquear al ejército francés. No se habría ganado nada matando deliberadamente a civiles, un hecho subrayado por el Alto Mando alemán. Northcliffe describió al káiser como un "megalómano" con un "ansia de dominación mundial" que, en cualquier caso, estaba muy por encima de las capacidades de la omnipotencia europea. En 1940, Churchill acusó a Hitler de tener el mismo deseo de "dominar el mundo", aunque sabía que no era cierto. Churchill también dijo que Hitler era "un loco", sabiendo que su caracterización del Canciller era falsa.

Pero para no desanimarse, Northcliffe se aseguró de que sus medios de comunicación se refirieran constantemente a

Guillermo II como "el perro loco de Europa".

La Casa de Wellington contrató los servicios de un caricaturista que regularmente representaba a Guillermo II como un perro loco y codicioso, una criatura simiesca. Estas caricaturas de mala calidad se trasladaron a la forma de libro y la prensa no tardó en otorgarles la categoría de absurdo absoluto. Los dibujos animados eran de mal gusto y aún más mal ejecutados. El libro era lo que los ingleses llamaban "a penny horrible".

Demostrando el poder de la prensa, Northcliffe consiguió que los medios de comunicación hicieran críticas elogiosas del libro. Lord Asquith, el Primer Ministro, fue persuadido para que escribiera un prefacio a lo que era esencialmente una farsa absoluta. El presidente Wilson invitó al "artista", un holandés llamado Raemakers, a la Casa Blanca mientras realizaba una gira de venta de libros por Estados Unidos. Como era de esperar, Wilson elogió al dibujante y dio su bendición al libro.

Incluso la legendaria revista *Punch* se unió a la campaña para retratar a Guillermo de la peor manera posible. Parece que ningún periódico se libró de la obligación de publicar el torrente de calumnias que salieron de Wellington House. Era propaganda en su forma más brutal.

Poco después, el efecto se contagió a la población, que empezó a insistir en que se "colgara" al káiser y un ministro llegó a decir que perdonaría a Alemania a condición de que se fusilara a todos los alemanes. Hollywood no tardó en unirse al acto de condenar al Kaiser, del que no sabía nada. En primer lugar, la película "Mis cuatro años en Alemania", adaptación de un libro escrito por el embajador estadounidense en Berlín, James W. Gerard. La película se presenta como un relato fáctico de la preparación del Kaiser para la guerra. Wilhelm tiene el coeficiente intelectual de un niño paranoico de seis años y es representado como un hombre que monta un caballo de tiro. Las descripciones mordaces de su discapacidad se repiten cientos de veces.

Lo peor vino con la versión de Hollywood de la historia llamada *La Bestia de Berlín*, que mostraba al Kaiser regodeándose con los civiles belgas masacrados y riéndose a carcajadas con los barcos torpedeados. Nada de esto era cierto, pero esta versión logró su propósito, generando un odio feroz a los alemanes y a todo lo alemán que se extendió a Estados Unidos con una velocidad asombrosa.

Esta es la base de la peor propaganda jamás vista y es llevada a cabo implacablemente por el gobierno británico, no sólo en casa, sino también donde más importa, en los Estados Unidos. La Casa de Wellington contaba con que Estados Unidos derrotaría a Alemania en el campo de batalla.

A finales de los años 90, era sólo cuestión de tiempo que la masa del pueblo estadounidense creyera lo mismo sobre los talibanes y el presidente Hussein de Irak, con quien los talibanes no tenían ninguna relación. (De hecho, se odiaban mutuamente).

La pregunta fundamental: "¿Fueron los talibanes en su conjunto, y el pueblo afgano por separado de los talibanes, responsables del despreciable atentado contra el WTC? "¿Existen realmente los talibanes? ¿O es Osama bin Laden otro Kaiser Wilhelm II? Quizá dentro de cincuenta años podamos descubrir la verdad. Mientras tanto, el Instituto Tavistock ha jugado la carta de la propaganda a fondo, y una vez más, ha tenido éxito.

Tras el final de la guerra, el mito del Kaiser Guillermo II persiste. De hecho, la misma maquinaria propagandística que lo había demonizado antes y durante la guerra no cedió hasta el 13 de julio de 1959, fecha del centenario del káiser Guillermo II, celebrado por la BBC en forma de documental sobre el denostado ex líder alemán.

Explica cómo los británicos estaban aterrorizados por las espeluznantes historias de que el Kaiser cortaba los brazos de los niños belgas con su espada, mientras columnas de soldados alemanes violaban a las mujeres en los pueblos belgas por los que pasaban, nada de lo cual tenía el menor parecido con la verdad.

Incluso los miembros inteligentes del Parlamento británico se vieron atrapados en la implacable tormenta de odio levantada por Northcliffe y su equipo, que incluía a los estadounidenses

Lippmann y Bernays. Sin embargo, por muy bueno que sea, el documental de la BBC no se esforzó en explicar cómo el mito de un monstruoso Kaiser Wilhelm pudo aparecer de repente de la nada, para ser noticia...

Del mismo modo, nadie ha explicado de forma satisfactoria cómo Osama Bin Laden apareció de repente en escena, y cómo se convirtió en el villano tipo Kaiser en un tiempo sorprendentemente corto. ¿Cómo ha ocurrido esto?

Es un hecho histórico que el Presidente Wilson apresuró la aprobación del proyecto de ley para establecer los Bancos de la Reserva Federal en la Cámara de Representantes justo a tiempo para el estallido de la Primera Guerra Mundial. Sin dólares de papel, impresos a voluntad, es dudoso que la guerra se hubiera producido.

¿Cómo es posible que el Kaiser haya cobrado vida de repente a partir del personaje de dibujos animados que aparece en miles de periódicos, revistas y vallas publicitarias? Ahora sabemos que fue el producto de la vasta maquinaria de propaganda de la Oficina de Guerra británica, que permaneció en secreto como hasta ahora. Esa máquina sigue siendo tan secreta hoy como lo era en 1913, aunque algunos hayamos conseguido rasgar parte de su mortaja.

Nuestra investigación ha revelado que el Instituto Tavistock es la cuna de algunas de las mentiras más grotescas que se han fabricado y presentado como verdades al aturdido e ignorante público en general, víctimas de estos controladores mentales particularmente inteligentes.

# CAPÍTULO 16

## La propaganda científica puede engañar a los votantes

La gran mayoría de los habitantes del mundo actual han oído hablar sin duda de la "Bestia de Berlín" y de cómo los "Aliados" detuvieron su desencadenamiento en Europa. En los últimos tiempos, la mayoría de la gente también ha oído hablar de la "Bestia de Bagdad".

Pero, ¿cuántos han oído hablar del nombre de Sir Harold Nicholson, un distinguido erudito cuyo minucioso examen de cientos de miles de documentos entre 1912 y 1925 exoneró absolutamente al káiser Guillermo II del inicio de la Primera Guerra Mundial?

¿Cuántas personas lo saben? Póngalos a prueba. Pruebe en su programa local de entrevistas, y vea lo que sucede. Así, durante más de veinticinco años, el mito del Kaiser ha dominado los titulares y ha tenido el efecto de poner a millones de personas en Gran Bretaña y América en contra de Alemania, la injusta y desafortunada consecuencia de la vasta maquinaria de propaganda que ha tenido al pueblo británico agarrado por el cuello desde que se inauguró en 1913. Nos referimos a Wellington House y a su sucesor, el Instituto Tavistock para las Relaciones Humanas.

Lo sorprendente de este mito es su longevidad. Pero el objetivo de la propaganda es precisamente perpetuar un mito, una mentira o una desinformación que perdure mucho tiempo después de que la verdad se haya olvidado. Se culpará para siempre a Japón por Pearl Harbor y la "Violación de Nanking", mientras que

Churchill será aclamado para siempre como un gran hombre y no como un brutal belicista.

Del mismo modo, Colin Powell visitó recientemente Irak e hizo una declaración en los titulares sobre que Hussein había "gaseado a los kurdos" durante la guerra entre Irak e Irán. La verdad es que los misiles llenos de gas que cayeron sobre la aldea kurda eran de fosgeno, un tipo de producto que Irak no posee, pero que estaba en el arsenal de Irán. Lo que ocurrió fue que durante una ofensiva iraquí, los iraníes dispararon un gran número de cohetes llenos de gas contra las posiciones iraquíes, pero algunos cayeron sobre los kurdos de la frontera. Esto fue confirmado por el informe de la Escuela Militar de Guerra de Estados Unidos, que exoneró completamente a Irak.

Sin embargo, aunque la acusación fue cuidadosamente refutada, en 2005, casi 30 años después, en una gira de buena voluntad por Malasia, Karen Hughes, en representación del presidente George Bush, repitió la mentira, adornándola al afirmar que "30.000 kurdos" habían sido asesinados con gas por "Saddam Hussein". Un miembro del público cuestionó su declaración, y al día siguiente Hughes se vio obligada a retractarse, alegando que se había "equivocado". Una investigación sobre el incidente reveló que Hughes realmente creyó las mentiras que había oído repetir una y otra vez al Presidente Bush, al Primer Ministro Blair, al Secretario de Estado Colin Powell y al Secretario de Defensa Donald Rumsfeld, lo que debería decirnos mucho sobre el poder de la propaganda.

El informe de la Escuela Superior de Guerra fue confirmado posteriormente por los militares estadounidenses y por una segunda fuente de Estados Unidos. ¿Lo sabe el mundo? Lo dudamos. La verdad se olvida mientras la mentira continúa. Así que la propaganda de Colin Powell contra Irak seguirá el camino de la propaganda contra el Kaiser Guillermo II, una y otra vez durante más de 100 años, mientras que la verdad murió en el momento en que apareció la primera explosión de propaganda en los periódicos. Ahí está el valor de la propaganda. Los científicos sociales de Tavistock lo saben y hoy en día pueden perfilar a cualquier público para que acepte las mentiras que mejor se adapten a su percepción sin entender los problemas que hay detrás.

De este modo, se creó una posición "moralmente correcta" y un fuerte apoyo al ataque a Afganistán. Pocos ciudadanos estadounidenses plantearon dudas sobre si lo que su gobierno estaba haciendo en Afganistán era coherente con la Constitución de Estados Unidos. No hubo ningún referéndum o mandato que confirmara o negara la aceptación por parte del pueblo de la política de la administración Bush hacia Afganistán.

La propaganda y el lavado de cerebro no requieren una orden judicial. El hecho de que ninguno de los presuntos secuestradores de los aviones utilizados contra las Torres Gemelas fuera de Afganistán se le ha escapado por completo a la opinión pública estadounidense, que en un 74% sigue creyendo que lo hizo "Al Qaeda" y que ¡vive en Afganistán! Al mismo porcentaje de estadounidenses se les ha lavado el cerebro para que crean que los talibanes y el presidente Hussein trabajaron juntos para provocar esta tragedia. El pueblo estadounidense no sabe que Saddam Hussein no tendría nada que ver con los dirigentes talibanes.

¿Por qué el pueblo estadounidense permite que se le trate así? ¿Por qué permiten que los políticos mientan, engañen, se confabulen, disimulen, prevariquen, ofusquen y les engañen continuamente? Lo que debemos marcar bien es la forma en que Woodrow Wilson trató al pueblo estadounidense, como si fueran ovejas.

Cuando le preguntaron por qué mantenía un pequeño rebaño de ovejas pastando en los jardines de la Casa Blanca, Wilson respondió: "Me recuerdan al pueblo estadounidense". Wilson tenía la ardiente ambición de sumergir a Estados Unidos en la Primera Guerra Mundial y utilizó las mentiras de la Casa Wellington (propaganda) contra los disidentes (el grueso del pueblo) para persuadirlos de que cambiaran de opinión.

Roosevelt repitió esta estratagema para meter a los Estados

Unidos en la Segunda Guerra Mundial mediante mentiras y propaganda (casi siempre lo mismo) que culminó con el "éxito" de Pearl Harbor. Vimos la misma línea utilizada por el Presidente Clinton. Antes y durante la injusta guerra contra Serbia, toda la persuasión de Clinton consistió en mentiras y desinformación.

No es de extrañar que las declaraciones de Rumsfeld sean siempre recibidas con recelo. Cuando se le preguntó por el papel desempeñado por la propaganda, Rumsfeld contestó con toda naturalidad: "Los funcionarios del gobierno, el Departamento de Defensa, este Secretario de Defensa y la gente que trabaja conmigo están diciendo la verdad al pueblo estadounidense."

# CAPÍTULO 17

## Propaganda y guerra psicológica

La lista de documentos del gobierno de los Estados Unidos, algunos de libre acceso y otros no, revela vívidamente lo controladas que están las naciones del mundo (incluidos los Estados Unidos) mediante el ejercicio de una amplia gama de métodos de propaganda que operan a varios niveles.

En el mejor de los casos, sólo puedo mencionar los titulares y parafrasear el contenido debido a la amplitud del material. Espero que la información que hemos reunido despierte al pueblo estadounidense de su apatía y le haga darse cuenta de lo cerca que está de convertirse en esclavo del Nuevo Orden Mundial Socialista en un Gobierno Mundial Único.

**Definiciones oficiales**: Una útil colección de términos y definiciones utilizados por el establishment del poder en Washington. Todos los programas que figuran en esta lista, sin excepción, nacieron y fueron diseñados por Tavistock.

**Ciencias sociales e intervención política**: lo que pasa por "ayuda al desarrollo" basada en proyectos puede ser en realidad una peligrosa manipulación de la cultura y las relaciones sociales en el Sur.

Debido a la enorme ventaja monetaria de la que gozan los donantes de "ayuda", a menudo pueden realizar estudios psicosociales en profundidad de los grupos objetivo y explotarlos de formas que no se le ocurrirían a la mayoría de las personas, ni siquiera en sus peores pesadillas.

Este es un ejemplo típico de todo lo que John Rawlings Reese enseñó en Tavistock y que se ha trasladado a todos los aspectos de la vida estadounidense.

*Shock and Awe: Achieving Rapid Dominance* - Este es el texto de la Universidad de Defensa Nacional de 1996 que se convirtió en la teoría detrás de la intervención de Estados Unidos en Oriente Medio y la guerra contra Irak en marzo y abril de 2003. Según el texto, "Shock and Awe" pretende ser el "equivalente no nuclear" del bombardeo de Hiroshima y Nagasaki en 1945.

Según la guía de estudio de esta terrible tragedia, ahora definitivamente registrada,

> "El impacto de estas armas fue suficiente para transformar tanto la mentalidad del ciudadano medio japonés como la visión de los líderes en un estado de shock y miedo. Los japoneses simplemente no podían comprender el poder destructivo de un solo avión. Esta falta de comprensión creó un estado de miedo duradero".

Además del uso de la potencia de fuego masiva con fines psicológicos, la publicación también incluye un análisis en profundidad de las operaciones de propaganda.

> "El mecanismo principal para lograr este dominio es imponer al adversario condiciones suficientes de 'choque y pavor' para convencerlo o coaccionarlo a aceptar nuestras metas estratégicas y objetivos militares", afirman los autores. "Claramente, esto requiere el uso del engaño, la confusión, la desinformación y la desinformación, quizás en cantidades masivas".

**Psychological Warfare in Combat**: Este es el texto completo de la infame doctrina "Shock and Awe", publicada en 1996 por la National Defense University de Washington. El concepto es tomar el control total de la voluntad de un adversario y de las percepciones y la comprensión de las poblaciones objetivo, dejando literalmente al enemigo sin poder actuar o reaccionar.

Cabe señalar que todas estas palabras y descripciones se encuentran en los libros de texto utilizados para condicionar a los estudiantes que asisten a los cursos de John Rawlings Reese en la Oficina de Guerra Psicológica del Ejército Británico, donde Rawlings era un teórico maestro.

La doctrina del "Shock & Awe" se describe como una estrategia para destruir sistemáticamente las capacidades militares a través del desgaste, en su caso, y utilizar una fuerza abrumadora para paralizar, conmocionar y, en última instancia, destruir moralmente al oponente.

**La Conferencia Internacional sobre Población y Desarrollo (CIPD):** Un programa de acción presentado en la conferencia pedía un esfuerzo de propaganda masiva, utilizando los medios de comunicación, las organizaciones no gubernamentales, el entretenimiento comercial y las instituciones académicas para "persuadir" a la población de los países en desarrollo de que cambie sus preferencias de fertilidad.

Una revisión del texto original, añadida para tener en cuenta a los representantes de los países en vías de desarrollo, insta a que las actividades de comunicación de los donantes "con el fin de sensibilizar o promover determinados estilos de vida" se etiqueten para que el público sea consciente de su objetivo y que "se indique adecuadamente la identidad de los patrocinadores".

A pesar de esta recomendación, que no impone ninguna restricción obligatoria a los donantes de ayuda, la sección de "comunicación" del documento sigue siendo una parte muy peligrosa y políticamente explosiva de la agenda del Nuevo Orden Mundial.

**El Proyecto de Comunicación sobre Población:** La Agencia de los Estados Unidos para el Desarrollo Internacional (USAID) ha invertido decenas de millones de dólares en una campaña de influencia en los "medios de comunicación de masas" que utiliza tácticas tomadas de los agentes de la guerra psicológica militar. USAID es sólo uno de los cientos de organismos gubernamentales estadounidenses que han contratado a Tavistock para redactar sus programas.

De hecho, el contratista que trabajaba como agente de USAID en este caso también tenía un contrato con el ejército estadounidense para preparar manuales de enseñanza para operaciones psicológicas.

**Enter-Educate: El uso del entretenimiento como propaganda**: Es probable que el público joven sea más vulnerable a los mensajes presentados en el contexto del "entretenimiento" que a otras comunicaciones que podrían tender a plantear dudas sobre la legitimidad de las ideas extranjeras.

Así, el enfoque de entretenimiento-propaganda se ha convertido en una parte importante del esfuerzo de control de la población internacional de la USAID. De nuevo, millones de dólares fueron a parar a Tavistock para programas impartidos por operadores de Enter-Educate.

**Cuando la propaganda es contraproducente**: Un estudio sobre las actitudes y el comportamiento en materia de planificación familiar en el norte de Nigeria en 1994. Según un informe publicado, la reacción negativa ilustró

> "la oposición a las incorrecciones extranjeras, a la planificación familiar en general y a los programas de planificación familiar patrocinados por Estados Unidos en particular".

**Nigeria's Bilateral Population Programme**: (documento del Departamento de Estado de EEUU). El principal documento de planificación de la estrategia de control demográfico del gobierno estadounidense para Nigeria.

También se utiliza como elemento importante de propaganda en la guerra psicológica empleada en los programas del gobierno estadounidense para socavar los movimientos políticos latinoamericanos, el esfuerzo antibélico, el movimiento y la organización política de base. El contrato para redactar este programa se adjudicó a Tavistock.

**La guerra posmoderna**: un menú de recursos sobre la guerra política/psicológica, las actividades encubiertas y el genocidio.

**Desconcentración urbana y otras tácticas**: El contenido de este documento es tan diabólico que no me propongo publicarlo, al menos por el momento.

**Influencia social: propaganda y persuasión**: - Algunos antecedentes útiles.

**Psychological Operations in Guerrilla Warfare:** The CIA Tactical Manual for Paramilitary Forces in Central America, preparado por Tavistock. La CIA tiene un contrato con Tavistock y trabaja estrechamente con él.

**Instituto de Análisis de la Propaganda:** Una colección de documentos con datos básicos sobre las campañas de influencia encubiertas. Una vez más, el instituto no es más que un centro de intercambio de datos y métodos de lavado de cerebro de Tavistock para ser utilizados en las masas.

**U.S. Intelligence Bureaus:** Descripciones oficiales y funciones de las oficinas del gobierno de Estados Unidos que participan en la recopilación o el análisis de información.

**Instrucciones secretas del gobierno:** Una colección de documentos que abogan por la apertura del gobierno a los actores del sector privado.

**Press Collective:** Una fuente de material de investigación fiable sobre las instituciones internacionales y su papel como fachada de las naciones ricas y poderosas que controlan sus políticas. Los científicos sociales de Tavistock han enseñado a muchos de los líderes de estas instituciones.

**Propaganda, difusión de ideas e información con el propósito de inducir o intensificar actitudes y acciones específicas:** Como la propaganda suele ir acompañada de distorsiones de los hechos y de apelaciones a la emoción y a los prejuicios, se suele pensar que es invariablemente falsa o engañosa. Como indican los manuales de Tavistock, la distinción clave radica en las intenciones del propagandista de persuadir a un público para que adopte la actitud o acción que defiende. Wilson y Roosevelt son ejemplos de esta perogrullada, ya que ambos han sido entrenados en el arte de la diplomacia del engaño, tal y como lo definió Boukanine en 1814.

# CAPÍTULO 18

## Wilson introduce a los Estados Unidos en la Primera Guerra Mundial a través de la propaganda

Las técnicas de la moderna propaganda de masas, que se han convertido en una característica familiar de los gobiernos estadounidense y británico en particular, comenzaron con la Primera Guerra Mundial (1914-1918). Desde el principio de la guerra, los propagandistas alemanes y británicos se esforzaron por ganar la simpatía y el apoyo de los estadounidenses. Los propagandistas alemanes apelaron a los numerosos estadounidenses de ascendencia alemana, y a los de ascendencia irlandesa, tradicionalmente hostiles a Gran Bretaña que vivían en América. La propaganda es bastante burda para los estándares actuales, pero su falta de delicadeza se ve compensada por el gran volumen de producción de la Casa Wellington.

Sin embargo, pronto Alemania quedó prácticamente sin acceso directo a los Estados Unidos. A partir de entonces, la propaganda británica tuvo poca competencia en Estados Unidos, y fue dirigida con más habilidad que la de los alemanes, que no tenían el equivalente de Wellington House, Bernays o Lippmann.

Una vez comprometido con la guerra, Woodrow Wilson organizó el Comité de Información Pública, una agencia oficial de propaganda, para movilizar a la opinión pública estadounidense. Este comité tuvo mucho éxito, especialmente en la venta de Bonos de Libertad. Y no es de extrañar. Su programa fue escrito para la Casa Blanca por Tavistock y fue dirigido en gran parte desde Londres.

La explotación por parte de los Aliados de los catorce puntos del presidente Woodrow Wilson, que parecían prometer una paz justa tanto para los vencedores como para los vencidos, contribuyó en gran medida a cristalizar la oposición de las Potencias Centrales a la continuación de la guerra.

En otras partes de este libro hemos detallado las mentiras y distorsiones de la Comisión Bryce, que sigue siendo uno de los ejemplos más inquietantes de una mentira descarada disfrazada de verdad. Más adelante se explica también el papel desempeñado por los estadounidenses en Wellington House, el principal centro de propaganda del mundo en aquella época.

Los aspectos propagandísticos de la Segunda Guerra Mundial fueron similares a los de la Primera Guerra Mundial, con la diferencia de que la Segunda Guerra Mundial, también iniciada por Gran Bretaña y financiada por los banqueros internacionales, fue a mayor escala. La radio desempeñaba un papel importante, con "programas de noticias" que siempre eran una mezcla de realidad y ficción. Las actividades de propaganda en el extranjero fueron aún más intensas. El Instituto Tavistock pudo aplicar todas las valiosas lecciones que había aprendido en 1914-1919, y utilizó su experiencia de muchas maneras nuevas tanto en los países antiguos como en los nuevos.

Alemania y el Reino Unido volvieron a tratar de influir en la opinión estadounidense. Los propagandistas alemanes aprovecharon el sentimiento antibritánico, presentaron la guerra como una lucha contra el comunismo y retrataron a Alemania como el campeón invencible de una nueva ola de anticomunismo. Los agentes alemanes también apoyaron los movimientos en Estados Unidos que apoyaban el "aislacionismo", una etiqueta descriptiva que se aplicaba a todos los estadounidenses que se oponían a la guerra con Alemania.

Los esfuerzos propagandísticos alemanes no pudieron con la experiencia de Wellington House y Tavistock ni con los recursos de Gran Bretaña (ayudados secretamente por enormes sumas de dinero de la administración Roosevelt) y, una vez más, resultaron ineficaces.

Roosevelt, Stimson y Knox conocían el ataque cuidadosamente planificado a Pearl Harbor meses antes del ataque real. Esta maniobra de diciembre de 1941 fue una bendición para Roosevelt, que intentaba desesperadamente forzar a Estados Unidos a entrar en la guerra del lado de Gran Bretaña, ya que tan pronto como los japoneses atacaron Pearl Harbor, el pueblo estadounidense fue persuadido por la propaganda y las mentiras descaradas de que Alemania era el agresor.

Las nefastas advertencias de Lindbergh, el famoso aviador, y de otros senadores contrarios a la guerra, de que Roosevelt no era de fiar y de que, como en la Primera Guerra Mundial, Estados Unidos no tenía nada que hacer en la guerra de Alemania, fueron sofocadas por la propaganda. Además, la "situación artificial" de Pearl Harbor cambió la opinión pública, como Roosevelt sabía que sucedería. Los esfuerzos propagandísticos de los aliados que emanaban de Tavistock tenían como objetivo separar a los pueblos de las naciones del Eje de sus gobiernos, a los que se consideraba únicos responsables de la guerra. Las emisiones de radio y los innumerables folletos aéreos llevaron la propaganda aliada al enemigo.

Los organismos oficiales de propaganda de Estados Unidos durante la Segunda Guerra Mundial fueron la Oficina de Información de Guerra (OWI), encargada de difundir la "información" de Tavistock en el país y en el extranjero, y la Oficina de Servicio Estratégico (OSS), precursora de la CIA y creación de Tavistock, encargada de llevar a cabo la guerra psicológica contra el enemigo.

En el Cuartel General Supremo del teatro de operaciones europeo, la OWI y la OSS se coordinaban con las actividades militares mediante la División de Guerra Psicológica, dirigida por científicos sociales del Instituto Tavistock.

En la época de la Guerra Fría -un agudo conflicto de intereses entre Estados Unidos y la Unión Soviética tras la Segunda Guerra Mundial- la propaganda siguió siendo un importante instrumento de la política nacional.

Tanto los bloques de Estados democráticos como los comunistas intentaron, mediante campañas sostenidas, ganar para su causa a las grandes masas de personas no comprometidas y lograr así sus objetivos sin recurrir al conflicto armado. Todos los aspectos de la vida nacional y de la política fueron explotados con fines propagandísticos.

La Guerra Fría también estuvo marcada por el uso de desertores, juicios y confesiones con fines propagandísticos. En esta guerra de la información, los países comunistas parecían tener inicialmente una clara ventaja. Como sus gobiernos controlaban todos los medios de comunicación, podían aislar en gran medida a sus poblaciones de la propaganda occidental.

Al mismo tiempo, los gobiernos altamente centralizados podían planificar elaboradas campañas de propaganda y movilizar recursos para llevar a cabo sus planes. También podían contar con la ayuda de partidos comunistas y simpatizantes en otros países. Los Estados democráticos, por su parte, no podían impedir que sus poblaciones estuvieran expuestas a la propaganda comunista ni movilizar todos sus recursos para contrarrestarla. Esta aparente ventaja de los gobiernos comunistas se erosionó en los años 80 con los avances de la tecnología de la comunicación. La incapacidad de controlar la difusión de información fue un factor importante en la desintegración de muchos regímenes comunistas de Europa del Este a finales de la década. La Agencia de Información de Estados Unidos (USIA), creada en 1953 para llevar a cabo actividades propagandísticas y culturales en el extranjero, operaba la "Voz de América", una red de radio que transmitía noticias e información sobre Estados Unidos en más de 40 idiomas a todas las regiones del mundo.

# CAPÍTULO 19

## ¿Se repite la historia?
## El caso de Lord Bryce

Cuando los historiadores están muy implicados en la defensa o la condena de la guerra de Irak, quizá sea el momento de reflexionar sobre el vizconde James Bryce, el respetado historiador que se vendió y pasó a la historia como un mentiroso probado, vil y no arrepentido. Antes de su desafortunada relación con la Casa Wellington, Bryce gozaba de gran respeto como historiador honesto.

Desde el comienzo de la Primera Guerra Mundial, las historias de las atrocidades alemanas llenaron los periódicos británicos y estadounidenses. La gran mayoría de ellas se prepararon en Wellington House y fueron difundidas por los medios de comunicación. La mayoría de las veces se supone que provienen de los relatos de "testigos oculares", "reporteros y fotógrafos", que habían acompañado la marcha del ejército alemán a través de Bélgica para burlar las defensas francesas en su camino hacia París.

Testigos presenciales describieron a los soldados de infantería alemanes que aporreaban a los bebés belgas mientras caminaban cantando canciones de guerra. Abundan las historias de niños y niñas belgas a los que se les amputan las manos (supuestamente para evitar que usen armas de fuego). Las historias de mujeres a las que se les amputan los pechos crecieron aún más rápido.

Las historias de violaciones encabezan la lista de atrocidades. Un testigo afirma que los alemanes sacaron a veinte mujeres jóvenes de sus casas en un pueblo belga capturado y las pusieron sobre mesas en la plaza del pueblo, donde cada una fue violada por al menos doce "hunos", mientras el resto de la división observaba y aplaudía. A costa de los británicos, un grupo de belgas recorrió Estados Unidos para contar estas historias.

El presidente Woodrow Wilson los recibió solemnemente en la Casa Blanca. Su historia horrorizó a Estados Unidos. Nadie pensó en verificar su relato de la violación que habían presenciado. Sus relatos sobre la brutalidad que habían sufrido nunca fueron cuestionados.

Los alemanes negaron airadamente estas historias. También lo hicieron los reporteros estadounidenses del ejército alemán. En 1914, Wilson aún no había "gestionado" a los reporteros del campo de batalla, a diferencia de George Bush en la invasión de Irak de 2002. En el ejército británico no había reporteros "empotrados". Tavistock aún no había aprendido a censurar la verdad "incrustando" a periodistas seleccionados en las tropas.

Cuando empezaron a aparecer en Inglaterra despachos de periodistas británicos cuestionando las "atrocidades", a Northcliffe se le ocurrió nombrar a Lord Bryce para que encabezara una comisión de investigación que examinara las historias de las atrocidades alemanas y le informara. De hecho, la sugerencia vino de Edward Bernays y fue aprobada por Walter Lippmann.

Luego, a principios de 1915, el gobierno británico lo hizo oficial al pedir al vizconde Bryce que encabezara una Comisión Real para investigar los informes de atrocidades. Bryce era uno de los historiadores más conocidos de la época, ya que había escrito libros muy apreciados sobre el gobierno estadounidense y la historia de Irlanda, en los que describía con simpatía el duro destino del pueblo irlandés bajo el dominio británico. En 1907 había colaborado con un diplomático anglo-irlandés, Roger Casement, para exponer la horrible explotación de los pueblos indígenas del Amazonas por parte de una empresa británica de caucho.

De 1907 a 1913 había sido embajador británico en Washington, donde se convirtió en una figura popular, incluso adorada.

Habría sido difícil encontrar un erudito más admirado y con una sólida reputación de honestidad e integridad. Bryce y sus seis compañeros comisionados, una amalgama de distinguidos abogados, historiadores y juristas, "analizaron" 1.200 declaraciones de "testigos presenciales", que afirmaban haber visto todo tipo de comportamientos atroces de los alemanes.

Casi todas las pruebas proceden de refugiados belgas en Inglaterra; también hay algunas declaraciones de soldados belgas y británicos, recogidas en Francia. Pero los comisarios no entrevistaron a ninguno de estos testigos directos; esa tarea se encomendó a "caballeros con conocimientos y experiencia jurídica", es decir, abogados. Como los presuntos crímenes tuvieron lugar en lo que todavía era una zona de guerra, no se realizó ninguna investigación sobre el terreno de los informes existentes.

No se identificó a ningún testigo por su nombre; los comisarios declararon que esto se justificaba en el caso de los belgas por el temor a las represalias alemanas contra sus familiares. Pero los testigos soldados británicos permanecieron igualmente anónimos, sin razón aparente. No obstante, en su introducción, Bryce afirmaba que él y sus compañeros de comisión habían puesto a prueba las pruebas de forma "severa". Nadie sospechaba que los testigos militares no iban a ser "probados" en absoluto, y mucho menos con severidad. Nunca se dio ninguna razón para tan grave error, y lo que Tavistock ha calificado desde entonces no es una mentira, sino una "declaración falsa".

El Informe Bryce se publicó el 13 de mayo de 1915. El cuartel general de la propaganda británica en Wellington House, cerca del Palacio de Buckingham, se encargó de enviarlo a prácticamente todos los periódicos de América. El impacto fue asombroso, como dejaron claro el titular y los subtítulos del *New York Times*.

*LAS ATROCIDADES ALEMANAS ESTÁN PROBADAS SEGÚN LA COMISIÓN BRYCE*

*No sólo crímenes individuales, sino también una matanza premeditada en Bélgica*

*JÓVENES Y ANCIANOS MUTILADOS*

*Mujeres atacadas, niños brutalmente asesinados, incendios y saqueos sistemáticos.*

*APROBADO POR LOS FUNCIONARIOS*

*Disparos injustificados contra la Cruz Roja y la Bandera Blanca: Prisioneros y heridos tiroteados*

*CIVILES UTILIZADOS COMO ESCUDOS.*

El 27 de mayo de 1915, los agentes de la Casa Wellington en América informaron a Londres de los resultados de su masiva iniciativa propagandística:

"Incluso en los periódicos hostiles a los aliados no hay el menor intento de cuestionar la exactitud de los hechos alegados. El prestigio de Lord Bryce en Estados Unidos ha dejado de lado el escepticismo".

Charles Masterman, jefe de la Casa Wellington, dijo a Bryce:

"Su informe ha arrasado en América".

Entre los pocos críticos del Informe Bryce se encuentra Sir Roger Casement. "No hay más que recurrir a James Bryce, el historiador, para condenar a Lord Bryce, el partidista", escribe Casement en un furioso ensayo, *The Far Extended Baleful Power of the Lie*.

Para entonces, Casement se había convertido en un firme partidario de la independencia de Irlanda, por lo que poca gente prestó atención a su posición disidente, que fue tachada de parcial.

Clarence Darrow, el famoso e iconoclasta abogado estadounidense especializado en absolver a clientes aparentemente culpables, era otro escéptico. Viajó a Francia y Bélgica a finales de 1915 y buscó en vano un solo testigo ocular que pudiera confirmar siquiera una de las historias de Bryce. Cada vez más escéptico, Darrow anunció que pagaría 1.000

dólares -una suma muy elevada en 1915, más de 17.000 dólares en la actualidad- a quien pudiera presentar a un niño belga o francés al que un soldado alemán le hubiera amputado las manos o a un hijo único de cualquier sexo que hubiera sido bayoneteado por las tropas alemanas.

Nunca hubo interesados, ni una sola "víctima" se presentó para reclamar la recompensa, aunque Darrow gastó una cantidad considerable de su propio dinero para publicitarla ampliamente.

Después de la guerra, los historiadores que intentaron examinar los documentos relacionados con las historias de Bryce se enteraron de que los archivos habían desaparecido misteriosamente. Ningún funcionario o departamento del gobierno se ofreció a iniciar la búsqueda de los documentos "perdidos".

Esta negativa flagrante a someter los documentos "severamente probados" a una nueva prueba totalmente imparcial ha llevado a la mayoría de los historiadores a descartar el 99% de las atrocidades de Bryce como invenciones. Un historiador dijo que el informe era "en sí mismo una de las peores atrocidades de la guerra". Estudios más recientes han revisado a la baja el porcentaje de invenciones del Informe Bryce, ya que se ha descubierto que varios miles de civiles belgas, entre ellos mujeres y niños, fueron aparentemente fusilados por los alemanes en el verano de 1914 y que Bryce resumió con más o menos precisión algunos de los peores excesos, como las ejecuciones en la ciudad de Dinant.

Pero incluso estos especialistas de la época admiten que el informe de Bryce estaba "seriamente contaminado" por las violaciones, amputaciones y bebés perforados. Atribuyen este grave error a la histeria y la rabia de la guerra.

Esto equivale a dar un pase a Bryce. El número de correcciones que tuvieron que hacer los críticos de los informes de Darrow fue inferior al uno por ciento y no eximió a Bryce. Como se señaló en su momento, el 99% del informe de la Comisión Bryce era mentira. La correspondencia entre los miembros de la Comisión

Bryce sobrevivió a la "desaparición" de los documentos; revela serias dudas sobre los relatos de mutilación y violación. Estas serias dudas nunca se difundieron en Gran Bretaña y Estados Unidos de la forma en que lo hicieron los informes sobre la brutalidad de Wellington House. Uno de los secretarios de la comisión admitió que había recibido muchas direcciones en inglés de mujeres belgas que supuestamente se habían quedado embarazadas como resultado de una violación alemana, pero que a pesar de una intensa investigación no había podido localizar a ninguna en la lista.

Incluso la sonada historia de un diputado que albergaba a dos mujeres embarazadas resultó ser fraudulenta. Al parecer, Bryce hizo caso omiso de estas pruebas negativas, como han hecho repetidamente Bush y Blair cuando, en raras ocasiones, algunos periodistas han hecho su trabajo y han formulado preguntas embarazosas.

Lord Bryce, el erudito, debería haber sabido -y casi seguro que lo sabía- que las historias de bebés alanceados, violaciones y pechos cortados de mujeres asesinadas eran fábulas clásicas de "odio al enemigo" que se remontaban a cientos de años atrás, al igual que las violaciones en grupo en los campos y plazas públicas.

Incluso un examen superficial de las campañas de Napoleón en Europa revela cientos de estas "atrocidades", de las que se ha demostrado que una mínima parte son ciertas.

Bryce, el erudito historiador de amplia confianza y con reputación de honestidad, debería haber rechazado de plano tales invenciones. Ciertamente sabía que la gran mayoría de las historias de "atrocidades" emanaban de Wellington House (el precursor del Instituto Tavistock). En lugar de examinar su origen y descartarlas como propaganda, Bryce las agrupó todas en un "informe" calificado de fáctico y luego emitió una condena general del ejército y el pueblo alemanes. Esto recuerda a G.W. Bush y su clasificación general de que toda la población de varios estados musulmanes pertenecía a un "Eje del Mal".

¿Por qué Bryce no descartó estas invenciones y se concentró en las ejecuciones alemanas de civiles? Como hemos dicho, sabía que la mayoría de los "incidentes" eran producto de la Casa Wellington; y si lo hubiera hecho, habría abierto un tema muy delicado, como es el amplio uso de la propaganda por parte del gobierno británico.

Hay una razón importante por la que Bryce optó por abandonar un camino honorable antes que manchar su reputación: un alto porcentaje del ejército belga en 1914/15 eran "guardias domésticos" que no llevaban uniforme, salvo una insignia prendida en su camisa o sombrero. Los alemanes, que intentaban desesperadamente ganar la guerra en el Oeste antes de que el ejército ruso invadiera las líneas que apenas mantenían en el Este, se exasperaron ante estos combatientes aparentemente civiles y no tuvieron piedad de ellos.

El hecho de que el ejército alemán tuviera derecho a devolver el fuego a los civiles, o incluso a iniciarlo, en virtud de las normas de guerra de las Convenciones de Ginebra aplicables en aquel momento, nunca se mencionó en la prensa.

El hecho es que en 1915 los "partisanos", hasta 1945, fueron presa fácil. Los civiles, incluso con insignias prendidas en sus sombreros, no podían disparar a los soldados de uniforme, ni tenían derecho a protección. Sí, eso es lo que dicen las normas de guerra de las Convenciones de Ginebra, y Lord Bryce y sus comisarios lo saben. Este importante hecho tampoco fue pregonado en toda Inglaterra y América a la manera de la propaganda que había logrado capturar los corazones y las mentes de los pueblos británico y estadounidense.

Algunos comandantes de campo alemanes perdieron claramente la cabeza y llevaron a cabo represalias excesivas contra ciudades enteras, como Dinant.

Pero se podría organizar algún tipo de defensa, incluso para estos hombres. El debate posterior sobre lo que permitía la Convención de Ginebra habría hecho bostezar a los lectores de los periódicos. Querían lo que Bryce les daba: sangre y lujuria, violaciones y horrores perpetrados por las "bestias" alemanas ("Boche") contra mujeres y niños pequeños y "civiles desarmados". Querían probar que el "huno" alemán era un bárbaro, una bestia salvaje. Y si el público no hubiera sido engañado, la Casa Wellington, y el esfuerzo de guerra del gobierno británico, habrían estado en grandes dificultades.

El Informe Bryce ayudó sin duda a Gran Bretaña a ganar la guerra. Sin duda influyó en la opinión pública estadounidense y convenció a millones de norteamericanos y otros neutrales -se tradujo a 27 idiomas- de que los alemanes eran bestias horribles con forma humana. Nadie, excepto unos pocos forasteros "tendenciosos" como Sir Roger Casement y Clarence Darrow, culpó nunca a Lord Bryce de las viles mentiras que difundió por todo el mundo. Ningún hombre justo podría perdonar a Bryce por comprometerse de esta manera.

Durante todo este tiempo, la Casa Wellington permaneció en un segundo plano -pocos sabían de su existencia- y mucho menos de su papel vital, pero había realizado un importante trabajo y perfeccionado la técnica del lavado de cerebro. En cuanto a Bryce, se fue a la tumba cargado de honores reales y académicos, un mentiroso de primer orden, un hombre que se mancha a sí mismo con la sangre de millones de personas en sus manos, un brillante sinvergüenza, un ladrón que robó la verdad a un público que tenía derecho a conocerla, y que logró escapar a la detección y a la exposición y a la condena total que se concedió universalmente a Judas Iscariote.

Con el beneficio de cien años de retrospectiva, deberíamos tener una visión mucho más dura del hombre. El Informe Bryce estaba claramente vinculado a la decisión británica de mantener el bloqueo de Alemania durante siete meses después del Armisticio de 1918, causando la muerte por inanición de unos 600.000 alemanes viejos y muy jóvenes, como parte del plan para debilitar a Alemania hasta el punto de que nunca más fuera una "amenaza" para los "Aliados".

Las mentiras propagandísticas de Wellington House sobre el ejército alemán fueron, con mucho, la mayor atrocidad de la

Primera Guerra Mundial y dieron a todos los alemanes el deseo de venganza. Al crear un odio ciego hacia Alemania, Bryce sembró los dientes de dragón de la Segunda Guerra Mundial.

## CAPÍTULO 20

# El arte de mentir con éxito: La Guerra del Golfo de 1991

En este contexto, lo que vimos en la Guerra del Golfo, hacia 1991, fue lo suficientemente escalofriante como para recordarnos con fuerza el origen del oscuro arte de la mentira de Lord Bryce y en qué mentiroso congénito y consciente se había convertido. También nos recordó cómo Wellington House y luego el Tavistock sellaron definitivamente el uso del lavado de cerebro como herramienta de guerra. Este fue uno de los factores decisivos que me llevaron a escribir este libro y a desenmascarar a Tavistock y su influencia maligna.

Durante la Guerra del Golfo, el Departamento de Defensa de EE.UU. excluyó a todos los medios de comunicación y nombró a su propio portavoz, que dio su versión burdamente engañosa de los acontecimientos a través de emisiones de televisión. Apodé a este tipo "Pete del Pentágono" y habló alegremente de "daños colaterales", una nueva frase de Tavistock utilizada por primera vez. El público tardó mucho tiempo en comprender lo que eso significaba: pérdidas humanas, muertes humanas y destrucción de propiedades.

Luego tuvimos una pausa en la que se permitió a la CNN entrar e informar sobre el éxito de la defensa antimisiles Patriot en el derribo de los SCUD iraquíes, que resultó ser otro ejercicio básico de propaganda. Según la CNN, cada noche se derriba al menos un SCUD que ataca a Israel. Sólo *World In Review*, en plena guerra, informó de que no se había derribado ni un solo misil SCUD. Nadie se atrevió a informar de que un total de 15 SCUD habían alcanzado Tel Aviv y otras partes de Israel. La desinformación y la desinformación prevalecieron. Sólo el WIR informó de la verdad, pero con un número reducido de lectores, no les importó a los propagandistas.

Luego está el gigantesco fraude perpetrado al pueblo estadounidense por una de las mayores empresas de relaciones públicas de Washington, Hilton y Knowles.

Una vez más, sólo WIR reveló que el episodio de los soldados iraquíes arrancando a los recién nacidos kuwaitíes de las incubadoras y tirándolos al suelo era una burda mentira. Es interesante observar que, al igual que Benton y Bowles, Hilton y Knowles tenían vínculos de larga data con el Instituto Tavistock. Ambas empresas eran agencias de "publicidad" de primer orden.

La afabulación de Hilton y Knowles, relatada con lágrimas en los ojos por un "testigo presencial" (que resultó ser la hija adolescente del embajador kuwaití de la familia Al Sabah en Washington), es lo que influyó en el Senado para violar la Constitución de Estados Unidos y "dar" a Bush padre "permiso" para atacar Irak, a pesar de que no existe tal disposición en la Constitución de Estados Unidos. Aunque Bush padre diga: "Yo no lo sabía, no contraté a Hilton y Knowles", está claro que sabía todo sobre el golpe de propaganda clave que se estaba dando contra el pueblo estadounidense. Nadie podrá creer que no reconociera a la hija de dieciséis años del embajador de Kuwait, a la que ya había conocido.

El embajador de Kuwait pagó a Hilton y Knowles 600.000 dólares para montar este elaborado fraude ante el Senado, por el que debería haber sido detenido por mentir a una comisión del Senado. Lo que resultaba tan exasperante era que la niña también quedaba impune por su papel al relatar con lágrimas en los ojos su experiencia: "Vi a los soldados iraquíes arrancar a los recién nacidos de las incubadoras y tirarlos al suelo", gritaba.

El hecho es que Narita Al Sabah no había puesto un pie en Kuwait durante años, ¡y menos durante la guerra! Estaba en Washington D.C. con su padre, en la residencia del embajador en Washington. Sin embargo, esta niña y su padre no fueron procesados. Esto es lo que los expertos en propaganda de Tavistock llaman "una repetición exitosa de los acontecimientos". El testimonio de Narita Al Sabah se convirtió en la pieza central de una enorme campaña mediática en Estados Unidos, y se sabe que no sólo influyó en el Senado, sino que puso al pueblo estadounidense del lado de la guerra contra Irak.

Bush padre se entregó a una vieja propaganda al decir al mundo que había que sacar a "Sadam" de Irak "para hacer más seguro Oriente Medio". (Recuerde que Wilson envió tropas estadounidenses a la muerte en Francia para "hacer el mundo seguro para la democracia"). Bush padre empezó de repente a vilipendiar y demonizar al presidente iraquí para servir a los intereses de sus amigos del cártel del petróleo y, como con el Kaiser en 1913, funcionó.

Pocas personas recuerdan la estratagema de Wilson, o podrían haber notado la sorprendente similitud entre lo que dijo el presidente Bush, lo que Bryce le dijo a Wilson, y lo que Wilson le dijo al pueblo estadounidense para apoyar la Primera Guerra Mundial. Ahora que Hussein está casi olvidado y que cualquier amenaza que pudiera haber supuesto ha sido descartada como una sarta de mentiras, de repente es "Al Qaeda" de quien tenemos que preocuparnos.

Woodrow Wilson utilizó una propaganda descarada cuando dijo a un pueblo estadounidense reticente que la guerra "haría que el mundo fuera seguro para la democracia". Bush incurrió en el mismo engaño descarado. El precio de hacer del mundo un lugar "seguro para la democracia" fue espantoso. Según el profesor William Langer, los muertos conocidos de la Primera Guerra Mundial ascienden a 10 millones de soldados, hombres y mujeres, y 20 millones de heridos. Sólo Rusia perdió 9 millones de hombres, es decir, el 75% de su ejército. El coste total de la guerra en dólares se ha estimado en 180 millones de dólares, a los que hay que añadir unos costes indirectos de 151.612.500.000 dólares.

# CAPÍTULO 21

## El monumento a los soldados y los cementerios de la Primera Guerra Mundial

El coste de la guerra de Bush contra Irak era de unos 420.000 millones de dólares a mediados de 2005, y la familia Bush quiere más dinero para su malograda empresa. Y conociendo al pueblo estadounidense y a sus desventurados, impotentes pero inútiles representantes en la legislatura, Bush conseguirá lo que quiere.

Las cifras del coste en dólares de la Primera Guerra Mundial no dicen nada del dolor y el sufrimiento infligidos a Estados Unidos por Wilson, el transgresor. Insertamos aquí un artículo reciente, que da un toque personal y conmovedor a la terrible pérdida de vidas en esa guerra de pesadilla.

"Hace varias semanas, visité con mi familia el Museo Conmemorativo del Soldado, en pleno centro de San Luis. Es un edificio enorme y profundamente impresionante, dedicado en 1936 por el presidente Roosevelt como monumento a los 1075 hombres de San Luis que murieron en la Primera Guerra Mundial. El monumento es dolorosamente hermoso, todo mosaicos y mármol, con suelos de terrazo y tallas de piedra de Bedford. Está dominado por el enorme cenotafio de granito negro en su centro, cubierto con los nombres de los cientos de muertos, dispuestos en ordenadas filas".

"El día que visitamos este notable pero embrujado lugar, parecía completamente vacío. Si estaba vacía de visitantes, estaba llena de los espíritus, las voces y los rostros de los muchachos pálidos y despeinados con uniformes pulcramente planchados que habían dejado St. Louis hace 86 años para luchar en una guerra gloriosa en una tierra lejana, muchachos que nunca volvieron a casa.

La conmoción de este acontecimiento fue tanto más fuerte cuanto que vivimos a diario las secuelas del conflicto actual, la sangrienta y salvaje guerra de Irak. Leemos todos los días sobre los chicos que nunca volverán a casa".

"Lo que más me llamó la atención, mientras recorría el monumento y el museo, con mi hija recién nacida en brazos, fue que se parecía a muchos monumentos que había visitado en mi país, Escocia. También se parecía a los memoriales que había visitado en Francia, Inglaterra, Canadá y Nueva Zelanda, y se parecía a los memoriales de casi todos los demás países afectados por la carnicería de la Primera Guerra Mundial".

"En casi todos los países afectados por la carnicería de la Primera Guerra Mundial, la llamada "guerra para acabar con todas las guerras", los hombres se apresuraron a alistarse en el ejército y fueron a la guerra con gran entusiasmo. Creían que sería una guerra corta, aguda y exitosa, librada por buenas razones y gloriosa para los vencedores. Creían que estaban construyendo un mundo mejor".

"Estaban equivocados. Una media de 5.500 hombres murieron cada día durante cuatro años y medio en la Primera Guerra Mundial; es decir, unos cuatro hombres por minuto, cada minuto, durante cuatro años y medio, hasta que murieron 10 millones de hombres. La Primera Guerra Mundial hizo algo más que destruir vidas; destruyó la confianza en el progreso, en la prosperidad y en la sensatez de los seres humanos civilizados que se había convertido en algo tan característico del siglo XIX. La guerra destruyó gran parte de la siguiente generación que podría haber proporcionado liderazgo a Europa..."

"Y esta mañana, mientras sostengo a mi hija pequeña y leo los informes diarios sobre la escalada de violencia en Irak, con británicos, iraquíes y estadounidenses que siguen muriendo, el Soldado de San Luis -un monumento a una guerra que nunca debería haberse librado- me persigue y sus fantasmas rondan el Memorial. Fue la peor de las catástrofes, la guerra que nunca debió librarse, me persigue".

"Los cerebros neoconservadores de la administración

estadounidense habrían hecho bien en visitar lugares como éste y pensar largo y tendido en las lecciones de tales monumentos antes de embarcarse en una guerra en Oriente Medio que ya ha matado a un número increíble de personas y que seguramente matará a muchas más, directa e indirectamente.

(Escrito por el profesor Dr. James Lachlan MacLeod, profesor asociado de Historia de la Universidad de Evansville, Indiana).

Mis experiencias son paralelas a las del profesor MacLeod. He visitado los campos de batalla de Verdún y Passchendale, donde tuvo lugar la mayor parte de la matanza que tan elocuentemente relata. Intenté imaginar a 10 millones de soldados muriendo tan jóvenes, el terror, el horror y la pena que experimentaron, y el inconsolable dolor de los que dejaron atrás. Mientras estaba de pie en la luz del atardecer en uno de los muchos cementerios militares de Francia, mirando a los miles y miles de cruces blancas que cruzaban los cementerios militares, me invadió la ira, y luego abrumado por el dolor, tanto que juro que oí los gritos y alaridos angustiosos de los muertos que exigían justicia, tan cruelmente masacrados en la flor de la vida, y me pareció que podía ver sus rostros reflejados en las nubes.

Fue una experiencia mística que nunca olvidaré, al igual que la experiencia de un oficial británico que visitó estos campos de batalla en 1919:

> Ayer visité los campos de batalla de los últimos años. El lugar era apenas reconocible. En lugar de un desierto destrozado por los proyectiles, el suelo era un jardín de flores silvestres y hierba alta. Lo más notable fue la aparición de varios miles de mariposas blancas revoloteando. Era como si las almas de los soldados muertos hubiesen venido a rondar el lugar donde tantos soldados habían caído. Fue espeluznante verlos. ¡Y el silencio! Había tanto silencio que casi podía oír el aleteo de las alas de las mariposas. (De los registros del Museo de la Guerra Británica en Londres)

Mi intenso sentido de la indignación me llevó a decidirme a averiguar todo lo que pudiera sobre una guerra terrible que comenzó con una propaganda masiva, el azote del mundo moderno. Esta fue otra razón decisiva para escribir este libro y exponer la maldad de Tavistock. Sir Roger Casement pensaba que Lord Bryce debería haber sido ahorcado por traición y yo creo que Wilson debería haber sufrido un destino similar, lo que habría impedido que Roosevelt y Churchill hundieran al mundo en una segunda ronda de carnicería. La propaganda se impuso y el mundo civilizado occidental se perdió.

El mundo que conocíamos, el mundo establecido por la civilización occidental, ha desaparecido. Las sombrías predicciones de Spengler se han hecho realidad. En lugar de nuestro mundo civilizado occidental, pronto veremos el espantoso edificio del nuevo gobierno socialista comunista de un solo mundo asomando en la oscuridad de la larga noche que se avecina.

No hay duda de que la Primera Guerra Mundial fue instigada por Gran Bretaña y su aliado, los Estados Unidos de América, con la ayuda de la Casa Wellington. La guerra no podría haber tenido lugar sin la propaganda activa vertida por estas fuerzas oscuras. El nombre de Lord Grey, su principal arquitecto, pasará a la historia como un político deshonesto y traidor a su pueblo.

No hay consenso sobre por qué Gran Bretaña provocó la Primera Guerra Mundial. Pero en 1916, el ejército alemán había derrotado a los ejércitos francés y británico de la forma más decisiva. Wilson estaba bajo gran presión para enviar tropas estadounidenses a Europa. Por ello, la Casa Wellington lanzó una guerra propagandística sin cuartel contra el pueblo estadounidense, pero fue ineficaz hasta la publicación del Informe Bryce.

Es imposible entender lo que está ocurriendo en Irak si no apreciamos plenamente la terrible propaganda desplegada contra el pueblo británico y estadounidense en 1913 y 1940. Este fue uno de los capítulos más oscuros y despreciables de la historia, con Wilson soltando mentiras como una "guerra justa", y "una guerra para acabar con todas las guerras", una guerra "para hacer el mundo seguro para la democracia". El propósito de la guerra era asegurar el comercio, especialmente para Gran Bretaña y Francia, ahora amenazadas por la industria alemana.

Pero eran sólo palabras que enmascaraban su verdadera intención y no tenían sentido en este contexto, exactamente lo que se espera de un político. El tipo de tonterías que se encuentran en un cartel publicitario.

El discurso de Wilson sobre "hacer un mundo seguro para la democracia" no era más que burbujas de gas de colores. Proponía ir a la guerra junto a los británicos, que en ese mismo momento estaban asegurando que no hubiera democracia popular en el Imperio.

Los británicos acababan de acabar brutalmente con los bóers en Sudáfrica en una cruel guerra que duró tres años. Si Wilson quería que el mundo fuera "seguro para la democracia", debería haber entrado en guerra con Alemania contra Inglaterra, el agresor e instigador de la guerra.

En lugar de "hacer que el mundo sea seguro para la democracia", resultó ser la mayor calamidad que jamás hayan sufrido las naciones civilizadas, que cayeron en las garras de hombres corruptos, inmorales y mentirosos, en una guerra acertadamente llamada "La Gran Guerra". Por supuesto, era "grande" sólo en su escala y alcance.

Nunca entenderemos cómo Estados Unidos se convirtió en la "única gran potencia" a menos que confesemos los pecados de Wilson y del establishment británico de hace 100 años. Estados Unidos se ha enredado continuamente en los asuntos de otras naciones soberanas, a pesar de la advertencia de George Washington, y el primer ejemplo de ello fue nuestra entrada en la Primera Guerra Mundial y el fracaso de la Sociedad de Naciones. Wilson hizo pleno uso de los maestros de la propaganda en Wellington House, utilizando el eslogan como arma coercitiva y dijo al renuente Senado que si no ratificaban la Sociedad de Naciones, "se rompería el corazón del mundo".

Gracias al senador Cabot Lodge, y a una serie de senadores estadounidenses que, tras una seria consideración y reflexión en virtud de la Constitución de Estados Unidos, se negaron a ratificar el tratado de la Sociedad de Naciones porque descubrieron que pretendía acabar con la soberanía de Estados Unidos. Usando y abusando de su afición a la propaganda, Wilson intentó ganar declarando su campaña de reelección como "un gran y solemne referéndum para la aceptación del tratado", pero, al no contar con el apoyo de Lord Bryce, perdió y fue barrido.

Desgraciadamente, las apisonadoras de la propaganda no tardaron en reaparecer con la versión rediseñada de la Sociedad de Naciones. Truman (no el simple vendedor de sombreros de Missouri, sino el maestro masón) traicionó al pueblo estadounidense al autorizar la formación de este único edificio mundial en los Estados Unidos y Truman utilizó la propaganda dejada por Wilson para persuadir a los senadores a votar por sus mentiras.

Lo que hizo Truman fue obligar a la nación estadounidense a pactar con el diablo, el diablo del poder sobre la justicia y la verdad, la justicia por el cañón de una pistola. Aplicamos esta "justicia" en la Segunda Guerra Mundial bombardeando masivamente centros civiles sin tener en cuenta la pérdida de vidas, y utilizamos bombas atómicas en Japón, aunque la guerra había terminado, como parte de la estratagema propagandística de "conmoción y pavor" retomada por Rumsfeld en la inconstitucional guerra contra Irak.

# CAPÍTULO 22

## La paz no es popular

La Segunda Guerra Mundial siguió un patrón casi idéntico al de la Primera Guerra Mundial. Por hacer un trato de paz con Hitler, Neville Chamberlain fue inmediatamente sometido a un poderoso bombardeo de propaganda dirigido por el Instituto Tavistock. Chamberlain había desafiado al Comité de los 300 y apoyado a un recién llegado, un forastero que era visto como una amenaza para el socialismo mundial.

El mundo no se enteró de la verdad sobre Chamberlain, que era un político capaz y decidido a evitar otra guerra, que tenía experiencia y que había elaborado un plan justo para la paz, lo que, por supuesto, no sentó bien a los buitres de las municiones sentados en la valla, esperando para darse un festín con la riqueza de las naciones y revolotear sobre los cadáveres de sus hijos

La vasta maquinaria propagandística creada en el Instituto Tavistock de Londres entró inmediatamente en acción contra Chamberlain después de que éste anunciara su exitoso plan de paz. Shakespeare dijo que "el mal que hacen los hombres vive después de ellos; el bien suele estar enterrado con sus huesos". El bien de Chamberlain no convenía a los belicistas y lo enterraron bajo un catálogo de propaganda y mentiras descaradas.

Estas mentiras fueron obra de especialistas en propaganda empleados en el Instituto Tavistock, entre ellos Peter Howard, Michael Foot y Frank Owen. Uno de estos hombres, bajo el seudónimo de "Cato", vilipendió de tal manera a Chamberlain que la infamia que adjuntaron a su nombre sigue viva hoy, en julio de 2005. Tal es el poder de la poderosa máquina de propaganda de Tavistock.

Más tarde, mucho después de que los expertos en propaganda hubieran hecho su trabajo, el historiador y académico británico David Dutton escribió un libro, *Neville Chamberlain*, en el que hacía una valoración equilibrada del ex primer ministro.

Lejos de ser un "incauto de Hitler" y un "tonto", Chamberlain fue un gran negociador y un líder muy capaz, que luchó valientemente para evitar otra guerra. Pero esto iba en contra de los deseos del Comité de los 300. Churchill consiguió su "deliciosa guerra", pero en 1941 los "Aliados" habían sido prácticamente expulsados del continente europeo con enormes pérdidas de efectivos. Francia, Bélgica, Holanda y Dinamarca fueron ocupadas.

Alemania ofreció generosas condiciones a Gran Bretaña, pero el belicista Churchill rechazó las propuestas de paz y se dirigió a su viejo aliado, Estados Unidos, para que le proporcionara hombres, dinero y material para continuar la "deliciosa guerra".

Al pueblo estadounidense, le decimos con profundo dolor:

"¿Cuándo vas a aprender? ¿Cuándo va a distinguir entre la propaganda y la información auténtica? ¿Cuándo someterá las propuestas de guerra a la prueba constitucional? "

Wilson era un mentiroso empedernido y un detractor de la Constitución estadounidense, pero gracias a una enorme campaña de propaganda organizada, dirigida y mantenida por Wellington House, pudo cumplir su misión operando bajo la bandera del patriotismo, que superó la vigorosa oposición a la guerra. Entre Wilson, Churchill y Roosevelt, se hizo un enorme daño a la civilización cristiana occidental. Sin embargo, a pesar de este hecho, una ola de propaganda sigue bañando sus nombres, como si quisiera librarlos de la sangre de millones de personas en sus manos.

En lugar de ser vilipendiados, hay muchos monumentos en su honor por toda Europa, y en Estados Unidos se va a erigir un monumento multimillonario a Franklin D. Roosevelt, cuya traición hizo que los japoneses "dispararan el primer tiro", como dicen los Stimson. Pearl Harbor allanó el camino para el control comunista de China y, en última instancia, el camino para un nuevo orden mundial comunista-socialista en un gobierno de un solo mundo. Nuestra única esperanza en este valle de la desesperación es que este trabajo pueda ayudar a abrir los ojos del pueblo estadounidense, para que decida no volver a caer en la propaganda, aunque tras la tragedia del 11 de septiembre, eso parece ahora una esperanza vana.

Recientemente hemos tenido la inquietante experiencia de ser precipitados a una guerra innecesaria en Serbia, Afganistán e Irak por las herramientas de propaganda expandida en manos de los expertos de Tavistock, la misma herramienta utilizada para vilipendiar al Kaiser y a Chamberlain. El Presidente Milosevic fue demonizado, vilipendiado, menospreciado y finalmente expulsado del poder. El presidente Milosevic fue detenido ilegalmente y transportado ilegalmente a Holanda para ser "juzgado" por un tribunal títere que lleva casi cuatro años intentando condenarlo por "crímenes de guerra".

George Bush Jr. se negó a dar tiempo a los mediadores en Irak para que trabajaran porque sabía que eso evitaría la guerra. Se negó a dar tiempo a los inspectores de armas de la ONU para que completaran su trabajo y, en cambio, declaró, con la mala intención de todos los propagandistas, que el mundo no podía esperar diez días más debido al "peligro inminente" de las "armas de destrucción masiva" en manos del "dictador iraquí". (El "Carnicero de Bagdad".)

Así, una vez más, el pueblo de Estados Unidos ha sido arrastrado por una avalancha de mentiras difundidas por los propagandistas del Instituto Tavistock y recogidas por los medios de comunicación estadounidenses, incluido el principal medio de propaganda de Estados Unidos, *Fox News*.

Sin embargo, los estadounidenses tienen más suerte esta vez: No tuvimos que esperar un siglo para que la verdad saliera a la luz: no había "armas de destrucción masiva", ni "fábricas químicas y bacteriológicas", ni cohetes de largo alcance que provocaran un "hongo nuclear sobre Boston" (gracias a la apologista de la propaganda de Tavistock y del lavado de cerebro masivo, la Sra. Rice), y al Sr. Bush y su cómplice, el PM británico Blair. Pero a pesar de haber sido atrapados en una red de mentiras, todos los mencionados siguen en sus puestos. No han sido despedidos por las innumerables mentiras que juraron que eran ciertas y de las que hoy ni siquiera se molestan en desprenderse, ignorando las críticas con la ayuda de spinmasters como Karl Rove y Alaister Campbell. Esperemos que la causa de la justicia sea servida, y que los responsables de la tragedia de los bombardeos de Serbia y Afganistán, y de las invasiones injustificadas de Irak, sean llevados al estrado de la justicia internacional para responder por sus crímenes.

Las voces de los muertos se alzan desde los campos de batalla de Europa, el Pacífico, Serbia y Afganistán, e Irak, lamentando que han muerto porque ha triunfado el "lavado de cerebro" y ha prevalecido la propaganda, el azote del mundo moderno, que se filtra desde el Instituto Tavistock como el fétido miasma de una ciénaga húmeda y ruidosa, envolviendo al mundo para cegarlo a la verdad.

Lord Northcliffe

Walter Lippman

Edward Bernaysy
Eleanor Roosevelt

Edward Bernays

## Científicos sociales en Tavistock

W.R. Bion

Gregory Bateson

R.D. LaingEric

L. Trist. Científico social del Instituto Tavistock

León Trotsky. Líder marxista (nombre real Lev. Bronstein.)

Willy Munzenberg. El brillante espía ruso y principal propagandista

Lord Northcliffe y Adolfo Hitler.

H.G. Wells. Autor británico. Líder fabianista, y agente de los servicios secretos. Escribió *La guerra de los mundos*.

George Bernard Shaw. Dramaturgo y fabianista irlandés

Walter Rathenau.
Importante industrial
alemán. Asesor financiero
del Kaiser Guillermo II.

Lord Bertrand Russell.
Socialista británico,
autor y anciano de los
"300".

La reina Victoria era prima
de Guillermo II.

Kaiser Wilhelm II
Wellington House se
refirió falsamente al líder
alemán como un "maldito
carnicero".

Rey Jorge V.

Woodrow Wilson, Presidente de los Estados Unidos. Un socialista declarado

El infame dibujo propagandístico del káiser Guillermo II de pie junto a mujeres y niños belgas a los que había fusilado. Este dibujo, y otro similar realizado por Wellington House, que muestra a Guillermo II de pie sobre niños belgas, con una espada que gotea sangre de sus manos cortadas, se publicó en periódicos de Gran Bretaña y Estados Unidos.

(arriba) Trotsky "pasa revista" a sus "tropas" en Moscú. Esta es una de los cientos de fotografías de propaganda que inundaron los periódicos voluntarios occidentales.

(abajo) Representación de una de las muchas y terribles batallas cuerpo a cuerpo de la Primera Guerra Mundial. La brutalidad y la matanza dejaron a los supervivientes de ambos bandos discapacitados mentalmente y atormentados por lo que vivieron.

(1) Sean Hannity (2) Rush Limbaugh
(3) Tucker Carlson (4) Matt Drudge
(5) G. Gordon Liddy (6) Peggy Noonan
(7) Brian Williams (8) Bill O'Reilly
(9) Lawrence Kudlow (10) Dick Morris
(11) John Stossel (12) William Bennet
(13) Oliver North (14) Michael Savage
(15) Michael Reagan (16) Joe Scarborough

# CAPÍTULO 23

## El Instituto Tavistock: el control británico sobre los Estados Unidos

El Instituto Tavistock de Relaciones Humanas está situado en Londres y en los terrenos de la Universidad de Sussex (Inglaterra), donde se encuentran la mayoría de sus instalaciones de investigación. Tavistock sigue siendo tan importante hoy como cuando revelé su existencia a principios de 1969. Se me ha acusado de formar parte de Tavistock porque trabajé cerca de sus instalaciones de Sussex y conocía su historia.

Gran parte de la actividad más reciente de Tavistock ha tenido, y sigue teniendo, una profunda influencia en la forma en que vivimos en Estados Unidos y en nuestras instituciones políticas. Se cree que Tavistock está detrás de la publicidad del aborto, de la proliferación de las drogas, de la sodomía y el lesbianismo, de las tradiciones familiares y del feroz ataque a la Constitución, de nuestro mal comportamiento en política exterior y de nuestro sistema económico, programado para fracasar.

Aparte de John Rawlings Reese, ningún otro hombre ha influido más en la política y los acontecimientos mundiales que Edward Bernays (sobrino de Sigmund Freud) y Kurt Lewin. Aquí hay que incluir a un "tercer hombre", aunque nunca fue miembro de la facultad de Tavistock. Se trata de Willi Munzenberg, cuyos métodos y aplicaciones de propaganda, tan cruciales para la era moderna de la comunicación de masas, le han valido el título de "el mayor propagandista del mundo". Posiblemente el hombre más brillante de su tiempo (comenzó su trabajo antes de la Primera Guerra Mundial), Munzenberg se encargó de blanquear a los bolcheviques tras el derrocamiento de la dinastía Romanov.

Munzenberg definitivamente dio forma a las ideas y métodos puestos en práctica por Bernays y Lewin. Sus legendarias hazañas en la manipulación de Leon Tepper, el Kappelmeister de Rot Kappell (director de la red de espionaje "Orquesta Roja"), convirtieron a Munzenberg en el maestro espía de todas las agencias de inteligencia existentes. Tepper fue entrenado por Munzenberg y nunca fue atrapado. Tepper logró obtener todos los secretos de Gran Bretaña y Estados Unidos durante la Segunda Guerra Mundial. Apenas hay un plan secreto iniciado por los "aliados" que no fuera ya conocido por Tepper, que pasó la información al KGB y al GRU en Moscú.

En su propio campo, Bernays era igualmente brillante, pero sospecho que la mayoría de sus ideas provenían de su famoso tío Sigmund. En cuanto a sus ideas sobre la propaganda, hay pocas dudas de que "tomó prestado" de Munzenberg, y esto se refleja en el clásico de Bernays *Propaganda*, publicado en 1928. La tesis de este libro es que es totalmente apropiado y un derecho natural del gobierno organizar la opinión pública para que se ajuste a las políticas oficiales. Volveremos a tratar este tema más adelante.

Munzenberg tuvo la audacia de poner en práctica sus principios básicos de propaganda mucho antes que Bernays, o Joseph Goebbels, el ministro alemán de Ilustración Popular (como se llamaba el Ministerio de Propaganda).

El especialista en propaganda del Partido Nazi admiraba mucho el trabajo de Munzenberg y modeló su propio programa de propaganda sobre los métodos de Munzenberg. Goebbels siempre se preocupó de acreditar a Munzenberg como el "padre" de la propaganda, aunque poca gente lo conociera.

Goebbels había estudiado especialmente cómo Munzenberg había utilizado su dominio de la ciencia de la propaganda cuando Lenin lo reclutó para mitigar la espantosa publicidad de 1921, cuando 25 millones de campesinos de la región del Volga murieron por los estragos de la hambruna. Así, Munzenberg, nacido en Alemania, se convirtió en el favorito de los bolcheviques. Por citar un relato histórico reciente:

"Munzenberg, que para entonces había regresado a Berlín,

donde más tarde fue elegido al Reichstag como diputado comunista, recibió el encargo de crear una falsa "organización benéfica", el Comité Extranjero para la Organización de Ayuda a los Trabajadores Hambrientos de la Unión Soviética, cuyo objetivo era hacer creer al mundo que la ayuda humanitaria procedía de una fuente distinta a la Organización de Ayuda Americana de Herbert Hoover. En esto, Munzenberg tuvo bastante éxito.

Munzenberg atrajo la atención de la dirección de la antigua Wellington House, que en 1921 había cambiado su nombre por el de Instituto Tavistock de Relaciones Humanas bajo la dirección del general de división John Rawlings Reese, antiguo miembro de la Escuela de la Oficina de Guerra Psicológica del ejército británico.

Los lectores que hayan seguido mi trabajo no se sorprenderán al saber que la mayoría de las técnicas adoptadas y perfeccionadas por Munzenberg fueron retomadas por Bernays y sus colegas, Kurt Lewin, Eric Trist, Dorwin Cartwright y H. V. Dicks W. R. Bion en Tavistock, que más tarde enseñó estos métodos a la Agencia Central de Inteligencia.

Munzenberg no fue el único comunista que tuvo una profunda influencia en los acontecimientos de Estados Unidos. Creo que Tavistock contribuyó a la preparación del "informe sobre el aborto", que posteriormente se presentó al Tribunal Supremo en 1973 como una obra original, cuando en realidad no era más que una recitación de lo que había escrito Madame Kollontei, fundadora del movimiento de "liberación de la mujer" y defensora del "amor libre" en la URSS.

Comisario y líder de los bolcheviques, su libro es una diatriba contra la santidad del matrimonio y la familia como la unidad social más importante en los países cristianos. Kollontei, por supuesto, tomó su "feminismo" directamente de las páginas del Manifiesto Comunista de 1848.

George Orwell, el agente del MI6 que escribió la célebre obra *1984*, estudió con detalle el trabajo de Munzenberg. De hecho, su declaración más famosa se basó en lo que Munzenberg había dicho que era la base de la propaganda:

"El lenguaje político está diseñado para hacer que las mentiras parezcan verdaderas y los asesinatos respetables y para dar la apariencia de solidez al puro viento".

Como dijo su homólogo alemán Munzenberg:

"Todas las noticias son mentiras y toda la propaganda se disfraza de noticia".

Es útil conocer a Munzenberg porque nos ayuda a entender cómo operan los políticos y cómo las fuerzas secretas controlan el acceso a la información, y cómo se forma y moldea la opinión pública. Sin duda, Bernays siguió al maestro y nunca se desvió de su metodología. Sin saber estas cosas, nunca podremos entender cómo el presidente George Bush puede hacer las cosas que hace y no tener que afrontar las consecuencias. Ciertamente me permitió rastrear los orígenes de los llamados "neoconservadores" que dan forma a sus políticas, hasta su fundador, Irving Kristol, que admite haber sido un discípulo declarado de León Trotsky.

Tavistock sigue siendo la madre de todas las instalaciones de investigación relacionadas con el cambio de comportamiento, la formación de opinión y la configuración de eventos políticos. Lo que ha hecho Tavistock es crear un "agujero negro de engaño en el siglo 20 ". Su tarea habría sido mucho más difícil si no fuera por la prostitución de los medios de comunicación y su papel en la difusión del "evangelio según George Orwell".

Lord Northcliffe, el director de la predecesora de Tavistock, Wellington House, era un magnate de los medios de comunicación y llegó a enviar miles de ejemplares de su *Daily Mail* a Francia cada semana y luego hacerlos llegar en una flota de camiones a las tropas británicas en el frente, "para ganar sus corazones y mentes a favor de la guerra" (Primera Guerra Mundial)

En particular, aquí en Estados Unidos, prácticamente se ha apoderado del Instituto Tecnológico de Massachusetts (MIT), de Stanford Research, del Instituto Esalen, de la Escuela de

Economía Wharton, del Instituto Hudson, de Kissinger Associates, de la Universidad de Duke y de muchas otras instituciones que hemos llegado a considerar totalmente estadounidenses.

La Rand Research and Development Corporation, bajo el paraguas de Tavistock, ha tenido una profunda influencia en muchas instituciones y segmentos de nuestra sociedad. Como una de las principales instituciones de investigación controladas directamente por Tavistock, Rand dirige nuestro programa de misiles balísticos intercontinentales, realiza análisis de primer nivel para los responsables de la política exterior de Estados Unidos y les asesora en materia de política nuclear, realiza cientos de proyectos para la CIA en el ámbito del control mental.

Entre los clientes de Rand se encuentran AT&T, Chase Manhattan Bank, las Fuerzas Aéreas de Estados Unidos, el Departamento de Energía de Estados Unidos y el Departamento de Salud.

B.M. Rand es una de las principales instituciones controladas por Tavistock en el mundo, y trabaja en el lavado de cerebro a todos los niveles, incluyendo el gobierno, el ejército, las organizaciones religiosas. Desmond Tutu, de la Iglesia Anglicana, fue uno de los proyectos de Rand.

Tomemos otro ejemplo: la Universidad de Georgetown, quizá una de las mejores instituciones de enseñanza superior de Estados Unidos. A partir de 1938, toda la estructura de Georgetown fue revisada por Tavistock: todos sus formatos y programas de aprendizaje se modificaron para adaptarse a un plan elaborado por el grupo de expertos de Tavistock.

Esto ha sido de gran importancia para la política estadounidense, especialmente en el ámbito de las relaciones exteriores. Sin excepción, los funcionarios de campo del Departamento de Estado de EE.UU. reciben formación en Georgetown.

Entre los graduados más conocidos de Georgetown (Tavistock) están Richard Armitage y Henry Kissinger. El alcance del daño que estos dos miembros del ejército invisible de John Rawlings

Reese hicieron al bienestar de nuestro país tendrá que ser contado en otro momento.

Cada vez hay más pruebas de que Tavistock ha aumentado su aportación a nuestras agencias de inteligencia. Cuando pensamos en los servicios de inteligencia en Estados Unidos, solemos pensar en la CJA o en la División Cinco del FBI.

Pero hay muchas otras agencias de inteligencia que reciben instrucciones de Tavistock. Entre ellos se encuentran el Departamento de Inteligencia de Defensa (DIA), la Oficina Nacional de Reconocimiento (NRO) y la Oficina de Inteligencia Naval (ONI), el Servicio de Inteligencia del Tesoro (TIS), el Servicio de Inteligencia del Departamento de Estado, la Agencia Antidroga (DEA) y al menos otros diez.

¿Cómo y cuándo comenzó Tavistock su carrera? Como dije en mis libros de 1969 y 1983, cuando se piensa en Tavistock, se piensa automáticamente en su fundador, el mayor del ejército británico John Rawlings Reese. Hasta 1969, muy poca gente en Gran Bretaña, fuera de los círculos de inteligencia, conocía la existencia de Tavistock, y mucho menos lo que se hacía en sus instalaciones de Londres y Sussex.

Tavistock ha prestado servicios de naturaleza siniestra a esa gente que se encuentra en todas las ciudades de este país; gente que tiene a los funcionarios del gobierno local y estatal y a la policía en la palma de su mano.

Este es también el caso de todas las grandes ciudades estadounidenses, donde los miembros Illuminati de la masonería utilizan sus poderes secretos de control para pisotear la Carta de Derechos, intimidar y brutalizar a ciudadanos inocentes a voluntad. ¿Dónde están los estadistas que hicieron grande a este país? Lo que tenemos, en cambio, son legisladores que no hacen cumplir las leyes que dictan, y a los que les aterra corregir los errores evidentes que abundan en todos los bandos, temerosos de que, si obedecieran su juramento, podrían quedarse sin trabajo.

También son legisladores que no tienen ni la más remota idea de lo que es el derecho constitucional, y no parece importarles.

Aprueban "leyes" cuya constitucionalidad nunca ha sido comprobada. De todos modos, la mayoría de los legisladores no saben cómo hacerlo. Como resultado, la anarquía reina en Washington. A la mayoría de los candidatos que se presentan a la Cámara de Representantes y al Senado les puede chocar el hecho de que cada uno de ellos sea cuidadosamente investigado y perfilado por los científicos de modificación de conducta de Tavistock, o por una o varias de sus filiales en Estados Unidos.

Basta con decir que existe un espíritu de anarquía inconstitucional en el Congreso, por lo que nos sentimos insultados por medidas como la "Ley Brady" y la Ley de "Armas de Asalto" de Feinstein y, en 2003, la Ley de Seguridad Nacional y la Ley Patriótica, todas las cuales no aparecen en ninguna parte de la Constitución y son, por tanto, una prohibición. La "ley" de Feinstein tiene un sorprendente parecido con el trabajo del Instituto Tavistock. Dado que la Constitución es la ley suprema del país, las leyes de "control de armas" son nulas.

Las armas de fuego son propiedad privada. Las armas de fuego no forman parte del comercio interestatal. Todo ciudadano estadounidense cuerdo, adulto y no delincuente tiene derecho a poseer y llevar armas en cualquier cantidad y en cualquier lugar.

El gran San Jorge Tucker dijo:

> "El Congreso de los Estados Unidos no posee ningún poder para regular o interferir en los asuntos internos de ninguno de los Estados, les corresponde a ellos (los Estados) dictar cualquier norma relativa al derecho de propiedad, y la Constitución no permitirá ninguna prohibición de armas al pueblo o de reunión pacífica por parte de éste, con cualquier propósito y en cualquier número, en cualquier ocasión." (Blackstone's Views on the Constitution, página 315)

Se descarta cualquier candidato que no sea fácil de controlar o que no se ajuste a los perfiles de Tavistock. En este contexto, los medios de comunicación impresos y de Internet -bajo la dirección de Tavistock o de una de sus filiales- desempeñan un papel fundamental. Que el votante tenga cuidado, que el público en general sea consciente de esto.

Nuestro proceso electoral se ha convertido en una farsa, gracias al trabajo realizado por Tavistock para controlar los pensamientos y las ideas de la gente de esta nación a través del "condicionamiento direccional interno" y la "penetración de largo alcance", de los cuales la ciencia del control mental de las encuestas es una parte integral. Tavistock sirve a la Nobleza Negra en todos sus elementos, trabajando para robarnos la victoria de la Revolución Americana de 1776. Si el lector no está familiarizado con la Nobleza Negra, hay que señalar que el término no se refiere a los negros. Hace referencia a un grupo de personas extremadamente ricas, dinastías, cuya historia se remonta a más de quinientos años y que forman la columna vertebral del Comité de los 300.

En el frente internacional, así como en los ámbitos de las instituciones estadounidenses que deciden la política exterior, Tavistock practica la elaboración de perfiles psicológicos en todos los niveles del gobierno, así como la intrusión en la vida privada, a una escala verdaderamente vasta.

Tavistock ha desarrollado perfiles y programas para el Club de Roma, la Fundación Cini, el Fondo Marshall Alemán, la Fundación Rockefeller, los Bilderbergers, el CFR y la Comisión Trilateral, la Fundación Ditchley, el Banco de Pagos Internacionales, el FMI, la ONU y el Banco Mundial, Microsoft, Citibank, la Bolsa de Nueva York, etc. Esta lista de instituciones en manos de los planificadores de Tavistock no es ni mucho menos exhaustiva.

El bombardeo propagandístico que precedió a la Guerra del Golfo de 1991 se basó en la elaboración de perfiles psicológicos de enormes grupos de personas en Estados Unidos por parte de Tavistock. Los resultados se transmiten a los creadores de opinión, también conocidos como las "agencias de publicidad" de Madison Avenue.

Tan eficaz fue esta propaganda que en dos semanas, personas que ni siquiera sabían dónde estaba Irak en el mapa, y mucho menos quiénes eran sus dirigentes, empezaron a gritar y a pedir la guerra contra "un dictador que amenaza los intereses de Estados

Unidos". ¿Asustado? SÍ, pero desgraciadamente es 100% cierto. Las propias palabras "crisis del Golfo" fueron acuñadas por el Instituto Tavistock para conseguir el máximo apoyo a la guerra de Bush en nombre de un comité de 300 personas cuya empresa insignia es British Petroleum (BP).

Ahora sabemos -al menos algunos de nosotros- el importante papel que desempeña Tavistock en la creación de una opinión pública basada en la ofuscación, la mentira, el encubrimiento, la distorsión y el fraude descarado. Ninguna otra institución del mundo puede igualar al Instituto Tavistock para las Relaciones Humanas. Cita de mi informe actualizado de 1984:

> "Hay algunas instituciones y empresas editoriales que se están dando cuenta de los cambios que se están produciendo. El último número de la *revista Esquire* contiene un artículo titulado "Descubriendo América". *Esquire* no menciona a Tavistock por su nombre, pero esto es lo que dice: Durante la revolución social (una frase muy significativa) de los años 70, la mayoría de los rituales e interacciones personales, así como la vida institucional, se vieron radicalmente alterados. Naturalmente, estos cambios han afectado a la forma en que percibimos el futuro... La base económica de Estados Unidos está cambiando y se ofrecen nuevos servicios y productos".

El artículo continúa diciendo que se está cambiando nuestra vida laboral, nuestro tiempo de ocio, nuestros sistemas educativos y, lo que es más importante, la forma de pensar de nuestros hijos. El autor del artículo *de Esquire* concluye:

> "Estados Unidos está cambiando, y también la dirección que tomará en el futuro... De vez en cuando, nuestra nueva sección americana (prometida para futuras ediciones de *Esquire*) no parecerá tan nueva, ya que la mayor parte del nuevo pensamiento se ha colado en la corriente principal de la vida americana, pero hasta ahora ha pasado desapercibida."

No podría haber dado una descripción más apropiada de la falacia "el tiempo cambia las cosas". **Nada cambia por sí mismo, todos los cambios se diseñan, ya sea en secreto o en público.** Aunque *Esquire* no dijo quién es el responsable de los cambios -en su mayoría indeseados- a los que el pueblo ha intentado resistirse.

*Esquire* no es el único que hace esta afirmación. Millones de estadounidenses viven en total ignorancia de las fuerzas que configuran su futuro. No son conscientes de que América está completamente "condicionada" por el "método de penetración doméstica de largo alcance" de Tavistock. Lo peor es que estos millones de personas, debido al condicionamiento de Tavistock (que hace que los estadounidenses piensen como Tavistock quiere que piensen), ya no parecen preocuparse. Han sido "condicionados internamente" por la "penetración de largo alcance" - el plan maestro de control puesto en marcha por Tavistock para lavar el cerebro de la nación durante tanto tiempo que ahora sufren un estado constante de "shell shock".

Como veremos, hay buenas razones para esta apatía e ignorancia. Los cambios forzados e indeseados a los que hemos sido sometidos como nación son obra de varios maestros teóricos y técnicos que se unieron a John Rawlings Reese en el Instituto Tavistock.

# CAPÍTULO 24

## El lavado de cerebro salva a un presidente estadounidense

Me atrevería a decir que incluso después de todos mis años de exponer a Reese y su trabajo, el 95% de los estadounidenses no saben quién es o el daño que ha hecho a Estados Unidos.

Este gran número de nuestros ciudadanos todavía no es consciente de cómo han sido manipulados y obligados a aceptar "nuevas ideas", "nuevas culturas" y "nuevas religiones". Han sido gravemente violados y no lo saben. Siguen siendo violados y siguen sin saber lo que pasa, sobre todo a la hora de formarse una opinión a través de las encuestas.

Para ilustrar mi opinión, el ex presidente Clinton pudo sobrevivir a un escándalo tras otro gracias a las encuestas que mostraban que al pueblo estadounidense no le importaba lo suficiente su comportamiento extravagante como para pedir un proceso de destitución. ¿Podría ser esto cierto? ¿Será cierto que a la gente ya no le importa la moral pública? ¡Claro que no!

Se trata de una situación artificial enseñada por el Instituto Tavistock y cada escrutador está entrenado en los métodos Tavistock de formación de opinión y manipulación de la opinión pública, para que las respuestas "suenen a verdad".

Podemos añadir al Presidente G. W. Bush a los "supervivientes". No fue destituido a pesar de las flagrantes mentiras que se utilizaron para iniciar una guerra ilegal (inconstitucional) en Irak. Es inconstitucional porque la guerra nunca fue declarada de acuerdo con la Constitución.

Además, no hay ninguna disposición en la Constitución estadounidense que permita a los Estados Unidos atacar a otra nación que no haya cometido actos beligerantes contra ella. ¿Cómo pudo el presidente Bush salirse con la suya sin ser impugnado? La respuesta está en el Instituto Tavistock y su capacidad de lavado de cerebro masivo.

Una de las primeras tareas emprendidas por Tavistock tras lanzar la guerra total contra Estados Unidos en 1946 fue obligar al pueblo estadounidense a aceptar "estilos de vida alternativos". Los documentos de Tavistock mostraron cómo los líderes de una campaña para forzar la aceptación pública legal de grupos cuyo comportamiento era, hasta que se forzaron los cambios en el Congreso, reconocido como delito en casi todos los estados de la Unión, y en algunos estados sigue siendo un delito. Me refiero al "estilo de vida gay" tal y como se conoce hoy en día.

La cuidadosa elaboración de perfiles que se llevó a cabo antes del lanzamiento de este programa de "cambio" no fue creída por los no iniciados, que la tacharon de "espantosa ciencia ficción", aunque se explicara en los términos más sencillos. Una gran mayoría de estadounidenses nunca se enteró (y sigue sin enterarse en 2005) de que el Instituto Tavistock entró en guerra con ellos en 1946, ni de que el pueblo ha perdido esa guerra desde entonces.

Tavistock dirigió su atención a los Estados Unidos al final de la Segunda Guerra Mundial. Los métodos que hicieron caer a Alemania se utilizaron contra Estados Unidos. El lavado de cerebro masivo de nuestra nación se llamó "Penetración de Largo Alcance" y "Acondicionamiento Direccional Interno".

El objetivo principal de esta empresa era instalar programas socialistas en todos los niveles de gobierno, preparando así el camino para una nueva era oscura, un nuevo orden mundial dentro de un gobierno único, una dictadura comunista.

En particular, fue diseñado para romper la santidad del matrimonio y la vida familiar. Y también se dirigió a la Constitución, para "dejarla sin efecto". La homosexualidad, el lesbianismo y el aborto son programas diseñados por Tavistock, al igual que el objetivo de "cambiar" la Constitución de Estados Unidos.

La mayoría de los programas de Tavistock se basan en la elección de los candidatos "correctos", con la ayuda de sus entrenados encuestadores y sus inteligentes preguntas. El proyecto del "estilo de vida gay" de Tavistock incluía la creación de varias unidades de "grupos de trabajo" para ayudar a los medios de comunicación a encubrir el ataque a los homosexuales y hacer que los cruzados del "nuevo estilo de vida" parecieran "una persona más".

Los programas de entrevistas son ahora parte integrante de estos planes, pero en aquella época no se utilizaban tan ampliamente para provocar el cambio social como ahora. Los líderes elegidos por Tavistock para promover un cambio social y político significativo a través de los programas de entrevistas fueron Phil Donahue y Geraldo Riviera, Bill O'Reilly, Barbara Walters y muchos otros cuyos nombres se han hecho familiares en Estados Unidos. Fueron ellos los que promovieron a las personas que se presentarían a las elecciones; personas que, hasta ahora, se habrían reído de la plataforma. Pero ahora, gracias al hábil uso de las encuestas, se les toma en serio.

La planificación que se llevó a cabo para cebar al público a través de los presentadores de los programas de televisión, costó millones de dólares para implementar este plan a largo plazo para el cambio social forzado por Tavistock, y como los resultados muestran, Tavistock hizo sus deberes. Con toda mi experiencia, todavía me sorprende lo bien que se ha llevado a cabo este gran movimiento.

Comunidades enteras de todo el país fueron perfiladas; los invitados a los programas de entrevistas y sus audiencias fueron seleccionados según su perfil, sin que se dieran cuenta de lo que se estaba haciendo sin su conocimiento y consentimiento. Los estadounidenses fueron engañados a gran escala y no lo sabían entonces ni lo saben ahora. Tampoco sabían que el Instituto Tavistock de Relaciones Humanas les estaba dando latigazos.

Finalmente, después de tres años de preparación, el ataque sodomita/lesbiano de Tavistock contra un pueblo estadounidense totalmente desprevenido puede compararse con la tormenta que se desató sobre la desprevenida nación francesa en la época de la Revolución Francesa.

La campaña, bien planificada y ejecutada, comenzó en Florida, tal como estaba previsto, y exactamente como se había planeado, Anita Bryant se presentó para tomar las armas contra los invasores de la "comunidad gay", palabras cuidadosamente seleccionadas por Tavistock, que ahora se han convertido en totalmente aceptables. Antes de este episodio, la palabra "gay" nunca se utilizaba para describir a los homosexuales o su comportamiento.

Tavistock se fundó en 1921 como sucesor de Wellington House, que había dado un gran golpe en 1914 y 1917 y, como ya hemos dicho, llevó a Gran Bretaña y a Estados Unidos a una guerra salvaje con Alemania.

Tavistock iba a ser la principal herramienta de investigación de los servicios de inteligencia británicos, que siguen siendo los mejores del mundo. El mayor y más tarde general de brigada John Rawlings Reese, comisionado por el monarca, fue elegido para dirigir el proyecto. La familia real británica financió el proyecto con la ayuda de los Rockefeller y los Rothschild.

En plena Segunda Guerra Mundial, Tavistock recibió financiación adicional de David Rockefeller, a cambio de su ayuda para arrebatar el servicio secreto alemán al antiguo Reynard Heydrich. Todo el aparato y el personal del brillante servicio de seguridad nazi fue transportado a Washington, D.C., violando la ley suprema del país. Empezó a llamarse "Interpol".

Durante la Segunda Guerra Mundial, las instalaciones de Tavistock en Londres y Sussex sirvieron como sede de la oficina de guerra psicológica del ejército británico.

De hecho, gracias al acuerdo de "mejor amigo" entre Churchill y Roosevelt, Tavistock pudo tomar el control total de la inteligencia y la política militar estadounidense a través del

Ejecutivo de Operaciones Especiales (SOE) y mantuvo este control durante toda la Segunda Guerra Mundial. Eisenhower fue seleccionado por el Comité de los 300 para convertirse en el Comandante General de las Fuerzas Aliadas en Europa, pero sólo después de que Tavistock le hiciera un extenso perfil. A continuación, fue designado para la Casa Blanca. A Eisenhower se le permitió conservar su puesto en la Casa Blanca hasta que, agotada su utilidad y desvanecidos los recuerdos de la guerra, fue destituido. La amargura de Eisenhower por el trato recibido a manos del Comité de los 300 y del Instituto Tavistock se refleja en sus declaraciones sobre los peligros que plantea el complejo militar-industrial, una referencia velada a sus antiguos jefes, los "olímpicos".

El libro *Comité de los 300*[9] cuenta la historia completa de este órgano ultrasecreto y ultraelitista de hombres que dirigen el mundo. El Comité de los 300 tiene a su disposición una vasta red entrelazada de bancos, empresas financieras, medios de comunicación impresos y en línea, grandes "think tanks", nuevos científicos que son realmente los creadores modernos de lo que pasa por la opinión pública formada por sus encuestadores nacionales, etc. En la actualidad, más de 450 de las mayores empresas de la lista Fortune 500 están bajo la influencia del Comité de los 300.

Entre ellos se encuentran Petro-Canada, Hong Kong and Shanghai Bank, Halliburton, Root, Kellogg and Brown, British Petroleum, Shell, Xerox, Rank, Raytheon, ITT, Eagle Insurance, todas las principales compañías de seguros, todas las empresas y organizaciones más importantes de Estados Unidos, Gran Bretaña y Canadá. El llamado movimiento medioambiental está totalmente controlado por el Comité, a través del Instituto Tavistock.

La mayoría de la gente tiende a creer que el "lavado de cerebro" es una técnica coreana/china. Este no es el caso. El lavado de

---

[9] Publicado por Omnia Veritas Limited, www.omnia-veritas.com.

cerebro se remonta a Tavistock, que originó el arte. La ciencia de la modificación de la conducta se originó con Tavistock, que entrenó a un ejército de oficiales de inteligencia para hacer lo mismo.

Estados Unidos, quizá más que ningún otro país, ha sentido el puño de Tavistock en nuestra vida nacional a casi todos los niveles, y su control sobre este país no ha disminuido: al contrario, con la llegada de William Jefferson Clinton y Bush, padre e hijo, se ha estrechado considerablemente. Nos lavaron el cerebro de verdad en 1992 y 1996. En 2005 somos una nación con el cerebro lavado. Estados Unidos es la principal víctima de la guerra de penetración de largo alcance mediante las técnicas de Reese.

Otros países víctimas fueron Rodesia (actual Zimbabue), Angola, Sudáfrica, Filipinas, Corea del Sur, América Central, Irán, Irak, Serbia, Yugoslavia y Venezuela.

La técnica no funciona en Irak e Irán y, en general, los países musulmanes parecen menos receptivos a los métodos de control de la población masiva de Tavistock que los países occidentales.

No cabe duda de que su estricta adhesión a las leyes del Corán y a su fe islámica es lo que hizo fracasar los planes de Tavistock para Oriente Medio, al menos temporalmente. En consecuencia, se organizó una campaña concertada para hacer la guerra al mundo musulmán.

El éxito de Reese a la hora de forzar el cambio en un amplio abanico de países se refleja en los acontecimientos ocurridos desde entonces. En nuestro país, Tavistock ha remodelado toda una serie de instituciones estadounidenses importantes, tanto privadas como gubernamentales, incluyendo nuestras agencias de inteligencia, las unidades del Pentágono, los comités del Congreso, las grandes empresas, el mundo del espectáculo, etc.

# CAPÍTULO 25

## El asalto de Tavistock a los Estados Unidos

Una de las personas clave del equipo de Tavistock era el Dr. Kurt Lewin. Nacido en Alemania, se vio obligado a huir cuando sus experimentos de control de la población fueron descubiertos por el gobierno alemán. Lewin ya era bien conocido por Reese, ya que ambos habían colaborado ampliamente en encuestas y experimentos similares de formación de opinión. Se dice que el Dr. Goebbels adoptó con entusiasmo los métodos de Tavistock.

Lewin huyó a Inglaterra, donde se unió a Reese en Tavistock y se le encomendó su primera tarea importante: llevó a cabo de forma admirable lo que resultó ser la mayor campaña de propaganda de la historia, que hizo que el pueblo estadounidense se sumiera en un frenesí de odio contra Alemania y, posteriormente, contra Japón. El bombardeo acabó costando la vida a cientos de miles de soldados estadounidenses y aportó miles de millones de dólares a las arcas de Wall Street, los bancos internacionales y los traficantes de armas.

Nuestras pérdidas en vidas humanas y tesoros nacionales no pueden recuperarse.

Justo antes del asalto a Irak, Estados Unidos se vio sometido a una explosión propagandística sólo ligeramente inferior a la desarrollada para llevar a Estados Unidos a la Segunda Guerra Mundial. Un análisis minucioso de las palabras y frases clave desarrolladas por Lewin para la Segunda Guerra Mundial mostró que en el 93,6% de los casos examinados, estas palabras y frases desencadenantes coincidían con las utilizadas en la Guerra de Corea, la Guerra de Vietnam y la Guerra del Golfo.

En la época de la guerra de Vietnam, las encuestas con la metodología de Tavistock se utilizaron con un efecto devastador contra el pueblo estadounidense.

Durante la Guerra del Golfo, un ejemplo de los métodos de Tavistock fue la forma en que el Departamento de Estado siguió refiriéndose al personal de su embajada en Kuwait como "rehenes", cuando ninguno fue encarcelado. De hecho, cada uno de ellos era libre de marcharse en cualquier momento, pero se les ordenó permanecer en Kuwait para que pudieran propagar su situación.

De hecho, ¡los "rehenes" eran rehenes del Departamento de Estado! Al no poder conseguir que el presidente Hussein efectuara los primeros disparos, hubo que diseñar otra "situación artificial" como la de Pearl Harbor. El nombre de April Glaspie estará siempre asociado a la traición y la infamia. A ello siguió un elaborado robo de millones de barriles de petróleo iraquí por parte de Kuwait. Hussein recibió la "luz verde" del embajador de Estados Unidos en Bagdad, April Gillespie, para atacar Irak y acabar con una situación que estaba costando miles de millones de dólares al pueblo iraquí. Pero cuando se produjo el ataque, Bush el Viejo no perdió tiempo en enviar al ejército estadounidense a ayudar a Kuwait.

El presidente Bush ha estado construyendo el apoyo contra Irak utilizando la falsa afirmación de los "rehenes". Aquí es donde el Instituto Tavistock fracasará: Si bien ha logrado convencer a la mayoría de los estadounidenses de que nuestras políticas para Oriente Medio son correctas, Tavistock no ha logrado hacerse con el control de Siria, Irán, Irak, Argelia y Arabia Saudí.

Es en este punto donde el artero plan de Tavistock para despojar a las naciones árabes de su petróleo se derrumba. Los días en los que el MI6 podía enviar a "arabistas" como los Philbys y el Capitán Hill para socavar los estados musulmanes han quedado atrás.

Los países árabes han aprendido de sus errores y hoy confían mucho menos en el gobierno británico que al principio de la Primera Guerra Mundial. La dictadura de Mubarak en Egipto está en problemas. Los fundamentalistas musulmanes pretenden que el turismo sea inseguro, y Egipto depende de las divisas extranjeras para mantenerlo, además de la donación de 3.000 millones de dólares anuales del contribuyente estadounidense. Del mismo modo, Siria no soportará durante mucho tiempo las políticas estadounidenses que favorecen a Israel a expensas de los palestinos.

En nuestro país, el gobierno estadounidense ha invertido miles de millones de dólares en las arcas de Tavistock: entre los receptores de estos miles de millones de dólares se encuentran los Laboratorios Nacionales de Formación, la Clínica Psicológica de Harvard, la Escuela Wharton, el Instituto Hoover de Stanford, Rand, el MIT, el Instituto Nacional de Salud Mental, la Universidad de Georgetown, el Instituto Esalen, el Centro de Estudios Avanzados en Ciencias del Comportamiento, el Instituto de Investigación Social de Michigan y muchos otros grupos de reflexión e instituciones de enseñanza superior.

La tarea de establecer estas sucursales en los Estados Unidos en los servicios de inteligencia de todo el mundo fue encomendada a Kurt Lewin, a quien hemos conocido antes, pero cuyo nombre probablemente no era conocido por más de 100 personas antes de que mi historia sobre Tavistock saliera a la luz. Sin embargo, este hombre y John Rawlings Reese hicieron más daño a las instituciones sobre las que descansa la República Americana que cualquier cosa que pudieran lograr Hitler o Stalin. Cómo Tavistock desenredó la urdimbre y la trama de nuestro tejido social que mantiene unida a la nación es una historia escalofriante y aterradora de la que la "normalización" de los estilos de vida de gays y lesbianas es sólo un pequeño pero importante logro; un logro mucho mayor y más aterrador ha sido el éxito del lavado de cerebro masivo a través de las encuestas de opinión.

¿Por qué las técnicas Tavistock de Reese funcionan tan bien en la práctica? Reese perfeccionó sus experimentos de lavado de cerebro masivo con pruebas de estrés, o choques psicológicos, también conocidos como eventos estresantes. La teoría de Reese, ahora ampliamente demostrada, era que si se podía someter a poblaciones enteras a pruebas de estrés, sería posible determinar de antemano cuáles serían las reacciones de la población ante determinados acontecimientos estresantes.

De forma muy explícita, esta técnica está en el centro de la creación de la opinión pública deseada a través de las encuestas, que se utilizó con un efecto devastador para proteger a la administración Clinton de los escándalos que estallaron en torno a la Casa Blanca, y que ahora protege a Bush Jr. de ser expulsado de la Casa Blanca.

## CAPÍTULO 26

## Cómo se "promocionan" los políticos, actores y cantantes mediocres

Esta técnica, conocida como "profiling", puede aplicarse a individuos, grupos pequeños o grandes de personas, grupos masivos y organizaciones de todos los tamaños. A continuación, se les "bombea" para que se conviertan en "estrellas". Cuando apenas tenía veinte años, en Arkansas, William Clinton se perfiló para ser aceptado en el programa de becas Rhodes. Sus progresos se fueron perfilando a lo largo de su carrera, especialmente durante el periodo de la guerra de Vietnam. Luego, después de demostrar su valía, Clinton fue "preparado" para la Casa Blanca, y luego constantemente "inflado".

Toda la operación estaba bajo el control de los lavacerebros del Instituto Tavistock. Así es como funcionan estas cosas. Así es como se forjan las herramientas para fabricar literalmente candidatos, especialmente los que se consideran aptos para los cargos públicos; candidatos con los que siempre se puede contar para hacer lo "correcto". El Congreso está lleno de ellos. Gingrich era un típico y exitoso "producto Tavistock" hasta que se descubrió su conducta. Trent Lott, Dick Cheney, Charles Schumer, Barney Frank, Tom DeLay, Dennis Hastert, el Dr. Frist, etc. son otros ejemplos de "graduados" de Tavistock. La misma técnica se aplica a actores, cantantes, músicos y artistas.

Se utilizó una fuerte propaganda para convencer a la población de que las inoportunas "turbulencias sociales ambientales" eran el resultado del cambio de época en el que vivimos, cuando, como ahora sabemos, los científicos de la nueva ciencia diseñaron programas (programas de estrés) para crear artificialmente las "turbulencias sociales ambientales" y hacerlas pasar por el resultado de una condición natural, más conocida como "cambio de época".

Los nuevos científicos de Tavistock estaban convencidos de que no aplicaríamos el principio "para todo efecto debe haber una causa", y tenían razón. Por ejemplo, aceptamos dócilmente a los "Beatles", su "nueva música" y sus letras -si es que te atreves a llamarlo música y letra, porque nos dijeron que el grupo lo había escrito todo él.

De hecho, la música fue escrita por el graduado de Tavistock Theo Adorno, cuyos acordes de 12 tonos fueron afinados científicamente para crear una "turbulencia social ambiental" masiva en toda América. Ninguno de los Beatles sabía leer música. Sin embargo, se les "bombeó" día y noche sin descanso hasta que todo lo relacionado con ellos, con mentiras y todo, fue aceptado como verdad.

Tavistock ha demostrado una y otra vez que cuando un grupo numeroso es perfilado con éxito, puede ser sometido a un "condicionamiento direccional interno" en prácticamente todos los aspectos de la vida social y política. Parte integrante de los experimentos de control mental masivo de Tavistock en Estados Unidos desde 1946, las encuestas y la toma de posiciones han sido, con mucho, sus empresas más exitosas. Estados Unidos fue engañado y no lo sabía.

Para probar el éxito de sus técnicas, Reese pidió a Tavistock que pusiera a prueba a un gran grupo de personas sobre un tema relacionado con la conspiración. Resultó que el 97,6% de los encuestados rechazó rotundamente la idea de que exista una conspiración mundial. ¿Hasta qué punto nuestro pueblo no cree que ha sido atacado directamente por Tavistock en los últimos 56 años? Tenemos presentadores de programas de radio como Rush Limbaugh, que repetidamente dicen a su audiencia que no hay ninguna conspiración.

¿Cuántas personas creerían que durante los últimos 56 años

Tavistock ha estado enviando un ejército invisible de tropas de choque a todas las aldeas, pueblos y ciudades de nuestro país? La tarea de este ejército invisible es infiltrarse, alterar y modificar el comportamiento social colectivo, mediante el "condicionamiento direccional interno".

El "ejército invisible" de Reese está formado por verdaderos profesionales que conocen su trabajo y se dedican a él. Ahora se encuentran en juzgados, departamentos de policía, iglesias, consejos escolares, organismos deportivos, periódicos, estudios de televisión, consejos consultivos gubernamentales, ayuntamientos, legislaturas estatales, y son legión en Washington. Se presentan a todos los cargos, desde concejal del condado a sheriff, pasando por juez, miembro del consejo escolar o concejal de la ciudad, e incluso a presidente de los Estados Unidos de América. El funcionamiento de este sistema fue explicado por John Rawlings Reese en 1954:

> "Su trabajo consiste en aplicar las técnicas avanzadas de la guerra psicológica tal y como las conocemos a grupos enteros de personas que seguirán creciendo, para poder controlar más fácilmente a poblaciones enteras. En un mundo completamente enloquecido, los grupos de psicólogos de Tavistock vinculados, capaces de influir en el ámbito político y gubernamental, deben ser los árbitros, la cábala del poder."

¿Convendrá esta franca confesión a los escépticos de la conspiración? Probablemente no, pues es dudoso que mentes tan cerradas puedan tener un conocimiento real de estas cosas. Esa información se desperdicia en las "cabezas parlantes" de la radio.

Uno de los directores del ejército invisible de Reese era Ronald Lippert, cuya especialidad era manipular la mente de los niños.

El Dr. Fred Emery, otro de los "psicólogos vinculados" a Tavistock, formó parte del consejo de la Comisión Kerner del presidente Johnson.

Emery era lo que Tavistock llamaba un especialista en "turbulencia social ambiental", cuya premisa es que cuando todo un grupo de población está sometido a crisis sociales, se descompone en un idealismo sinóptico y finalmente se fragmenta, es decir, renuncia a tratar de resolver el problema o los problemas.

La palabra "ambiental" no tiene nada que ver con cuestiones ecológicas, sino que se refiere al entorno particular en el que el especialista se ha instalado con la intención específica de crear problemas: "turbulencias" o "patrones de estrés".

Ya es el caso del rock and roll, de las drogas, del amor libre (aborto), de la sodomía, del lesbianismo, de la pornografía, de las bandas callejeras, de un ataque constante a la vida familiar, a la institución del matrimonio, al orden social, a la Constitución y especialmente a las 2 y 10a Enmiendas.

En los casos en que esto ha sucedido, nos encontramos con comunidades impotentes ante un sistema de justicia quebrado, consejos escolares que enseñan la evolución, menores a los que se les anima a comprar preservativos, e incluso "derechos de los niños". Los "derechos de los niños" generalmente significan que se debe permitir a los niños desobedecer a sus padres, un elemento clave del programa socialista de "cuidado de los niños". Los miembros del ejército invisible de Reese están atrincherados en la Cámara de Representantes y el Senado, el ejército, la policía y prácticamente todas las oficinas gubernamentales del país.

Después de estudiar el estado de California, he llegado a la conclusión de que tiene el mayor contingente de tropas de choque del "Ejército Invisible" del país, lo que ha convertido a California en algo muy parecido a un estado socialista y policial. Creo que California será el "modelo" para el resto de la nación.

En la actualidad, no existe ninguna ley que haga ilegal este tipo de acondicionamiento. Reese y Lewin investigaron las leyes de Inglaterra y Estados Unidos y concluyeron que era legal "condicionar" a una persona sin su consentimiento o conocimiento.

Tenemos que cambiar esto. Las encuestas son una parte integral del "condicionamiento". El "ejército invisible" de las tropas de choque de Tavistock ha cambiado la forma en que Estados Unidos piensa en la música rock, el sexo prematrimonial, el consumo de drogas, los niños nacidos fuera del matrimonio, la promiscuidad, el matrimonio, el divorcio, la vida familiar, el aborto, la homosexualidad y el lesbianismo, la Constitución y, sí, incluso el asesinato, por no mencionar el hecho de que la ausencia de moralidad es aceptable siempre que se haga un buen trabajo.

En los primeros años de Tavistock, el "concepto de grupo sin líder" se utilizó para convertir en polvo a Estados Unidos tal y como lo conocemos. El líder del proyecto fue W.R. Bion, que durante años dirigió la Escuela de Economía de Wharton, donde se enseñan tonterías como el libre comercio y la economía keynesiana. Japón se ha mantenido fiel al modelo estadounidense enseñado por el general McArthur -no el fraude de la Escuela de Wharton- y miren el Japón de hoy. No hay que culpar a los japoneses de su éxito: hay que culpar a Tavistock por destruir nuestro sistema económico. Pero a Japón le llega el turno. Ninguna nación se salvará en el asalto final para establecer un gobierno de un solo mundo en un nuevo orden mundial.

El 'Brain Trust' responsable de la Guerra de Tavistock contra América (1946), incluía a Bernays, Lewin, Byron, Margaret Meade, Gregory Bateson, H. V. Dicks, Lippert, Nesbit y Eric Trist. ¿Dónde se entrenaron las tropas de choque del "Ejército Invisible"? En Reese's, en Tavistock, desde donde se extendieron por toda América para sembrar sus semillas de "patrones de estrés de turbulencia social ambiental".

Se extendieron por todos los niveles de la sociedad estadounidense, ganando posiciones en lugares donde podían ejercer la influencia que Reese les había enseñado a utilizar. Las decisiones tomadas por el ejército invisible de las tropas de choque han afectado profundamente a Estados Unidos a todos los niveles, y lo peor está por llegar.

Por nombrar sólo algunas de las principales tropas de choque, George Schultz, Alexander Haig, Larry King, Phil Donahue, el almirante Burkley (profundamente implicado en el encubrimiento de los asesinos de Kennedy), Richard Armitage, Billy Graham, William Paley, William Buckley, Pamela

Harriman (ya fallecida), Henry Kissinger, George Bush, y la difunta Katherine Meyer Graham, y no olvidemos la caravana que llegó a Washington desde Arkansas en 1992, encabezada por el Sr. y la Sra. Clinton, cuya nación pronto quedaría destrozada. y la Sra. Clinton, cuya nación pronto se desgarraría. Entre los recién llegados están Rush Limbaugh, Bill O'Reilly, Larry King y Karl Rove.

Los líderes empresariales que forman parte de las tropas de choque son legión, demasiados para enumerarlos aquí. Miles de estas tropas de choque del Ejército Invisible de la Brigada Empresarial se presentaron en la conferencia de Tavistock.

La instalación estadounidense, el Laboratorio Nacional de Formación (NTL), empezó a funcionar en la extensa finca neoyorquina de Averill y Pamela Harriman. Como sabemos ahora, fue Harriman quien seleccionó a Clinton para la formación especial y, en última instancia, para el Despacho Oval.

En el Laboratorio Nacional de Formación, los ejecutivos de la empresa recibieron formación sobre situaciones de estrés y cómo manejarlas. Entre las empresas que han enviado a sus altos ejecutivos al NTC para recibir formación de Tavistock figuran Westinghouse, B.F. Goodrich, Alcoa, Halliburton, BP, Shell, Mobil-Exxon Eli Lily, DuPont, la Bolsa de Nueva York, Archer Daniels Midland y Shell Oil. Mobil Oil, Conoco, Nestlé, AT&T, IBM y Microsoft. Y lo que es peor, el gobierno estadounidense envió a sus altos cargos de la Armada, el Departamento de Estado, la Comisión de Servicios Civiles y la Fuerza Aérea. Los millones de dólares de sus impuestos pagaron la "educación" que Tavistock dio a estos empleados del gobierno en Arden House, en la finca de Harriman.

# CAPÍTULO 27

## La fórmula Tavistock que llevó a los Estados Unidos a la Segunda Guerra Mundial

Quizá el aspecto más importante de su formación sea el uso de encuestas para garantizar que las políticas públicas se ajusten a lo que los objetivos de Tavistock consideran deseable. Esta técnica de alteración de la mente se llama "encuesta de opinión".

Las respuestas inadecuadas que hizo posible la elaboración de perfiles a gran escala de Tavistock, y en las que las respuestas inadecuadas del "ejército invisible" de Tavistock funcionaron a la perfección durante la Guerra del Golfo.

En lugar de rebelarnos contra el hecho de arrastrar a esta nación a una guerra contra un país amigo con el que no teníamos ninguna disputa, una guerra iniciada sin una declaración de guerra adecuada por parte del Congreso, nos hemos "volcado" a su favor. En resumen, hemos sido gravemente engañados sin saberlo, debido al "condicionamiento interno de largo alcance" al que ha sido sometido el pueblo estadounidense desde 1946.

Tavistock aconsejó al presidente Bush el Viejo que utilizara la siguiente fórmula sencilla, que Reese y Lewin pidieron a Allen Dulles en 1941, cuando Roosevelt se preparaba para arrastrar a Estados Unidos a la Segunda Guerra Mundial:

(1) ¿Cuál es el estado de la moral y su probable evolución en el país objetivo? (Esto también se aplica a la moral en los Estados Unidos).

(2) ¿Hasta qué punto es sensible Estados Unidos a la idea de que es necesaria una guerra en el Golfo Pérsico?

(3) ¿Qué técnicas podrían utilizarse para debilitar la oposición de Estados Unidos a la guerra del Golfo Pérsico?

(4) ¿Qué tipo de técnicas de guerra psicológica conseguirían minar la moral del pueblo iraquí? (Aquí es donde Tavistock dio un paso muy malo).

Una vez que Bush se comprometió con la Guerra del Golfo de 1991 de la Primera Ministra Thatcher en nombre de la Reina Isabel y su compañía petrolera BP, Tavistock reunió a un equipo de psicólogos, creadores de opinión pública, encabezados por los descarados mentirosos de Hill and Knowlton, y una serie de perfiladores de Tavistock. Cada uno de los discursos del presidente Bush para promover la guerra contra Irak fue escrito por equipos multidisciplinarios de escritores formados en Tavistock.

Recientemente se dio a conocer a un comité del Congreso información de alto secreto sobre cómo se propagó la Guerra del Golfo y cómo el presidente George Bush influyó en el pueblo estadounidense para apoyar esta guerra viciosa y corrupta. El informe dice que en una etapa temprana del plan para eliminar a Irak, se le dijo al gobierno de Bush que el apoyo público era primordial y que no tenía el apoyo del pueblo estadounidense.

La primera regla era establecer en la mente del pueblo estadounidense la "gran necesidad de proteger los campos petrolíferos saudíes amenazados por una invasión iraquí bajo el liderazgo de un loco". Así, aunque desde el principio se sabía que Irak no tenía intención de atacar los campos petrolíferos saudíes, la Agencia de Seguridad Nacional (NSA) difundió información falsa y engañosa de que los campos petrolíferos saudíes eran el objetivo final de Irak. Esto era una invención total, pero era la clave del éxito. La Agencia de Seguridad Nacional nunca fue sancionada por su conducta engañosa.

El informe afirmaba que sería necesaria una cobertura televisiva sin precedentes para conseguir el apoyo del público a la guerra.

La administración Bush se aseguró desde el principio la plena cooperación de las tres principales cadenas, ABC, CBS y NBC, y luego la CNN. Más tarde, se añadió una emisora de propaganda virtual, Fox News (también conocida como Faux News). En 1990, la cobertura de la Guerra del Golfo y de los temas relacionados con ella por parte de estas cadenas era tres veces mayor que la de cualquier otra noticia cubierta en 1989, y una vez iniciada la guerra, la cobertura era cinco veces mayor que la de cualquier otra noticia, incluida la de la Plaza de Tiananmen.

En 2003, Bush Jr. siguió muy de cerca la fórmula que había funcionado para su padre, pero con algunas adaptaciones adicionales. Las noticias mezcladas con ficción (véase la sección sobre "La guerra de los mundos" de H.G. Wells) se convirtieron en más ficción mezclada con noticias, y se utilizaron mentiras flagrantes, de modo que resultó imposible distinguir la información directa de las noticias mezcladas con ficción.

Uno de los principales actores en la cobertura de la guerra fue la CNN, que contrató a la administración Bush para llevar la Guerra del Golfo a las salas de estar estadounidenses las 24 horas del día. Gracias a la masa de noticias favorables y tendenciosas, el despliegue de tropas en el Golfo fue bien recibido por cerca del 90% de los estadounidenses. Era otra forma de encuestar al pueblo estadounidense, otra forma de lavarle el cerebro.

Los asesores de la Agencia de Seguridad Nacional (NSA) dijeron a la administración Bush que, desde el principio, había que persuadir a la opinión pública para que aceptara sus planes para la Guerra del Golfo. Se decidió crear un paralelismo entre Hitler y Saddam Hussein, con las palabras "hay que detener a Saddam Hussein" repetidas una y otra vez, seguidas de la mentira de que el presidente iraquí "actúa como Hitler".

Más tarde, se añadió una terrible amenaza, a saber, que Irak tenía la capacidad de atacar a Estados Unidos con armas de destrucción masiva de largo alcance. Se trata de una adaptación del edicto de Stalin de que para capturar y esclavizar a su propio pueblo, primero hay que aterrorizarlo.

El primer ministro británico Blair fue aún más lejos. Hablando en el Parlamento, dijo al pueblo británico que "Saddam Hussein" tenía la capacidad de golpear a Gran Bretaña y podía hacerlo en 45 minutos. Llegó a advertir a los turistas británicos que estaban de vacaciones en Chipre que regresaran a Gran Bretaña lo antes posible porque los servicios de inteligencia británicos se habían enterado de que Irak estaba preparando un ataque nuclear contra la isla. Blair hizo su anuncio sabiendo perfectamente que el programa de armas nucleares de Irak había sido completamente destruido en 1991.

La "habilidad" de la primera administración Bush para comunicar la necesidad de la guerra en el Golfo culminó con la historia de la "incubadora" fabricada por Hill y Knowlton y contada con lágrimas por la hija del embajador de Kuwait en Washington. El Senado -y todo el país- se tragó este fraude masivo.

El Kaiser Guillermo II volvió a "cortar los brazos de los niños belgas", con un éxito aún mayor. Después de la "gran mentira" de Hill y Knowlton, el 77% de los estadounidenses encuestados dijo que aprobaba el uso de las tropas estadounidenses contra Irak, a pesar de que el 65% de los encuestados ni siquiera sabía dónde estaba Irak en el mapa.

Todas las encuestas importantes mostraron que la violación de la Constitución por parte de Bush fue aprobada, porque los encuestados no tenían ni idea de lo que era una declaración constitucional de guerra ni de que fuera vinculante. El papel desempeñado por las Naciones Unidas reforzó la "capacidad de comunicación" de la administración Bush, según el informe.

La segunda administración Bush utilizó los mismos métodos de Tavistock y, una vez más, el pueblo estadounidense aceptó las mentiras y distorsiones que se le presentaron como hechos. La guerra fue promovida enérgicamente por el vicepresidente Cheney, que dirigió una campaña masiva para forzar a la opinión pública a ponerse del lado de George Bush. Ningún otro vicepresidente en la historia de Estados Unidos ha sido tan activo a la hora de obligar al pueblo estadounidense a entrar en guerra con Irak.

Cheney apareció en televisión 15 veces en un mes y declaró sin tapujos que los talibanes estaban detrás del ataque a las torres del World Trade Center en Nueva York y que los talibanes estaban bajo el control del presidente Hussein. "La lucha contra el terrorismo tenía que librarse contra los 'terroristas' en Irak", dijo Cheney, "antes de que pudieran volver a atacar a Estados Unidos".

Cheney continuó en la misma línea mucho después de que se demostrara que su afirmación era absolutamente falsa. Aunque las principales autoridades del mundo anunciaron que Irak no tenía nada que ver con el 11-S y que no había combatientes talibanes en Irak, Cheney siguió mintiendo, hasta que Hans Blix, el antiguo jefe de los inspectores de armas de la ONU, le cortó el rollo y la Agencia Central de Inteligencia informó al Senado estadounidense de que no se había encontrado ninguna relación entre Irak, los talibanes y el 11-S.

De hecho, según el informe de la CIA, Hussein odiaba a los talibanes y los había expulsado de Irak muchos años antes. Publicamos esta información con la esperanza de que el pueblo estadounidense no sea tan crédulo la próxima vez que su presidente quiera involucrarlo en una guerra. También nos gustaría que el pueblo estadounidense supiera que está siendo muy engañado por un grupo de expertos extranjero que constantemente le engaña en una multitud de cuestiones.

Veamos algunas de estas cuestiones y esperemos que el pueblo estadounidense no vuelva a dejarse engañar por los astutos "comunicadores".

El pueblo estadounidense ha sido burdamente engañado sobre cinco grandes guerras, y eso debería ser suficiente para cualquier nación. Pero, por desgracia, el bombardeo ininterrumpido de Irak y Serbia por parte de los aviones estadounidenses y británicos ha demostrado que el pueblo estadounidense no ha aprendido nada de la Guerra del Golfo y de cómo se inició, y que se le ha mentido y manipulado de la forma más reprobable.

La segunda Guerra del Golfo demostró ampliamente que los métodos de Tavistock siguen funcionando, hasta el punto de que la administración Bush recurrió a mentiras descaradas, sabiendo que aunque se descubrieran, sus mistificaciones serían simplemente ignoradas, ya que el pueblo estadounidense estaba ahora condicionado a un estado permanente de "shock", para no preocuparse por lo que era una situación muy grave para una nación.

¿Qué se puede hacer con el dominio que Tavistock y sus numerosas instituciones afiliadas tienen sobre el país, la derecha cristiana, el Congreso, nuestras agencias de inteligencia y el Departamento de Estado, un dominio que se extiende hasta el Presidente y nuestros altos mandos militares? Como he dicho antes, el principal problema es convencer a la gran masa de estadounidenses de que lo que les está ocurriendo a ellos y al país no es un caso de "cambio de época" debido a circunstancias ajenas a su control, sino un complot cuidadosamente elaborado, una amenaza real para el futuro de todos nosotros, no sólo una teoría "conspiratoria".

Podemos despertar a la nación, pero sólo si se hace un esfuerzo concertado a nivel de las bases. La solución al problema pasa por educar a los estadounidenses y emprender una acción unificada.

Es imperativo educar a millones de personas sobre lo que hacen los manipuladores secretos y, lo que es más importante, cómo y por qué lo hacen. Es necesaria una acción constitucional urgente para conseguirlo. Hay muchos ciudadanos destacados que tienen el poder y los medios financieros para lanzar una campaña de base. Lo que no queremos es un tercer partido político.

Un movimiento popular debidamente educado y concertado es la única manera (al menos en mi opinión) de recuperar nuestro país de las fuerzas oscuras y malignas que lo tienen cogido por el cuello. Juntos, en un movimiento popular, podemos liberar a Estados Unidos de las garras de los poderes extranjeros, los poderes a los que el Instituto Tavistock sirve tan bien, poderes extranjeros que están empeñados en destruir a Estados Unidos tal como fue constituido por nuestros Padres Fundadores.

Este trabajo sobre el Instituto Tavistock es otra "primicia" de mi serie sobre grandes organizaciones cuyos nombres serán nuevos para la mayoría de los lectores. Tavistock es el centro neurálgico más importante de Estados Unidos, y ha envenenado y cambiado progresivamente para mal todas las facetas de nuestras vidas desde 1946, cuando comenzó a operar en Norteamérica.

Tavistock ha desempeñado y sigue desempeñando el papel principal en la configuración de las políticas estadounidenses y los acontecimientos mundiales. Es, sin duda, la madre de todos los centros de control mental y condicionamiento del mundo. En Estados Unidos, ejerce un control considerable sobre los asuntos de actualidad e influye directamente en el curso y la dirección de los grupos de reflexión estadounidenses, como Stanford Research, el Instituto Esalen, la Escuela Wharton, el MIT, el Instituto Hudson, la Fundación Heritage, la Universidad de Georgetown y, más directamente, extiende su influencia a la Casa Blanca y al Departamento de Estado. Tavistock tiene una profunda influencia en el desarrollo de la política interior y exterior de Estados Unidos.

Tavistock es un centro de estudios al servicio de la Nobleza Negra y de quienes se dedican a promover el Nuevo Orden Mundial dentro de un Gobierno Mundial Único.

Tavistock trabaja para el Club de Roma, el CFR, la Comisión Trilateral, el Fondo Marshall Alemán, la Sociedad Mont Pelerin, el Grupo Ditchley, la Logia de Control Francmasónica Quator Coronati y el Banco de Pagos Internacionales.

# CAPÍTULO 28

## Cómo Tavistock hace que la gente sana enferme

La historia de Tavistock comienza con su fundador, el general de brigada John Rawlings Reese, en 1921. Fue Reese quien desarrolló los métodos de "lavado de cerebro" masivo de Tavistock. Tavistock se fundó como centro de investigación del Servicio Secreto Británico (SIS).

Fue Reese el pionero del método de control de las campañas políticas, así como de las técnicas de control mental, que continúan hasta hoy, y fueron Reese y Tavistock quienes enseñaron a la URSS, Vietnam del Norte, China y Vietnam cómo aplicar sus técnicas, todo lo que siempre quisieron saber sobre el lavado de cerebro de individuos o masas.

Reese fue un estrecho confidente de la difunta Margaret Meade y de su marido Gregory Bateson, quienes desempeñaron un importante papel en la configuración de las instituciones políticas públicas estadounidenses. También era amigo de Kurt Lewin, que fue expulsado de Alemania tras ser acusado de ser un sionista activo. Lewin huyó de Alemania cuando quedó claro que el NSDAP controlaría Alemania. Lewin se convirtió en director de Tavistock en 1932. Desempeñó un papel importante en la preparación del pueblo estadounidense para la entrada en la Segunda Guerra Mundial. Lewin fue el responsable de organizar la mayor maquinaria de propaganda conocida por la humanidad, que dirigió contra toda la nación alemana. La maquinaria de Lewin se encargó de azuzar a la opinión pública estadounidense a favor de la guerra creando un clima de odio contra Alemania. ¿Qué ha hecho que el método Reese tenga tanto éxito?

Básicamente, era esto: Las mismas técnicas de psicoterapia utilizadas para tratar a un enfermo mental podrían aplicarse a la inversa.

También podría utilizarse para mentalizar a personas sanas. Reese comenzó su larga serie de experimentos en la década de 1930 utilizando reclutas del ejército británico como conejillos de indias. A partir de ahí, Reese perfeccionó las técnicas de lavado de cerebro masivo, que luego aplicó a los países que prometió que cambiarían. Uno de esos países fue Estados Unidos, que sigue siendo el centro de atención de Tavistock. Reese comenzó a aplicar sus técnicas de modificación de la conducta al pueblo estadounidense en 1946. Pocas personas, si es que hay alguna, se dan cuenta de la extrema amenaza que Reese representa para América.

La Oficina de Guerra Psicológica del Ejército Británico fue creada en Tavistock mediante acuerdos secretos con Churchill, mucho antes de que éste se convirtiera en Primer Ministro. Estos acuerdos otorgaban al Ejecutivo de Operaciones Especiales británico, comúnmente conocido como SOE, un control total sobre las políticas de las fuerzas armadas estadounidenses, actuando a través de canales civiles, que invariablemente se convertían en política oficial del gobierno estadounidense.

Este acuerdo sigue firmemente vigente, tan inaceptable para los estadounidenses patriotas hoy como lo fue cuando se estableció. Fue el descubrimiento de este acuerdo lo que llevó al general Eisenhower a lanzar su histórica advertencia sobre el poder acumulado en manos del "complejo militar-industrial".

Para que entendamos la influencia de Tavistock en la vida política, social, religiosa y económica cotidiana de los Estados Unidos, permítanme explicar que fue Kurt Lewin, el segundo al mando, el responsable de la fundación de las siguientes instituciones estadounidenses, muchas de las cuales han sido responsables de profundos cambios en la política exterior y local de los Estados Unidos:

> ➢ La Clínica Psicológica de Harvard

- ➤ Instituto Tecnológico de Massachusetts (MIT).
- ➤ El Comité Nacional de Moral
- ➤ La Corporación Rand
- ➤ La Junta de Recursos de Defensa Nacional
- ➤ El Instituto Nacional de Salud Mental
- ➤ Laboratorios nacionales de formación
- ➤ El Centro de Investigación de Stanford
- ➤ La Escuela de Economía de Wharton.
- ➤ El Departamento de Policía de Nueva York
- ➤ El FBI
- ➤ La CIA
- ➤ El Instituto Rand

Lewin fue responsable de la selección de personal clave para estas y otras instituciones de investigación de gran prestigio, como Esalen, la Rand Corporation, las Fuerzas Aéreas de EE.UU., la Marina, el Estado Mayor Conjunto y el Departamento de Estado. Más tarde, Tavistock condicionó a las personas seleccionadas para operar las instalaciones de modificación meteorológica de ELF en Wisconsin y Michigan para que se defendieran de las que se operaban desde la península de Kola en Rusia.

Fue a través de instituciones como Stanford y Rand que surgió el infame proyecto "MK Ultra"[10]. "MK Ultra" fue un experimento de 20 años en el que se utilizó LSD y otras drogas que "alteran la mente", llevado a cabo bajo la dirección de Aldous Huxley y el gurú del movimiento "Prohibir la bomba", Bertrand Russell (el estadista más destacado del Comité de los 300), todo ello por y

---

[10] Ver *MK - Ritual Abuse and Mind Control*, Alexandre Lebreton, Omnia Veritas Limited. www.omnia-veritas.com, ND

para la CIA.

Durante la segunda Guerra del Golfo, agentes formados por Tavistock mostraron al general estadounidense Miller cómo utilizar la tortura sistemática para extraer "información" de los prisioneros musulmanes retenidos en la prisión de Abu Graib, en Irak, y en la bahía de Guantánamo, en Cuba, lo que conmocionó y asqueó al mundo cuando se reveló. Con estas y otras drogas similares que controlan la mente y alteran el estado de ánimo, Lewin, Huxley y Russell fueron capaces de causar un daño incalculable a la juventud estadounidense, un daño del que probablemente nunca nos recuperaremos del todo como nación. Sus horribles experimentos con drogas se llevaron a cabo en el Centro de Investigación de Stanford, en la Universidad McGill, en el Hospital Naval de Bethesda y en centros del ejército estadounidense de todo el país.

Conviene repetir que el movimiento que surgió entre nuestros jóvenes en los años 50 y 60, conocido como "Nueva Era" o "Era de Acuario", fue un programa supervisado por Tavistock. No había nada de espontáneo en ello. La desnudez se introdujo en consonancia con las medidas adoptadas para degradar a las mujeres.

En 2005, la "nueva" moda era el "Hip-Hop", un tipo de juego de baile practicado principalmente por niños de los suburbios más pobres de las ciudades estadounidenses. Tavistock se hizo cargo de ella y la convirtió en una industria propia, con sus especialistas escribiendo la "música y la letra" hasta que se convirtió en una de las mejores fuentes de beneficios para la industria discográfica.

Los métodos de Reese fueron seguidos de cerca por Aldous Huxley, Bertrand Russell, Arnold Toynbee y Alistair Crowley. Russell fue especialmente hábil en el uso de los métodos de Tavistock para formar su campaña "CND": la campaña "Ban the Bomb", que se oponía a los experimentos nucleares de Estados Unidos Los "think tanks" de Tavistock recibieron una financiación masiva del gobierno estadounidense. Estas instituciones realizan experimentos de investigación sobre el condicionamiento masivo de la población. El movimiento de la CND era una fachada detrás de la cual Huxley dispensaba drogas a la juventud británica.

En estos experimentos, el pueblo estadounidense ha sido el objetivo más importante de cualquier otro grupo nacional del mundo. Como revelé en 1969 y 2004, desde 1946 el gobierno estadounidense ha invertido miles de millones de dólares en proyectos que pueden describirse como "operaciones encubiertas", es decir, los programas experimentales se presentan con otros nombres y títulos para que el desprevenido pueblo estadounidense no levante ninguna protesta sobre estos fastuosos gastos gubernamentales.

En estas experiencias de Tavistock, se examinan todos los aspectos del modo de vida de Estados Unidos, sus costumbres, sus tradiciones, su historia, para ver si pueden ser objeto de cambio. En las instituciones americanas de Tavistock se examinan constantemente todos los aspectos de nuestra vida psicológica y fisiológica.

Los "agentes del cambio" trabajan incansablemente para alterar nuestra forma de vida y hacer que parezca que estos cambios son simplemente "tiempos de cambio" a los que debemos adaptarnos. Estos cambios forzados se encuentran en la política, la religión, la música, la forma en que se hacen y se informan las noticias, el estilo de entrega de los lectores de noticias con la preponderancia de las lectoras estadounidenses en las que se ha eliminado todo rastro de feminidad; el estilo y la entrega de los discursos del Sr. Bush (frases cortas y entrecortadas) acompañados del uso de la palabra "femenino". El estilo y la forma de pronunciar los discursos de Bush (frases cortas y entrecortadas), acompañados de contorsiones faciales y movimientos corporales enseñados por los agentes del cambio, su forma de caminar (al estilo de la marina estadounidense), el ascenso de los llamados fundamentalistas cristianos en la política, el apoyo masivo a los "ismos", la lista es interminable.

El resultado, el resultado neto de estos programas experimentales determinan cómo y dónde viviremos en el presente y en el futuro, cómo reaccionaremos ante las situaciones de estrés en nuestra vida nacional y personal, y cómo nuestro pensamiento nacional sobre la educación, la religión, la moral, la economía y la política puede encauzarse en la "dirección correcta".

Nosotros, el pueblo, hemos sido y somos constantemente estudiados en las instituciones de Tavistock. Se nos disecciona, se nos hace un perfil, se nos lee la mente y se introducen los datos en bases de datos informáticas para dar forma y planificar cómo reaccionaremos ante futuros choques y tensiones. Todo esto se hace sin nuestro consentimiento y en clara violación de nuestro derecho constitucional a la privacidad.

Estos resultados y pronósticos de los perfiles se introducen en bases de datos en los ordenadores de la Agencia de Seguridad Nacional, el FBI, la Agencia de Inteligencia del Departamento de Defensa y el Estado Mayor Conjunto, la Agencia Central de Inteligencia, la Agencia de Seguridad Nacional, por nombrar sólo algunos lugares donde se almacenan estos datos.

La línea entre el espionaje interno y el externo se difumina a medida que el pueblo estadounidense se prepara para el advenimiento de un gobierno mundial en el que la vigilancia de las personas alcanzará niveles sin precedentes.

Fue este tipo de información la que permitió al FBI deshacerse de David Koresh y sus davidianos, mientras la nación lo veía por la televisión nacional, sin la más mínima reacción del pueblo y con una sorprendente falta de protesta del Congreso. De un plumazo, se destruyeron los derechos de los estados de Texas. Waco iba a ser una prueba para ver cómo reaccionaría la gente al ver la 10a Enmienda destruida ante sus ojos, y según el perfil, la gente de Texas y de los Estados Unidos actuó exactamente como se describe en el perfil de Tavistock; actuaron como ovejas pastando pacíficamente en la hierba mientras la cabra de Judas que los llevaría al matadero rodeaba el rebaño.

Lo que ha sucedido, y está sucediendo todo el tiempo, fue predicho por el Asesor de Seguridad Nacional de Carter, Zbigniew Brzezinski, en su libro de *la Nueva Era*, "La Era

*Tecnocrática"*, publicado en 1970. Lo que él predijo está sucediendo ante nuestros ojos, pero la naturaleza siniestra y mortal de estos eventos se pierde en la gente. La realidad de lo que Brzezinski predijo en 1970 se ha hecho realidad. Le sugiero que lea el libro -si está disponible- y luego, como hice yo, compare los acontecimientos que han ocurrido desde 1970 con lo que se dice en *"La era tecnotrónica"*. La exactitud de las predicciones de Brzezinski no sólo es sorprendente, sino también bastante aterradora.

Si todavía es escéptico, lea *1984*, de George Orwell, un antiguo agente de los servicios secretos británicos del MI6. Orwell tuvo que escribir su sorprendente revelación en forma de ficción para evitar ser procesado por la Ley de Secretos Oficiales del Reino Unido. La "novlengua" de Orwell está ahora en todas partes y, como él predijo, sin oposición.

Los lectores pensaron que Orwell estaba describiendo a Rusia, pero estaba prediciendo la llegada de un régimen mucho peor que el bolchevique, el gobierno británico del Nuevo Orden Mundial.

Basta con mirar las leyes aprobadas por el régimen de Blair para ver que las libertades han sido aplastadas, la disidencia política ha sido aplastada, la Carta Magna ha sido quemada hasta los cimientos y sustituida por un conjunto de leyes draconianas que constituyen una lectura ominosa. Hay un viejo dicho que dice que "donde hoy va Inglaterra, mañana irá Estados Unidos".

Le guste o no, Brzezinski predijo que nosotros, el pueblo, ya no tendríamos ningún derecho a la privacidad; cada pequeño detalle de nuestras vidas sería conocido por el gobierno y podría ser recuperado instantáneamente de los bancos de datos. Para el año 2000, dijo, los ciudadanos estarán bajo el control del gobierno como ninguna otra nación ha conocido antes.

Hoy, en 2005, estamos sometidos a una vigilancia constante de una forma que no se podía imaginar hace unos años, se ha pisoteado la Cuarta Enmienda, nuestra mejor protección contra un Estado gigantesco, la Enmienda 10 ya no existe, y todo ello ha sido posible gracias al trabajo de Reese y los científicos sociales que controlan el Instituto Tavistock.

En 1969, por orden del Comité de los 300, Tavistock creó el Club de Roma, tal y como se recoge en mis monografías de 1969. El Club de Roma creó entonces la Organización del Tratado del Atlántico Norte (OTAN) como alianza política.

En 1999 descubrimos la verdad sobre la OTAN: es una entidad política apoyada militarmente por sus países miembros. Tavistock ha proporcionado personal clave a la OTAN desde su creación y sigue haciéndolo. Redactan todas las políticas clave de la OTAN. En otras palabras, Tavistock controla la OTAN.

La prueba es que la OTAN pudo bombardear Serbia durante 72 días y noches y salirse con la suya, a pesar de que violó las cuatro Convenciones de Ginebra, la Convención de La Haya, los Protocolos de Nuremberg y la Carta de las Naciones Unidas. No hubo ninguna protesta del pueblo estadounidense o británico contra esta acción bárbara.

Por supuesto, todo esto estaba predeterminado desde los bancos de datos de Tavistock: sabían exactamente cómo reaccionaría o no el público ante el atentado. Si se hubiera determinado de antemano la reacción de la opinión pública, no se habría bombardeado Serbia.

Fueron precisamente los mismos estudios de Tavistock los que se utilizaron para medir la reacción del público a la lluvia de misiles de crucero y bombas sobre la ciudad abierta de Bagdad en 2002, la infame táctica de "choque y pavor" de Rumsfeld. Se permitió un comportamiento bárbaro de esta magnitud porque el presidente y sus hombres sabían de antemano que no habría ninguna protesta de la opinión pública estadounidense.

Tanto el Club de Roma como la OTAN ejercen una influencia considerable sobre las decisiones de política exterior del gobierno estadounidense, y siguen haciéndolo hoy en día, como hemos visto en el caso de los ataques no provocados a Serbia e Irak por parte de las administraciones Clinton y Bush, respectivamente. La historia ofrece otros ejemplos del control interno de Tavistock sobre los Estados Unidos.

Cuando estalló la Segunda Guerra Mundial, los Estados Unidos fueron sometidos a una campaña de lavado de cerebro planificada de antemano y de las más grandes proporciones, preparada y ejecutada por el Instituto Tavistock.

Esto allanaría el camino para una entrada sin problemas de Estados Unidos en una guerra que no es de nuestra incumbencia y amordazaría a quienes se oponen a ella. Todos los grandes discursos de Roosevelt fueron compuestos por técnicos de control mental en Tavistock, muchos de ellos de la Sociedad Fabiana.

A los estadounidenses se les dijo que la guerra había sido iniciada por Alemania; que el peligro de Alemania para la paz mundial era mucho mayor que la amenaza del bolchevismo. Un gran número de científicos sociales que trabajaban en las instituciones Tavistock estadounidenses fueron seleccionados para liderar la carga de persuadir al pueblo estadounidense de que la entrada de Estados Unidos en la guerra era el camino a seguir. Sin embargo, no tuvieron éxito hasta que Japón se vio "obligado a disparar el primer tiro" en Pearl Harbor.

# CAPÍTULO 29

## La psicología topológica lleva a Estados Unidos a la guerra de Irak

La psicología topológica de Kurt Lewin, habitual en las instituciones de Tavistock, se enseñó a científicos estadounidenses seleccionados que fueron enviados allí para aprender su metodología, y el grupo regresó a Estados Unidos para encabezar la campaña para obligar a los estadounidenses a creer que el apoyo a Gran Bretaña -el instigador de la guerra- era lo mejor para nosotros. La psicología topológica sigue siendo el método más avanzado para inducir cambios de comportamiento, ya sea en individuos o en grupos de población masivos.

Por desgracia, la psicología topológica fue utilizada con demasiado éxito por los medios de comunicación para precipitar a Estados Unidos en una situación creada por los británicos en Irak, otra guerra en la que no teníamos por qué involucrarnos. Los mentirosos profesionales que dirigen este país, las putas de los medios de comunicación, los "portavoces" traidores del Gobierno Mundial Único del Nuevo Orden Mundial utilizaron una psicología topológica precisa contra los que decían que no debíamos atacar Irak.

Bush, Baker, Haig, Rumsfeld, Rice, Powell, el general Myers, Cheney y los miembros del Congreso que se inclinaron ante ellos en un alarde de servilismo lavaron el cerebro al pueblo estadounidense para que creyera que el presidente Saddam Hussein de Irak era un monstruo, un hombre malvado, un dictador, una amenaza para la paz mundial, que tenía que ser apartado del poder, aunque Irak nunca había hecho nada para perjudicar a Estados Unidos. Si hubiera algo de cierto en las acusaciones de que Hussein había hecho cosas terribles, se podría decir lo mismo de Wilson y Roosevelt, magnificado un millón de veces.

La guerra de Tavistock contra la Constitución de Estados Unidos ha atontado completamente al pueblo estadounidense hasta el punto de que cree que Estados Unidos tiene derecho a atacar a Irak y a destituir a su líder, a pesar de que la Constitución prohíbe expresamente esa acción, por no mencionar que viola el derecho internacional y los protocolos de Nuremberg. Como hemos dicho antes, hace falta una "situación inventada" para que el pueblo estadounidense se inflame.

En la Primera Guerra Mundial, fueron las "atrocidades" cometidas por el Kaiser. En la Segunda Guerra Mundial fue Pearl Harbor, en Corea fueron los "torpederos fantasma" del ataque norcoreano a la marina estadounidense que nunca se produjo.

En Irak, fue el engaño y las mentiras de April Glaspie; en Serbia, fue la "preocupación" de la Sra. Albright por la supuesta "persecución" de los extranjeros albaneses ilegales que acuden a Serbia para escapar de la miseria económica de su país lo que sirvió de pretexto para su santurrona cruzada contra Serbia.

Tavistock inventó un nuevo nombre para los albaneses ilegales; en adelante se les llamaría "kosovares". Por supuesto, el perfilado y programado público estadounidense no se opuso cuando Serbia, sin ninguna razón de peso y sin haber hecho nunca daño a Estados Unidos, fue bombardeada sin piedad durante setenta y seis días y noches.

El verdadero peligro para la paz proviene de nuestra política unilateral hacia las naciones de Oriente Medio y de nuestra actitud hacia los gobiernos socialistas. Los llamamientos a reunirse en torno a la bandera al comienzo de la Segunda Guerra Mundial eran pura psicología topológica de Reese, y esto se repitió en la Guerra del Golfo, la Guerra de Corea, Irak (dos veces) y Serbia.

Pronto volverá a ser Corea del Norte. Estados Unidos ha

perseguido a esta nación durante más de 25 años, pero esta vez la excusa será que Corea del Norte está a punto de lanzar una bomba nuclear sobre una ciudad estadounidense. En todas estas guerras, el pueblo estadounidense ha sucumbido al gran ritmo del lavado de cerebro de Tavistock bajo el disfraz de "patriotismo", teñido de una fuerte dosis de miedo, machacado día y noche. Los estadounidenses creyeron el mito de que Alemania era el "malo" que quería dominar el mundo; rechazamos la amenaza del bolchevismo.

En dos ocasiones nos han azotado contra Alemania. Creíamos a nuestros controladores mentales porque no sabíamos que nos habían lavado el cerebro, manipulado y controlado. Así es como nuestros hijos fueron enviados a morir en los campos de batalla de Europa por una causa que no era la de Estados Unidos.

Inmediatamente después de que Winston Churchill se convirtiera en Primer Ministro de Gran Bretaña tras destituir a Neville Chamberlain por haber concluido con éxito un acuerdo de paz con Alemania, Churchill, el gran dechado de la creencia en el respeto al derecho internacional, comenzó a incumplir las leyes internacionales que rigen la conducta civilizada durante las guerras.

Siguiendo el consejo del teórico de Tavistock Richard Crossman-Winston, Churchill adoptó el plan de Tavistock para el bombardeo de terror de la población civil. (Veríamos la misma política aplicada en Irak y Serbia).

Churchill ordenó a la Real Fuerza Aérea (RAF) que bombardeara la pequeña ciudad alemana de Freiberg, una ciudad no defendida que figuraba en la lista de tales ciudades de Alemania y Gran Bretaña, que ambas partes habían acordado en un pacto escrito que era una "ciudad abierta e indefensa" que no debía ser bombardeada.

El martes 27 de febrero de 1940 por la tarde, los bombarderos "Mosquito" de la RAF atacaron Freiberg, matando a 300 civiles, entre ellos 27 niños que jugaban en el patio de una escuela, claramente identificable como tal.

Este fue el comienzo de la campaña de bombardeos de terror de la RAF contra objetivos civiles alemanes; el infame estudio de bombardeo Prudential, inspirado por Tavistock, que se dirigió exclusivamente contra las viviendas de los trabajadores alemanes y la infraestructura civil. Tavistock aseguró a Churchill que estos bombardeos masivos de terror pondrían a Alemania de rodillas una vez alcanzado el objetivo de destruir el 65% de las viviendas de los trabajadores alemanes.

La decisión de Churchill de lanzar bombardeos de terror contra Alemania fue un crimen de guerra y sigue siendo un crimen de guerra. Churchill fue un criminal de guerra y debería haber sido juzgado por sus horribles crímenes contra la humanidad.

El bombardeo de Freiberg, Alemania, sin consultar con Francia, fue la primera desviación de la conducta civilizada en la Segunda Guerra Mundial y el gobierno británico fue el único culpable de los ataques aéreos alemanes que siguieron. Las tácticas de terror de Churchill fueron seguidas al pie de la letra por Estados Unidos en la guerra no declarada contra Irak, Serbia, Irak de nuevo y Afganistán, que comenzó en marzo de 1999, en la misma línea de la crueldad de Churchill.

Kurt Lewin, cuyo odio hacia Alemania no tenía límites, desarrolló la política de bombardeo terrorista de viviendas civiles. Lewin fue el "padre" del bombardeo estratégico, diseñado deliberadamente para destruir el 65% de las viviendas de los trabajadores alemanes y matar indiscriminadamente al mayor número posible de civiles alemanes.

Las bajas militares alemanas fueron superadas con creces por las pérdidas civiles de la guerra, debido al "bombardero" Harris y sus incursiones nocturnas de los bombarderos pesados de la RAF sobre las viviendas de los trabajadores alemanes. Se trata de un importante crimen de guerra que siempre ha quedado impune.

Esto desmiente la propaganda de Tavistock de que Alemania comenzó estas incursiones de terror. En realidad, sólo después de ocho semanas de incursiones terroristas en Berlín, que causaron graves daños en viviendas civiles y objetivos no militares, y costaron miles de vidas civiles, la Luftwaffe tomó represalias con ataques en Londres. Las represalias alemanas sólo se produjeron tras innumerables llamamientos de Hitler, directamente a Churchill, para que dejara de romper su acuerdo, que el "gran hombre" ignoró.

Churchill, el maestro de la mentira, el mentiroso consumado, con la ayuda y la dirección de Lewin, se las arregló para persuadir al mundo de que Alemania había comenzado a bombardear civiles como política deliberada cuando, como hemos visto, fue Churchill quien lo inició. Los documentos del Ministerio de Guerra británico y de la RAF reflejan esta posición. Los daños causados a Londres por la Luftwaffe fueron relativamente leves comparados con los que la RAF causó a las ciudades alemanas, pero el mundo nunca se enteró de ello.

El mundo sólo vio pequeñas secciones de Londres dañadas por los ataques aéreos alemanes, con Churchill caminando sobre los escombros, con la mandíbula sobresaliente y un cigarro apretado entre los dientes, ¡el epítome del desafío! ¡Qué bien le había enseñado Tavistock a escenificar tales acontecimientos! (Vemos ecos de las maneras afectadas de Churchill en George Bush, que parece haber recibido cierto "entrenamiento" de él).

El carácter de "bulldog" de Churchill fue creado por Tavistock. Su verdadero carácter nunca fue revelado. El despiadado bombardeo de Freiberg fue una sombra del insensible, bárbaro, anticristiano e inhumano bombardeo de la ciudad abierta e indefensa de Dresde, que mató a más personas que el ataque con la bomba atómica a Hiroshima.

El bombardeo de Dresde y el momento en que se produjo fue una decisión a sangre fría, en consulta con Tavistock, del "gran hombre" para causar una "conmoción" e impresionar a su amigo, José Stalin. También fue un ataque directo al cristianismo, programado para la Cuaresma.

No había ninguna razón militar o estratégica para bombardear Dresde en un diluvio de fuego, que era el objetivo elegido por Lewin. En mi opinión, el bombardeo incendiario de Dresde, abarrotada de refugiados civiles alemanes que huían del ataque ruso desde el este, mientras se celebraba la Cuaresma, es el crimen de guerra más atroz jamás cometido. Sin embargo, como los británicos y los estadounidenses estaban cuidadosamente programados, condicionados y con el cerebro lavado, no se oyó ni un susurro de protesta. Los criminales de guerra, el "Bombardero" Harris, Churchill, Lewin y Roosevelt, se salieron con la suya en este terrible crimen contra la humanidad.

El 5 de mayo de 2005, durante una visita de Estado a Berlín, el presidente ruso Vladimir Putin celebró una conferencia conjunta con el canciller alemán Gerhard Schroeder. Según declaró al periódico alemán *Beeld*, no se puede absolver a las fuerzas aliadas de los horrores de la Segunda Guerra Mundial, incluido el bombardeo de Dresde:

> "Los aliados occidentales no fueron especialmente humanos", dijo. "No entiendo, hasta el día de hoy, por qué Dresde fue destruida. No había ninguna razón militar para ello".

Tal vez el líder ruso no conocía Tavistock y su investigación sobre el atentado del Prudential, que ordenó el terrible atentado, pero seguramente los lectores de este libro sabrán ahora por qué se cometió esta bárbara y horrible atrocidad.

Volvamos a Reese y a sus primeros trabajos en Tavistock, que incluían experimentos de lavado de cerebro en 80.000 soldados del ejército británico. Después de cinco años de "reprogramar" a estos hombres, Reese estaba convencido de que su sistema de enfermar a personas mentalmente estables funcionaría en cualquier grupo de masas. Reese estaba convencido de que podía administrar un "tratamiento" a grupos masivos, lo quisieran o no, y sin que las víctimas fueran siquiera conscientes de lo que se estaba haciendo con sus mentes. Cuando se le preguntó sobre la conveniencia de sus acciones, Reese respondió que no era necesario obtener el permiso de los "sujetos" antes de iniciar sus experimentos.

El modus operandi desarrollado por Reese y sus gurús demostró ser eficaz. El método Reese-Lewin de manipulación de la mente ha demostrado ser muy eficaz y todavía se utiliza ampliamente en Estados Unidos en 2005. Nos manipulan, nos fabrican nuestras opiniones, todo ello sin nuestro permiso. ¿Cuál era el objetivo de esta modificación del comportamiento? Fue para hacer cambios forzados en nuestra forma de vida, sin nuestro consentimiento y sin siquiera ser conscientes de lo que está sucediendo.

De entre sus estudiantes más brillantes, Reese seleccionó lo que él llamaba "mi primer equipo" para que se convirtiera en el primer escalón de sus "graduados universitarios invisibles", las "tropas de choque" que iban a ocupar puestos clave en la inteligencia británica, el ejército, el Parlamento y, más tarde, el SHAEF (Cuartel General Supremo de las Fuerzas Expedicionarias Aliadas).

Los "graduados del primer equipo" controlaron entonces por completo al general Eisenhower, que se convirtió en una marioneta en sus manos. Los "graduados del primer equipo" se insertaron en todos los órganos de decisión de los Estados Unidos.

El "primer equipo de graduados" tomó las decisiones políticas de los Estados Unidos. El "equipo secreto", como se llamaba a sí mismo, era responsable de la ejecución pública del Presidente. El "equipo secreto", como se le llamó, fue el responsable de la ejecución pública del presidente John F. Kennedy, delante de Estados Unidos y del mundo, para demostrar a los futuros presidentes que debían obedecer todas las directrices recibidas de los "olímpicos". Kissinger fue uno de los muchos "graduados del primer equipo" colocados en puestos de autoridad dentro del gobierno de Estados Unidos, la O.S.S. y el FBI.

El mayor Louis Mortimer Bloomfield, ciudadano canadiense, dirigió la división de contrainteligencia del FBI cinco durante la Segunda Guerra Mundial. En Gran Bretaña, fue H.V. Dicks quien se encargó de colocar a "graduados del primer equipo" en puestos clave de los servicios de inteligencia, la Iglesia de Inglaterra, el Ministerio de Asuntos Exteriores y el Ministerio de Guerra, por no hablar del Parlamento.

Tavistock pudo llevar a cabo experimentos en tiempos de guerra en tiempos de paz, con todas las facilidades a su disposición, y a través de esta experiencia pudo estrechar su control sobre los establecimientos militares y de inteligencia estadounidenses y británicos.

En Estados Unidos, las siniestras experiencias de Tavistock han cambiado el modo de vida americano, por completo y para siempre. Cuando esta verdad sea reconocida por la mayoría de nuestros conciudadanos, cuando comprendan el alcance del control que Tavistock ejerce sobre nuestra vida cotidiana, sólo entonces podremos defendernos, si no nos hemos convertido en autómatas en estado de shock permanente.

En 1942, la estructura de mando de los servicios militares y de inteligencia británicos y estadounidenses se había entrelazado tanto que ya no era posible separarlos o distinguirlos entre sí.

Esto dio lugar a muchas políticas extrañas y extravagantes seguidas por nuestro gobierno, la mayoría de las cuales contradicen directamente la Constitución y la Carta de Derechos de los Estados Unidos y van en contra de los deseos de Nosotros, el Pueblo, expresados por nuestros representantes elegidos en el Congreso. En resumen, nuestros representantes elegidos habían perdido el control de nuestro gobierno. Winston Churchill lo llamó "una relación especial".

Al final de la Segunda Guerra Mundial, se invitó a una serie de altos cargos políticos y militares británicos y estadounidenses, cuidadosamente seleccionados y perfilados, a asistir a una conferencia presidida por Reese. Lo que Reese contó al grupo se extrajo de notas confidenciales recopiladas por uno de los asistentes a la reunión que pidió permanecer en el anonimato:

> "Si queremos abordar abiertamente los problemas nacionales y sociales de nuestro tiempo, necesitamos fuerzas de choque, y éstas no pueden ser proporcionadas por una psiquiatría enteramente institucional.
>
> Debemos contar con equipos móviles de psiquiatras que tengan libertad para desplazarse y tomar contacto con la situación local en determinadas zonas. En un mundo completamente

enloquecido, grupos de psiquiatras vinculados entre sí, cada uno de los cuales puede influir en todo el ámbito de la política y el gobierno, deben ser los árbitros, la cábala del poder."

¿Hay algo más claro? Reese abogó por una conducta anárquica de un grupo de psiquiatras vinculados para formar los primeros equipos de sus colegios invisibles, libres de ataduras sociales, éticas y legales, que podrían trasladarse a zonas donde hubiera grupos de personas mentalmente sanas que, en opinión de Reese y su equipo, necesitaban enfermar mediante un "tratamiento" de psicología inversa. Cualquier comunidad que haya resistido con éxito el lavado de cerebro masivo, como muestran los resultados de las "encuestas", se define como "sana".

A los "primeros equipos" les seguirían las "tropas de choque", como las que vemos entre los grupos ecologistas. Y no es de extrañar, ya que la EPA es un monstruo creado por las "preocupaciones medioambientales" de Tavistock, preocupaciones que fueron generadas por el propio Tavistock y transmitidas a la EPA a través de las tropas de choque.

La EPA no es la única criatura generada por Tavistock. El aborto y la homosexualidad son aberraciones creadas y apoyadas por Tavistock.

A causa de los programas creados y apoyados por Tavistock, hemos sufrido en Estados Unidos una terrible degradación de nuestra vida moral, de nuestra vida religiosa; un envilecimiento de la música por la aberración del rock and roll, que empeoró progresivamente tras una introducción relativamente dócil por parte de los Beatles, seguida por el Rap y el Hip-Hop; una destrucción del arte, como vemos impulsada por la PBS en los degenerados objetos de burla de Mapplethorpe. Hemos visto una proliferación de la cultura de la droga y una intensificación del culto al Becerro de Oro. La sed de dinero nunca ha sido tan fuerte en ninguna civilización como en ésta.

Estos son los amargos frutos de las políticas de Tavistock implantadas en nuestra sociedad por "graduados invisibles" que se han convertido en miembros de los consejos escolares y se han insinuado en los puestos de liderazgo de nuestras iglesias.

También se han insinuado en puestos políticos importantes, a nivel municipal y estatal, allí donde su influencia puede hacerse sentir.

Los "graduados" se han convertido en miembros de las juntas de mediación laboral, de las juntas escolares, de las juntas universitarias, de los sindicatos, del ejército, de la iglesia, de los medios de comunicación, de los medios de entretenimiento y de la administración pública, así como del Congreso, hasta tal punto que resulta obvio para el observador entrenado que Tavistock ha tomado las riendas del gobierno.

Reese y sus colegas de Tavistock han triunfado más allá de sus sueños, tomando el control de las instituciones clave en las que se apoya el gobierno. Los padres -el Comité de los 300- deben estar encantados con los progresos realizados por el incipiente Club de Roma.

El 4 de julio ha perdido su sentido. Ya no hay ninguna "independencia" americana que celebrar. Las victorias de 1776 han sido negadas, en gran medida revertidas, y es sólo cuestión de tiempo que la Constitución de los Estados Unidos sea rechazada en favor de un Nuevo Orden Mundial. Durante el mandato de G.W. Bush, estamos viendo cómo se acelera este proceso.

# CAPÍTULO 30

## No elección de candidatos en las elecciones

Veamos la forma en que se lleva a cabo una elección. El pueblo estadounidense no vota por un presidente. Votan a un candidato del partido elegido por los cargos electos del mismo, normalmente bajo el control total del Comité de los 300. No se trata de un voto a un candidato en régimen de libre elección, como se nos dice tan a menudo. En realidad, los votantes no tienen más remedio que elegir entre los candidatos preseleccionados.

Los candidatos que el público cree que vota por elección (nuestra elección) han sido cuidadosamente examinados por el Instituto Tavistock, y luego nos han lavado el cerebro para que pensemos que son virtuosos.

Tales impresiones o bocados sonoros se crean en los estudios de think tanks como Yankelovich, Skalley y White, dirigido por el graduado de Tavistock Daniel Yankelovich. Los "think tanks" controlados por Tavistock nos dicen cómo votar en la forma que ellos eligen. Desde la aparición de Yankelovich, el número de industrias de "perfiles" ha proliferado hasta superar las ciento cincuenta instituciones de este tipo. Tomemos el ejemplo de James Earl Carter y George Bush. Carter salió de la relativa oscuridad para "ganar" la Casa Blanca, lo que, según los magnates de los medios de comunicación, demuestra que el sistema estadounidense funciona.

De hecho, lo que la elección de Carter demostró fue que Tavistock dirige este país y puede conseguir que la mayoría de los votantes voten a un hombre del que no saben casi nada. Decir que "el sistema funcionaba" con respecto a Carter, y más tarde con respecto a William Jefferson Clinton, era exactamente la respuesta inadecuada que Tavistock esperaba de una población con el cerebro lavado.

Lo que Carter ha reflejado es que los electores votarán a un candidato preseleccionado por ellos. Ninguna persona en su sano juicio habría querido a George Bush, el hombre de la calavera y los huesos, como su vicepresidente, y sin embargo tenemos a Bush. ¿Cómo llegó Carter a la Casa Blanca? Sucedió así: Al Dr. Peter Bourne, psicólogo social de Tavistock, se le encomendó la tarea de encontrar un candidato que Tavistock pudiera manipular. En otras palabras, Bourne tenía que encontrar al candidato "adecuado" para el puesto según la regla de Tavistock, un candidato que pudiera venderse a los votantes.

Bourne, conociendo los antecedentes de Carter, propuso su nombre para ser considerado. Una vez aprobado el historial de Carter, el electorado estadounidense fue "tratado", es decir, sometido a una campaña sostenida de lavado de cerebro para persuadirlo de que había encontrado a Carter como su elección. De hecho, cuando Tavistock terminó su trabajo, ya no había necesidad real de una elección. Se convirtió en una mera formalidad. La victoria de Carter fue una victoria personal de Reese, mientras que la de Bush fue una victoria de la metodología Tavistock. Un éxito aún mayor fue la venta de William Jefferson Clinton como candidato a la Casa Blanca, una hazaña que habría sido imposible en cualquier otro país.

Entonces llegó la venta de George W. Bush, un empresario fracasado que había evitado servir como soldado en Vietnam y tenía muy poca experiencia de liderazgo.

Tavistock tuvo que dar un paso adelante, pero ni siquiera eso fue suficiente. Cuando era seguro que Bush no iba a ganar, el Tribunal Supremo de EE.UU. intervino ilegalmente en unas elecciones estatales y otorgó el premio al perdedor.

Un electorado aturdido (conmocionado) ha permitido que se

apruebe esta violación masiva de la Constitución de los Estados Unidos, asegurando que su futuro estará en un Nuevo Orden Mundial - un gobierno mundial dictatorial internacional comunista unificado.

Reese continuó desarrollando la base de operaciones de Tavistock, incorporando a Dorwin Cartwright, un perfilador de población altamente cualificado. Una de sus especialidades era medir la reacción de la población ante la escasez de alimentos. El objetivo es ganar experiencia cuando se utiliza el arma alimentaria contra un grupo de población que no quiere cumplir las normas de Tavistock.

Tavistock lo planeó así: los cárteles alimentarios internacionales acapararán la producción y distribución de los recursos alimentarios del mundo. El hambre es un arma de guerra, al igual que el cambio climático. Tavistock utilizará el arma de la hambruna sin freno cuando llegue el momento. Continuando con la expansión de Tavistock, Reese recluta a Ronald Lippert.

Lo que Tavistock tenía en mente cuando contrató a Lippert era hacerse con el control futuro de la educación, empezando por los niños pequeños. Lippert era un experto en el arte de manipular las mentes de los jóvenes. Antiguo agente de la O.S.S., es un teórico muy hábil y un especialista en la mezcla de razas como medio para debilitar las fronteras nacionales. Una vez instalado en Tavistock, Lippert empezó a trabajar creando un "grupo de reflexión" dedicado a lo que él llamaba "interrelaciones comunitarias", que implicaba la investigación de métodos para romper las barreras raciales naturales.

La llamada legislación sobre "derechos civiles" es una mera creación de Reese y Lippert, y no tiene ninguna base constitucional.

(Véase "Lo que debe saber sobre la Constitución de EE.UU." para una explicación completa de los llamados "derechos civiles").

Por cierto, tengo que decir que toda la legislación sobre derechos civiles de la Constitución de los Estados Unidos se basa en la enmienda 14, pero el problema es que la enmienda 14 nunca ha sido ratificada. Por lo tanto, no forma parte de la Constitución de los Estados Unidos y todas las leyes basadas en ella son nulas. De hecho, no existe ninguna disposición constitucional sobre derechos civiles.

Lippert estableció la justificación de los "derechos civiles" de Martin Luther King a pesar de que no existía ninguna base para ello en la constitución federal. El transporte de los niños fuera de sus escuelas fue otro éxito del lavado de cerebro de Lippert-Reese. Transportar a los niños más allá de su destino no es ciertamente un "derecho". Para vender la idea de los "derechos civiles" a la población estadounidense en general, se crearon tres "think tanks":

➢ El Centro de Investigación de Política Científica

➢ El Instituto de Investigación Social

➢ Los Laboratorios Nacionales de Formación

A través de la Unidad de Investigación de la Política Científica, Lippert pudo colocar a miles de sus "graduados" con el cerebro lavado en puestos clave en Estados Unidos, Europa Occidental (incluida Gran Bretaña), Francia e Italia. Hoy en día, Gran Bretaña, Francia, Italia y Alemania tienen gobiernos socialistas, cuyas bases fueron puestas por Tavistock.

Cientos de altos ejecutivos de las empresas más prestigiosas de Estados Unidos se han formado en una o varias de las instituciones de Lippert. Los Laboratorios Nacionales de Formación se hicieron con el control de la Asociación Nacional de Educación, que contaba con dos millones de miembros, y este éxito les dio el control total de la enseñanza en las escuelas y universidades estadounidenses.

Pero quizás la influencia más profunda en Estados Unidos vino del control de Tavistock sobre la NASA, en parte debido al informe especial sobre el programa espacial de la NASA, escrito por el Dr. Anatole Rappaport para el Club de Roma. Este asombroso informe se publicó en un seminario celebrado en mayo de 1967, al que sólo fueron invitados los delegados más cuidadosamente seleccionados y perfilados de las altas esferas de las empresas y los gobiernos de las naciones más industrializadas.

Entre los participantes se encontraban miembros del Foreign Policy Institute, mientras que el Departamento de Estado envió al conspirador de la Era de Acuario Zbigniew Brzezinski como observador. En su informe final, el simposio controlado por Tavistock se burló del trabajo de la NASA por considerarlo "inapropiado" y sugirió que sus programas espaciales se detuvieran inmediatamente. El gobierno estadounidense cumplió cortando los fondos, lo que dejó a la NASA en suspenso durante 9 años mientras el programa espacial soviético se ponía al día y superaba a Estados Unidos.

El informe especial de Rappaport sobre la NASA afirmaba que la agencia estaba produciendo "demasiadas personas cualificadas, demasiados científicos e ingenieros" cuyos servicios no serían necesarios en la sociedad postindustrial, más pequeña y hermosa, que preconiza el Club de Roma. Rappaport calificó de "redundantes" a nuestros científicos e ingenieros espaciales, altamente cualificados y formados. El gobierno estadounidense, que, como ya he indicado, parece estar bajo el pulgar de Tavistock, cortó entonces los fondos. La injerencia en la NASA es un ejemplo perfecto de cómo Gran Bretaña controla la política interior y exterior de Estados Unidos.

La joya de la corona de Tavistock es el Instituto Aspen de Colorado, que durante años ha estado bajo la dirección de Robert Anderson, un graduado de la Universidad de Chicago que es preeminente en el lavado de cerebro de Estados Unidos. Las instalaciones de Aspen son la sede norteamericana del Club de Roma, que enseña que la vuelta a la monarquía sería muy buena para Estados Unidos. John Nesbitt, otro graduado de Tavistock, ha celebrado con bastante regularidad seminarios en Aspen en los que se ha promovido el establecimiento de una monarquía entre los principales empresarios.

Uno de los alumnos de Nesbitt era William Jefferson Clinton, que ya se consideraba candidato presidencial en aquella época.

Nesbitt, al igual que Anderson, se dejó deslumbrar por la realeza británica y siguió sus doctrinas catárticas de falsas preocupaciones ecológicas.

Los radicales filosóficos habían introducido las creencias de los bogomilos y los cátaros en los círculos socialistas de Gran Bretaña. Los protegidos de Anderson fueron Margaret Thatcher y George Bush, cuyas acciones en la Guerra del Golfo demostraron que Tavistock había hecho bastante bien sus deberes. Anderson es el típico de los "líderes graduados" engañados y con el cerebro lavado. Su especialidad es la enseñanza de la educación medioambiental a grupos específicos de líderes empresariales.

Los temas medioambientales son el fuerte de Anderson. Aunque Anderson financia algunas de sus actividades con sus propios y enormes recursos económicos, también recibe donaciones de todo el mundo, incluidas las de la Reina Isabel y su marido, el Príncipe Felipe. Anderson fundó el movimiento activista medioambiental "Amigos de la Tierra" y la "Conferencia de las Naciones Unidas sobre el Medio Ambiente".

Además de su trabajo en Aspen, el Sr. Anderson es Presidente y Director General de Atlantic Richfield Company-ARCO, en cuyo consejo de administración figuran las siguientes personalidades:

**Jack Conway.**

Se le recuerda sobre todo por su trabajo para el United Way Appeal Fund y como director de la Fundación Ford de la Internacional Socialista, ambas cosas tan poco americanas como es posible. Conway es también director del Centro para el Cambio, un centro de intercambio especializado en las tropas de choque de Tavistock.

**Philip Hawley.**

Es presidente de la empresa de Los Ángeles, "Hawley and Hale", que está relacionada con "Transamerica", una empresa especializada en hacer películas anticristianas, antifamiliares, proabortistas, prolesbianas, progay y prodrogas. Hawley está asociado con el Bank of America, que financia el Centro para el Estudio de las Instituciones Democráticas, un clásico think tank de lavado de cerebro de Tavistock para la promoción del consumo y la legalización de las drogas.

**Dr. Joel Fort.**

Este británico, Fort, fue miembro del consejo de administración del periódico London Observer junto con el honorable David Astor y Sir Mark Turner, director del Royal Institute for International Affairs (RIIA), cuyo abyecto servidor estadounidense es Henry Kissinger.

**El Real Instituto de Asuntos Internacionales (RIIA)**

El Consejo de Relaciones Exteriores (CFR) fue fundado como una organización hermana, el gobierno secreto medio de facto de Estados Unidos es el brazo ejecutivo del Comité de los 300. En mayo de 1982, Kissinger anunció con orgullo el control de Tavistock sobre Estados Unidos.

La ocasión fue una cena para los miembros de la RIIA. Kissinger elogió al gobierno británico, como cabía esperar de un graduado de Tavistock. Con su mejor voz grave, Kissinger dijo: "En mi época en la Casa Blanca, mantuve mejor informado al Ministerio de Asuntos Exteriores británico que al Departamento de Estado estadounidense".

El denominador común entre los tres Institutos Lippert es la metodología de lavado de cerebro que se enseñaba originalmente en Tavistock. Los tres Institutos Lippert fueron financiados por subvenciones gubernamentales. En estas instituciones, los principales administradores del gobierno y los responsables políticos han sido y están siendo entrenados para socavar el modo de vida establecido en Estados Unidos, basado en la civilización occidental y en la Constitución estadounidense. La intención es debilitar y, en última instancia, romper las instituciones que forman la base de los Estados Unidos.

**La Asociación Nacional de Educación**

Una indicación del alcance del control de Lippert sobre la

Asociación Nacional de Educación puede medirse por el voto mayoritario a William Jefferson Clinton por parte de sus miembros docentes con el cerebro lavado, según las indicaciones de la dirección.

**El Grupo Corning.**

La empresa donó Wye Plantation al Instituto Aspen, que se convirtió en el principal campo de entrenamiento de los reclutas y "tropas de choque" de la Nueva Era. James Houghton, el vicepresidente de Coming, es un mensajero de la familia Pierepoint Morgan de Morgan Guarantee and Trust en Wall Street. Morgan recibe informes diarios de la RIIA directamente desde Londres, que se convierten en INSTRUCCIONES que se transmiten al Secretario de Estado estadounidense.

El ex secretario del Tesoro William Fowler formó parte de la interfaz Corning-Aspen. Es el principal partidario de transferir las políticas fiscales de Estados Unidos al Fondo Monetario Internacional (FMI) y ha presionado constantemente para que el Banco de Pagos Internacionales controle la banca nacional de Estados Unidos. Cabe destacar que Wye Plantation fue el lugar donde se celebraron las conversaciones de paz entre árabes e israelíes conocidas como los Acuerdos de Wye.

**Centro de Conferencias Ejecutivo.**

Bajo la dirección de Robert L. Schwartz, este "centro de formación especializada" se rige por el modelo del Instituto Esalen.

Schwartz pasó tres años en el Instituto Esalen y trabajó estrechamente con Aldous Huxley, el primer impulsor de la cultura de la droga "respetable" de Tavistock, responsable de introducir el LSD entre los estudiantes estadounidenses. Schwartz fue también un amigo cercano de la antropóloga Margaret Meade y de su marido, Gregory Bateson. Tras dejar Stanford y Esalen, Schwartz se trasladó a Terrytown House, la finca en Westchester de Mary Biddle Duke, donde, con importantes subvenciones de IBM y AT&T, abrió el Centro de Conferencias para Ejecutivos, la primera "escuela de posgrado" a tiempo completo de la Era de Acuario y la Nueva Era para ejecutivos de empresas de todos los sectores de Estados Unidos, de la industria, el comercio y la banca.

Miles de altos ejecutivos y directivos de empresas estadounidenses, especialmente de las que figuran en la lista Fortune 500, la flor y nata del mundo de los negocios, han pagado 750 dólares por cabeza para formarse en la metodología de la Era de Acuario en seminarios dirigidos por Schwartz, Meade, Bateson y otros lavadores de cerebro de Tavistock.

Schwartz estuvo en su momento fuertemente aliado con la Cienciología, y también fue editor de la revista *TIME*.

**Instituto Aspen**

- Los centros de la Nueva Era fueron generosamente financiados por IBM y AT&T.

A los estadounidenses que no tienen acceso a este tipo de información les resulta difícil creer que IBM y AT&T, dos grandes nombres de la América corporativa, tengan algo que ver con el control mental, el lavado de cerebro, la modificación del comportamiento y la meditación trascendental, el entrenamiento de la sensibilidad bahaí, el budismo zen, la psicología inversa y todo el resto de cosas de la Nueva Era.

- Los programas de la Era de Acuario están diseñados para quebrantar la moral del pueblo estadounidense y debilitar la vida familiar. El cristianismo no se enseña.

Las dudas surgirían en las mentes de la mayoría de los estadounidenses que desconocen hasta qué punto las corporaciones estadounidenses gobiernan en casa y en el extranjero de forma peligrosa para la Constitución y la Carta de Derechos de Estados Unidos. Sin la América corporativa, nunca habríamos tenido la guerra de Vietnam, la guerra del Golfo, la guerra contra Serbia y una segunda guerra contra Irak. Carter y Clinton tampoco habrían tenido la oportunidad de sentarse en la Casa Blanca.

Si lo que se escribe aquí no es exacto, estas empresas siempre podrían negar sus verdades, pero hasta ahora no lo han hecho. Sería impactante descubrir que muchos de los gigantes corporativos, que son nombres familiares para el público estadounidense, están enviando a sus altos ejecutivos y personal de gestión para que se les lave el cerebro por Schwartz, Meade, Bateson, John Nesbitt, Lewin, Cartwright y otros especialistas en modificación de la conducta y control mental de Tavistock : En el Centro de Conferencias para Ejecutivos, los líderes empresariales se reúnen con John Nesbitt, que debe su lealtad a la nobleza negra y a la Casa de Guelph, más conocida como la Casa de Windsor; la RIIA, los Grupos Milner - Mesa Redonda, el Club de Roma y el Instituto Aspen. Nesbitt es un ejemplo típico de los agentes utilizados por el gobierno británico para dirigir la política exterior de Estados Unidos.

Nesbitt es un monárquico acérrimo y un experto del Club de Roma sobre el crecimiento cero de la industria, especialmente la pesada. Cree en el crecimiento postindustrial cero hasta el punto de devolver el mundo a un estado feudal. En una de sus sesiones de lavado de cerebro, dijo a prominentes ejecutivos de negocios estadounidenses:

"Estados Unidos avanza hacia una monarquía como la británica y hacia un sistema de gobierno en el que el Congreso, la Casa Blanca y el Tribunal Supremo serán meramente simbólicos y rituales. Esto será una verdadera democracia; al pueblo estadounidense no le importa quién sea el presidente; la mitad de ellos no vota de todos modos. La economía estadounidense se aleja de la de un Estado-nación y se acerca a centros de poder cada vez más pequeños, incluso a múltiples naciones. Tenemos que sustituir el Estado-nación por una mentalidad geográfica y ecológica".

"Estados Unidos se alejará de la concentración de actividades industriales pesadas. Los automóviles, el acero y la vivienda no volverán a renacer. Buffalo, Cleveland, Detroit, los viejos centros industriales morirán. Estamos avanzando hacia una sociedad de la información. Hay y seguirá habiendo mucho dolor, pero en general, esta economía va mejor que hace diez años". De hecho, Nesbitt se hacía eco de los mismos sentimientos expresados por el Conde Davignon en 1982.

## CAPÍTULO 31

## Crecimiento cero en la agricultura y la industria: la sociedad postindustrial estadounidense

En 1983 escribí una monografía titulada "La muerte de la industria siderúrgica" en la que detallaba cómo el aristócrata francés Etienne Davignon, del Club de Roma, se había encargado de reducir el tamaño de la industria siderúrgica estadounidense.

En el momento de la publicación, muchos se mostraron escépticos, pero basándose en la información sobre el Club de Roma -del que la mayoría de los estadounidenses e historiadores internacionales nunca habían oído hablar antes de mi artículo de 1970 con el mismo título- estaba seguro de que la predicción de Nesbitt podría hacerse realidad, y durante los siete años siguientes así fue, aunque no en todos los aspectos. Aunque algunas partes de las predicciones de Nesbitt eran erróneas -aún no había llegado su hora-, en muchos aspectos tenía razón sobre las intenciones de nuestro gobierno secreto.

Ninguno de los capitanes de la industria, que asistieron a las sesiones de lavado de cerebro de la CEE de Tavistock, consideró oportuno protestar contra las palabras de Nesbitt. Siendo así, ¿cómo podía esperar que un escritor desconocido como yo, del que nadie había oído hablar, tuviera alguna repercusión?

Las conferencias de ejecutivos y las sesiones de entrenamiento en Tarrytown House demostraron que las técnicas de lavado de cerebro de Reese eran impecables. Fue un foro al que asistieron los capitanes de la industria, la élite de los negocios estadounidenses, muy contentos de participar en la desaparición de la industria siderúrgica estadounidense, de sacrificar su mercado doméstico único que había hecho de Estados Unidos una gran nación industrial, de destrozar la Constitución y la Carta de Derechos, y de adoptar programas genocidas que exigían la eliminación de la mitad de la población mundial; sustituyendo el cristianismo por el misticismo oriental y la cábala; aplaudiendo programas que provocarían la quiebra de la moral de la nación y la destrucción de la vida familiar; una futura América balcanizada.

Nadie puede negar, viendo el estado de Estados Unidos hoy en 2005, que Reese y sus métodos de Tavistock han hecho un trabajo asombroso de lavado de cerebro de nuestros líderes empresariales, nuestros líderes políticos y religiosos, nuestros jueces y educadores, y los guardianes morales de la nación, por no mencionar la Cámara de Representantes y el Senado de Estados Unidos.

En 1974, el profesor Harold Isaacson, del Instituto Tecnológico de Massachusetts (MIT), en su libro *Idols of the Tribe (Ídolos de la tribu), puso al* descubierto el plan de Tavistock de combinar México, Canadá y Estados Unidos en estados similares a los Balcanes. Recuerdo a mis lectores que el MIT fue fundado por Kurt Lewin, el mismo Kurt Lewin que fue expulsado de Alemania por sus experimentos de lavado de cerebro; el mismo Lewin que planificó la investigación de los bombardeos estratégicos; el teórico número uno de Reese.

Todo lo que hizo Isaacson fue exponer el plan de Acuario de una manera más legible y detallada que el estudio de Stanford-Willis Harmon sobre Acuario. En 1981, siete años después, las ideas de Isaacson (el Plan Acuario de Tavistock) fueron presentadas al público por Joel Gallo, editor del *Washington Post*, portavoz de la Casa de Windsor y del Club de Roma. Gallo tituló su presentación "Las nueve naciones de América del Norte". La versión de Gallo del plan de Tavistock para una América futura proporcionó:

➢ La muerte de la siderurgia y el declive de la industria en el noreste industrial y la fundación de la "Nación del Noreste".

➢ Dixie, la nación emergente del Sur.

➢ Etopía, que consiste en las franjas costeras del noroeste del Pacífico (Willis Harmon, en su artículo sobre la Era de Acuario, utilizó el término "ecotopía").

➢ El equilibrio del sudoeste americano se combinará con México como región del granero.

➢ El Medio Oeste se denominará "el distrito vacío".

➢ Partes de Canadá y de las islas serán designadas "para fines especiales". (Quizás estos territorios sean los lugares de los futuros "gulags", ahora que hemos visto lo impensable: el centro de reconstrucción de la prisión de Guantánamo, donde se practica realmente el control mental y la tortura).

En todas estas últimas zonas no habría grandes ciudades, lo que sería contrario a la "ecotopía". Para asegurarse de que todo el mundo entendía de qué estaba hablando, Gallo presentó un mapa con su libro. El problema es que el pueblo estadounidense no tomó en serio a Gallo. Esta era precisamente la forma en que Tavistock esperaba que reaccionaran, en lo que él llamaba una "respuesta de inadaptación perfecta".

La derecha estadounidense creció con los Rockefeller, los Warburg, la masonería, los Illuminati, el Consejo de Relaciones Exteriores, la conspiración de la Reserva Federal y la Comisión Trilateral. No se ha publicado mucho sobre el funcionamiento interno.

Cuando empecé a publicar mis investigaciones en 1969, el pueblo estadounidense no había oído hablar en su mayoría del Comité de los 300, de la Fundación Cini, del Fondo Marshall, del Club de Roma y, desde luego, del Instituto Tavistock, de la Nobleza Negra de Venecia y de Génova. He aquí una lista de las instituciones de lavado de cerebro de Tavistock en los Estados Unidos, de las que se informó en mis monografías publicadas en

1969:

> ➢ Centro de Investigación de Stanford. Emplea a 4.300 personas y tiene un presupuesto anual de más de 200 millones de dólares.
> ➢ MIT/Sloane. Emplea a 5.000 personas y tiene un presupuesto anual de 20 millones de dólares.
> ➢ Escuela Wharton de la Universidad de Pensilvania. Emplea entre 700 y 800 personas y tiene un presupuesto anual de más de 35 millones de dólares.
> ➢ Gestión e investigación del comportamiento. Emplea a 40 personas con un presupuesto anual de 2 millones de dólares.
> ➢ Rand Corporation. Emplea a más de 2000 personas con un presupuesto anual de 100 millones de dólares.
> ➢ Laboratorios nacionales de formación. Emplea a 700 personas con un presupuesto anual de 30 millones de dólares.
> ➢ El Instituto Hudson. Emplea entre 120 y 140 personas y tiene un presupuesto anual estimado de 8 millones de dólares.
> ➢ Instituto Esalen. Emplea entre 1.800 y 2.000 personas con un presupuesto anual de más de 500 millones de dólares.

(Todas las cifras son de 1969)

Así, sólo en Estados Unidos, en 1989, ya teníamos una red Tavistock de 10 a 20 instituciones importantes, más 400-500 instituciones de tamaño medio con más de 5.000 grupos satélites interconectados, todos ellos girando en torno a Tavistock. En conjunto, emplean a más de 60.000 personas, especializadas de un modo u otro en la ciencia del comportamiento, el control mental, el lavado de cerebro, las encuestas y la creación de opinión pública.

Y todos trabajaban contra los Estados Unidos, nuestra

Constitución y la Carta de Derechos.

Desde 1969, estas instituciones se han ampliado y se ha añadido un gran número de nuevas instituciones a la red. Se financian no sólo con grandes donaciones privadas y de empresas, sino también con el propio gobierno estadounidense. Entre los clientes de Tavistock se encuentran:

- El Departamento de Estado
- El Servicio Postal de Estados Unidos
- Departamento de Defensa
- La CIA: El Departamento de Inteligencia Naval de la Marina de los Estados Unidos
- La Oficina Nacional de Reconocimiento
- El Consejo de Seguridad Nacional
- El FBI
- Kissinger Associates
- Universidad de Duke
- El Estado de California
- Universidad de Georgetown y muchas otras.

Los clientes de Tavistock son particulares y empresas:

- Hewlett Packard
- RCA
- Corona de Zeilerbach
- McDonald Douglas
- IBM, Microsoft, Apple Computers, Boeing
- Industrias Kaiser
- TRW
- Blythe Eastman Dillon

- Wells Fargo Bank of America
- Bechtel Corp
- Halliburton
- Raytheon
- McDonnell Douglas
- Petróleo Shell
- British Petroleum
- Conoco
- Exxon Mobil
- IBM y AT&T.

Esta no es en absoluto una lista completa, que Tavistock guarda celosamente. Estos son sólo los nombres que pude conseguir. Yo diría que la mayoría de los estadounidenses son completamente ajenos al hecho de que están en una guerra total que se ha librado contra ellos desde 1946; una guerra de proporciones devastadoras y de presión implacable; una guerra que estamos perdiendo rápidamente y que nos abrumará a menos que el pueblo estadounidense pueda ser sacudido de su posición preconcebida de "esto no puede suceder en América".

# CAPÍTULO 32

## Revelando el nivel superior del gobierno paralelo secreto

La única manera de derrotar a este poderoso e insidioso enemigo es educar a nuestro pueblo, especialmente a nuestros jóvenes, en la Constitución y mantenernos firmes en nuestra fe cristiana. De lo contrario, nuestro valioso patrimonio se perderá para siempre. Hay que romper el poder que Tavistock tiene sobre esta nación.

Esperemos que este libro se convierta en un manual de entrenamiento para millones de estadounidenses que quieren luchar contra el enemigo, pero que hasta ahora han sido incapaces de identificar a ese enemigo.

A las fuerzas políticas controladas por las sociedades secretas, todas ellas opuestas a los ideales republicanos y constitucionales de Estados Unidos, no les gusta nada que trate de exponer al Instituto Tavistock y su deslealtad a Estados Unidos, y mucho menos cuando tales revelaciones no pueden ser ridiculizadas e ignoradas. Por supuesto, aquellos que se comprometen a exponer las acciones de nuestro gobierno secreto invariablemente pagan un alto precio por tales revelaciones.

Cualquiera que esté interesado en el futuro de Estados Unidos no puede permitirse ignorar la forma en que el Instituto Tavistock ha manipulado al pueblo estadounidense y al gobierno, mientras que la mayoría de los estadounidenses permanecen en la oscuridad sobre lo que está sucediendo. Con el control casi total de nuestra nación por parte de nuestro alto gobierno secreto y paralelo, Estados Unidos ha dejado de ser una nación libre e independiente. El comienzo de nuestra decadencia se remonta generalmente a la época en que Woodrow Wilson fue "elegido" por la aristocracia británica.

Gran parte de la actividad más reciente de Tavistock en Estados Unidos se ha centrado en la Casa Blanca y ha llevado al ex presidente G.H.W. Bush, al ex presidente Clinton y al presidente G. W. Bush para emprender una guerra contra Irak. Tavistock lidera la campaña para destruir el derecho de la Segunda Enmienda de los ciudadanos a tener y portar armas.

También ha contribuido a informar a los principales miembros del poder legislativo de que ya no necesitan la Constitución de EE.UU., de ahí la masa de nuevas leyes aprobadas que no son leyes en absoluto, ya que no cumplen la prueba de constitucionalidad y, por tanto, son nulas según la Constitución de EE.UU., tal y como la concibieron los padres fundadores.

Tavistock sigue siendo la madre de todos los centros de investigación de América y Gran Bretaña, y el líder en técnicas de modificación del comportamiento, control mental y formación de opinión.

El Instituto Rand de Santa Mónica, bajo la dirección de Tavistock, creó el fenómeno conocido como "El Niño" como parte de un experimento de modificación del clima. Tavistock también está muy involucrado en experimentos OVNI de la Nueva Era y en avistamientos de extraterrestres como parte de sus contratos de control mental con la CIA.

El Instituto Rand dirige el programa ICBM y realiza análisis primarios para gobiernos extranjeros. La Rand y Tavistock lograron perfilar a la población blanca de Sudáfrica para probar las condiciones de una toma del poder por parte del Congreso Nacional Africano comunista, con la ayuda y el apoyo del Departamento de Estado de Estados Unidos. El "obispo" Desmond Tutu, que desempeñó un papel destacado en el preámbulo de la caída del gobierno blanco, es una creación de Tavistock.

La Universidad de Georgetown fue adquirida en su totalidad por

Tavistock en 1938. Su estructura y sus programas se reformularon para ajustarse al plan del grupo de expertos de Tavistock como centro de enseñanza superior. Esto fue de gran importancia para los Estados Unidos, teniendo en cuenta que fue en la Universidad de Georgetown donde el Sr. Clinton aprendió su arte de manipulación y disimulación de masas.

Todos los funcionarios de campo del Departamento de Estado reciben formación en Georgetown. Tres de sus graduados más conocidos son Henry Kissinger, William Jefferson Clinton y Richard Armitage. Los leales al "ejército invisible" de Georgetown han hecho un daño incalculable a los Estados Unidos y, sin duda, desempeñarán plenamente su papel hasta el final, cuando sean desarraigados, expuestos e inofensivos.

En Tavistock se planificaron algunas de las acciones más terribles y horrorosas contra América. Me refiero al bombardeo del complejo de los Marines en el aeropuerto de Beirut, que costó la vida a 200 de nuestros mejores jóvenes militares. Al parecer, una persona estaba al tanto del inminente ataque de los terroristas libaneses: el Secretario de Estado George Schultz. Según informaciones no confirmadas en su momento, Schultz fue informado del atentado por el Mossad, la agencia de servicios secretos israelí.

Si Schultz recibió ese aviso a tiempo, nunca lo transmitió al comandante de la base de los Marines en Beirut. Schultz fue, y sigue siendo, un fiel servidor del Comité de los 300 a través de la empresa Bechtel.

Sin embargo, un año después de que expresara mis sospechas sobre Schultz y Bechtel (1989), un agente de alto rango del Mossad descontento rompió filas y escribió un libro sobre sus experiencias.

Algunas partes del libro contenían la misma información que yo había publicado un año antes, lo que me llevó a creer que mis sospechas sobre Schultz en 1989 no eran del todo infundadas. Todo este episodio me recuerda la traición del general Marshall al ocultar deliberadamente al comandante de Hawai la información sobre un inminente ataque aéreo japonés a Pearl Harbor.

Cada vez hay más pruebas de la creciente aportación e influencia de Tavistock en la CIA. Muchas otras agencias de inteligencia reciben instrucciones de Tavistock, como la Oficina Nacional de Reconocimiento (NRO), la Agencia de Inteligencia de Defensa (DJA), la Inteligencia del Tesoro y la Inteligencia del Departamento de Estado.

Todos los años, en el aniversario del asesinato del presidente John F. Kennedy, recuerdo el destacado papel que se desempeñó en la planificación de su ejecución pública, en particular el papel desempeñado por el MI6. Después de 20 años de extensa investigación sobre el asesinato de JFK, creo que me he acercado a la verdad, tal y como se detalla en la monografía "The Assassination of President John F. Kennedy".

El asesinato sin resolver del presidente Kennedy sigue siendo un grave insulto a todo lo que representa Estados Unidos. ¿Cómo es posible que nosotros, una nación supuestamente libre y soberana, permitamos que se encubra un crimen año tras año? ¿Saben nuestras agencias de inteligencia quiénes son los autores de este crimen? Seguramente sabemos que el asesinato de Kennedy se llevó a cabo a plena luz del día frente a millones de estadounidenses como un insulto y una advertencia de que el alcance del Comité de los 300 va mucho más allá de lo que incluso nuestro más alto funcionario electo no podría defender.

Los autores del crimen se ríen de nuestra confusión, seguros de que nunca serán llevados ante la justicia, y se glorían del éxito de su acto criminal y de la incapacidad de Nosotros el Pueblo para atravesar el velo corporativo que oculta sus rostros.

El encubrimiento masivo del asesinato de Kennedy sigue vigente. Tenemos todos los detalles de cómo el Comité de Asesinato de la Cámara de Representantes fracasó en su deber, ignorando pruebas sólidas y aferrándose a rumores endebles; ignorando el hecho obvio de que las radiografías de la cabeza de Kennedy, tomadas en el Hospital Bethesda, fueron manipuladas.

La lista de pecados del Comité de los 300 y de su servidor, el Instituto Tavistock, es interminable. ¿Por qué el Comité del Senado no hizo ningún esfuerzo para investigar la extraña desaparición del certificado de defunción de Kennedy; una pieza vital de evidencia, que debería haber sido encontrada, sin importar el tiempo que tomara y sin importar el costo? Tampoco se ha interrogado seriamente al almirante Burkely, el oficial naval que firmó el certificado, sobre las circunstancias que rodean la extraña -muy extraña- desaparición inexplicable de esta prueba vital.

Debo dejar el tema del asesinato de John F. Kennedy (que creo que fue un proyecto relacionado con Tavistock) al MI6 y al jefe de la División 5 del FBI, el mayor Louis Mortimer Bloomfield. La CIA es cliente de Tavistock, al igual que muchas otras agencias gubernamentales estadounidenses. En las décadas transcurridas desde el asesinato, ninguna de estas agencias ha dejado de hacer negocios con Tavistock. De hecho, Tavistock ha añadido muchas nuevas agencias gubernamentales a su lista de clientes.

Revisando mis documentos, descubrí que en 1921, cuando Reese fundó Tavistock, estaba bajo el control del servicio secreto británico SIS.

Así, desde sus inicios, Tavistock siempre ha estado estrechamente asociado al trabajo de inteligencia, como lo sigue estando en la actualidad. El caso de Rudolph Hess puede tener un interés más que secundario para algunos de nuestros lectores. Cabe recordar que Hess fue asesinado por dos agentes del SIS en su celda de la prisión de Spandau la noche anterior a su liberación.

La RIIA temía que Hess destapara lo que se había mantenido como un oscuro secreto: la estrecha relación entre miembros de la oligarquía británica -incluido Winston Churchill- y la Sociedad Thule alemana, de la que Hess había sido el líder.

El hecho de que el Instituto Tavistock lleve el nombre del 11 Duque de Bedford, Marqués de Tavistock, es más que interesante. El título pasó a su hijo, la marquesa de Bedford (12 del nombre). Fue en su finca donde Hess desembarcó para intentar acabar con la guerra. Pero Churchill no quiso oírlo y ordenó que Hess fuera arrestado y encarcelado. La esposa del duque de Bedford se suicidó tomando una sobredosis de somníferos cuando quedó claro que Hess nunca sería liberado, ni siquiera cuando la guerra terminara.

En mis obras *¿Quién asesinó a Rudolph Hess?* y *King Makers, King Breakers - The Cecils,* revelo lo estrecho que fue este parentesco virtual con Hess y otros miembros importantes del círculo íntimo de Hitler hasta el estallido de la Segunda Guerra Mundial. Si Hess hubiera tenido éxito en su misión con el duque de Bedford, Churchill y casi toda la oligarquía británica habrían quedado expuestos como fraudes.

Lo mismo habría sucedido si Hess no hubiera sido mantenido como prisionero solitario en Spandau, en Berlín, encarcelado a la vista durante años tras el final de la Segunda Guerra Mundial por tropas de Gran Bretaña, Estados Unidos y la URSS, contra toda lógica y a un coste enorme (estimado en 50.000 dólares por día).

Como la cambiante Rusia sintió que podía avergonzar a Estados Unidos y a Gran Bretaña -especialmente a Gran Bretaña-, anunció repentinamente que Hess sería liberado. Los británicos no podían arriesgarse a que sus señores de la guerra quedaran expuestos, así que se dio la orden de matar a Hess.

Tavistock presta servicios de naturaleza siniestra a estas personas que se encuentran por todo Estados Unidos, en todas las grandes ciudades. Tienen en la palma de la mano a las principales figuras de estas ciudades, ya sea en la policía, el gobierno municipal o cualquier otra autoridad.

Esto también ocurre en todas las ciudades, donde los Illuminati y los masones se unen a Tavistock para ejercer sus poderes secretos y pisotear la Constitución y la Carta de Derechos.

Uno sólo puede preguntarse cuántas personas inocentes están hoy en prisión porque no fueron informadas de su Constitución y su Carta de Derechos; todas ellas víctimas de Tavistock. Vea con atención la serie de televisión "COPS". Este es un documento estándar de Tavistock sobre el control mental y la creación de opinión. Contiene todas las violaciones posibles de los derechos constitucionales de las personas arrestadas o detenidas por la policía. Creo firmemente que el programa COPS está diseñado para condicionar al público a creer que las flagrantes violaciones de los derechos que presenciamos son la norma, que la policía tiene realmente poderes excesivos y que las garantías constitucionales a las que todo ciudadano tiene derecho no existen en la práctica. El programa COPS es un programa muy insidioso de lavado de cerebro y control de opinión, y no sería nada sorprendente encontrar a Tavistock involucrado en este programa en alguna parte.

# CAPÍTULO 33

## Interpol en EE.UU.: su origen y propósito revelados

Entre las muchas agencias internacionales a las que Tavistock presta servicio está el servicio de inteligencia privado de David Rockefeller, más conocido como INTERPOL. Es un completo incumplimiento de sus obligaciones legales que se permita a esta entidad ilegal seguir operando en una propiedad federal en Washington, D.C. y bajo la protección del gobierno. (La ley estadounidense prohíbe a las agencias policiales privadas extranjeras operar en Estados Unidos. INTERPOL es una agencia policial privada extranjera que opera en suelo estadounidense mientras el Congreso mira para otro lado, no sea que un día se vea obligado a tomar esta molesta ortiga y arrancarla de raíz).

¿Qué es INTERPOL? El Departamento de Justicia de EE.UU. intenta explicar a INTERPOL evitando las cuestiones cruciales. Según su manual de 1988,

> "Interpol funciona sobre una base intergubernamental, pero no se basa en un tratado o convenio internacional ni en documentos jurídicos similares. Se fundó en una constitución elaborada y redactada por un grupo de policías que no la sometió a las firmas diplomáticas, y nunca la sometió a la ratificación de los gobiernos."

¡Qué interesante! ¡Qué confesión! Si la Interpol no pisotea la Constitución de los Estados Unidos, entonces nada lo hace. ¿Dónde están los guardianes en la Cámara y el Senado? ¿Tienen miedo de Tavistock y de su poderoso patrocinador, David Rockefeller? ¿Teme el Congreso al Comité de los 300? Al menos eso es lo que parece. Interpol es una entidad ilegal que opera dentro de las fronteras de Estados Unidos, sin la sanción y aprobación de Nosotros el Pueblo, en clara violación de la Constitución de Estados Unidos y de las constituciones de los 50 estados.

Sus miembros son nombrados por varios gobiernos nacionales sin consultar con el gobierno estadounidense. La lista de miembros nunca se ha presentado a una comisión de la Cámara o del Senado.

Su presencia en Estados Unidos nunca ha sido sancionada por un tratado. Esto ha dado lugar a una serie de acusaciones de que algunos gobiernos controlados por la droga -Colombia, México, Panamá, Líbano y Nicaragua- podrían estar eligiendo como representantes a personas implicadas en el tráfico de drogas.

Según Beverly Sweatman, de la Oficina Central Nacional (OCN) del Departamento de Justicia de Estados Unidos (cuya existencia es en sí misma una violación de la Constitución), esta agencia del gobierno estadounidense existe únicamente para intercambiar información con Interpol.

Propiedad de David Rockefeller y controlada por él, Interpol es una agencia privada con una red de comunicaciones mundial, muy implicada de una u otra manera en el tráfico de drogas, desde Afganistán hasta Pakistán y Estados Unidos.

La interacción del teniente coronel Nivaldo Madrin, de Panamá, del general Guillermo Medina Sánchez, de Colombia, y de ciertos elementos de la Policía Federal mexicana con estatus de Interpol, apunta en esta dirección. La historia de su participación en el tráfico de drogas mientras estaba al servicio de la Interpol es demasiado larga para repetirla aquí, pero basta con decir que es sórdida.

Sin embargo, a pesar de que Interpol es una organización privada, las Naciones Unidas (ONU) le concedieron en 1975 el "estatus de observador", lo que le permite (en total violación de la Carta de la ONU) asistir a las reuniones y votar las resoluciones, a pesar de que no es una organización de un país miembro de la ONU y no tiene estatus gubernamental. Según la Carta de la ONU, sólo los Estados (en la definición completa de la palabra) pueden ser miembros de la ONU. Dado que Interpol no es un Estado, ¿por qué la ONU viola su propia carta?

Se cree que la ONU recurre en gran medida a las redes de Interpol para que le ayuden a encontrar armas privadas en manos de ciudadanos estadounidenses que las poseen en virtud de sus derechos de la Segunda Enmienda, una vez que la ONU ha firmado un "tratado" con la Unión Europea.

El gobierno estadounidense debe desarmar a toda la población civil de los Estados miembros.

¿Dónde están los legisladores estadounidenses que se supone que apoyan y defienden la Constitución de los Estados Unidos? ¿Dónde están los grandes estadistas de antaño? La Interpol demuestra que lo que tenemos en su lugar son políticos convertidos en legisladores que no hacen cumplir las leyes que elaboran, aterrorizados de corregir los errores obvios que abundan en todos los lados, porque si hicieran honor a su juramento de cargo, es más que probable que se encontraran sin sus cómodos puestos de trabajo.

Para recapitular parte de la información ya proporcionada: El Instituto Tavistock se creó en Sussex, Inglaterra, en 1921, por orden de la monarquía británica, con el propósito de controlar la mente y formar la opinión pública, y establecer, sobre una base científica cuidadosamente investigada, cuándo la mente humana se derrumbaría si fuera sometida a episodios prolongados de angustia psicológica. Más adelante mostraremos que fue fundada antes de la guerra por el 11 Duque de Bedford, el Marqués de Tavistock.

A principios de los años 30, la fundación de los hermanos Rockefeller también hizo una importante contribución a Tavistock.

Cabe señalar que muchos de los principales practicantes del control mental y la modificación del comportamiento estaban, y siguen estando, estrechamente relacionados con sociedades secretas que abrazan los cultos de muchas ideas y creencias diferentes, como Isis-Orsiris, la Cábala, el misticismo sufí, cátaro, bogomil y bahai (maniqueo).

Para los no iniciados, la sola idea de que instituciones prestigiosas y sus científicos estén involucrados en cultos, o incluso en el satanismo y los iluministas, es difícil de creer. Pero el vínculo es real. Podemos ver por qué Tavistock estaba tan interesado en estos temas.

Los incidentes de tiroteos aleatorios en escuelas por parte de jóvenes sometidos a períodos prolongados de estrés y a la influencia de drogas adictivas son notables en el sentido de que, en muchos de estos trágicos sucesos, los autores casi siempre afirman que fueron dirigidos "por voces" para hacer su obra mortal. No hay duda de que el control mental estaba en juego en estos trágicos casos. Por desgracia, veremos muchos más episodios dramáticos de este tipo antes de que el público se dé cuenta de lo que está pasando.

El culturalismo, el control mental, la aplicación de estrés psicológico y la modificación del comportamiento forman parte de lo que enseñan los científicos de Tavistock. De hecho, alarmada por las filtraciones que mostraban su conexión con los científicos de Tavistock, la Cámara de los Comunes británica aprobó un proyecto de ley que hace legal que lugares como Tavistock lleven a cabo lo que el proyecto de ley llama "investigación física".

Sin embargo, el término "investigación física" es tan ambiguo que plantea serias dudas sobre si realmente significa lo que dice o si, como han argumentado algunos críticos, es sólo un término utilizado para encubrir lo que realmente está sucediendo.

En cualquier caso, Tavistock no estaba dispuesto a aceptar la confianza del público. Pero puedo decir con absoluta certeza que los agentes del MI6 y de la CIA de los servicios de inteligencia británicos son entrenados en Tavistock en metafísica, control mental, modificación de la conducta, ESP, hipnotismo, ocultismo, satanismo, iluministas y cultos maniqueos.

No se trata sólo de creencias basadas en reliquias de la Edad Media. Se trata de una fuerza maligna que se enseña de una manera que marcará la diferencia en el control mental de una forma que no se habría creído posible hace tan solo unos años. Haré esta predicción sin temor a contradecirme: en los próximos años, descubriremos que todos los tiroteos al azar en escuelas, oficinas de correos, centros comerciales, no fueron tiroteos al azar en absoluto. Fueron perpetrados por sujetos condicionados y controlados mentalmente que fueron cuidadosamente investigados y sometidos a peligrosas drogas que alteran el estado de ánimo, como Prozac, AZT y Ritalin.

El denominador común entre varios de estos tiroteos al azar, empezando por David Berkowitz, el llamado asesino del "Hijo de Sam"; todos ellos sin excepción dijeron a los investigadores que "oían voces" que les decían que dispararan a la gente.

El caso de Klip Kinkel, el joven de Oregón que disparó a su madre y a su padre, antes de disparar a su instituto, es la confesión que hizo a los investigadores que le interrogaron. Cuando se le preguntó por qué había disparado a su madre y a su padre, Kinkel dijo que había oído "voces" que le decían que les disparara. Nadie podrá demostrar nunca que Kinkel y los demás fueron víctimas de experimentos de control mental de la CIA o que realmente "oyeron voces" inducidas por una transferencia de los programadores informáticos de la DARPA.

El Comité de Supervisión de la Cámara de Representantes debe solicitar los documentos de control mental de la CIA y revisarlos en busca de una relación con los tiroteos en las escuelas. Creo que es imperativo que esa orden se envíe a la CIA sin más demora.

Además de mis propias investigaciones sobre el tema de la "investigación física", Victor Marachetti, que trabajó en la CIA durante 14 años, ha revelado la existencia de un programa de investigación física ideado por Tavistock, en el que los agentes de la CIA intentaban contactar con los espíritus de antiguos agentes fallecidos. Como dije en mi monografía mencionada anteriormente, he tenido una amplia experiencia personal en los campos "metafísicos" y sé a ciencia cierta que muchos oficiales de inteligencia británicos y estadounidenses están adoctrinados en ellos.

Tavistock lo llama "ciencia del comportamiento", y ha progresado tan rápidamente en los últimos diez años que se ha convertido en uno de los tipos de formación más importantes que pueden recibir los agentes. En los programas de percepción extrasensorial de Tavistock, cada participante es un "voluntario", que acepta que su personalidad se "correlacione" con la percepción extrasensorial, es decir, que acepta ayudar a Tavistock a encontrar una respuesta a la pregunta de por qué algunas personas son psíquicas y otras tienen percepción extrasensorial.

El objetivo del ejercicio es hacer que todos los agentes del MI6 y de la CIA sean altamente psíquicos y estén dotados de una percepción extrasensorial muy desarrollada. Como ya han pasado varios años desde que me involucré directamente en estos asuntos, consulté a un colega que todavía está en el "servicio", para saber qué éxito tuvieron los experimentos de Tavistock... Me dijo que Tavistock había perfeccionado sus técnicas y que ahora era posible hacer que ciertos agentes del MI6 y de la CIA fueran "perfectos para la percepción extrasensorial". Es necesario explicar aquí que la CIA y el MI6 mantienen un grado muy alto de secreto sobre estos asuntos.

La mayoría de los agentes de inteligencia que participan en los programas son en su mayoría miembros de los Illuminati o de la masonería, o de ambos. En resumen, la técnica de "penetración a larga distancia", aplicada con tanto éxito en el mundo normal, se aplica ahora al mundo espiritual.

El programa de Penetración de Largo Alcance y Acondicionamiento Direccional Interno de Tavistock, desarrollado por el Dr. Kurt Lewin, con quien ya nos hemos reunido algunas veces, es principalmente un programa en el que se practica el control del pensamiento en grupos masivos. Lo que dio lugar a este programa fue el uso generalizado de la propaganda por parte de la Oficina de Guerra Psicológica del

Ejército Británico durante la Primera Guerra Mundial. Esta intensa propaganda tenía como objetivo convencer a los trabajadores británicos de que la guerra era necesaria. También pretendía convencer a la opinión pública británica de que Alemania era un enemigo y que su líder era un auténtico demonio.

Este esfuerzo masivo tuvo que ser lanzado entre 1912 y 1914 porque la clase obrera británica no creía que Alemania quisiera la guerra, ni el pueblo británico quería la guerra, ni siquiera odiaba a los alemanes. Había que cambiar toda esta percepción pública. Una tarea secundaria, pero no menos importante, de la oficina era conseguir que Estados Unidos entrara en la guerra. Un elemento clave de este plan era provocar a Alemania para que hundiera el "Lusitania", un gran transatlántico que seguía el modelo del Titanic.

A pesar de las advertencias en los anuncios de prensa de un periódico de Nueva York de que el barco había sido convertido en un crucero mercante armado (AMC) y que, por tanto, era un juego justo para las Convenciones de Ginebra, el Lusitania zarpó hacia Liverpool con una tripulación completa de pasajeros, incluidos varios cientos de pasajeros estadounidenses.

Las bodegas del barco estaban llenas de una gran cantidad de municiones para el ejército británico, cuyo transporte en transatlánticos estaba prohibido por las normas internacionales de guerra.

En el momento en que fue alcanzado por un solo torpedo, el Lusitania era esencialmente un crucero mercante armado (AMC). La prensa de ambos lados del Atlántico se vio inundada de historias sobre la barbarie alemana y el ataque no provocado a un transatlántico indefenso, pero el público estadounidense y británico, que aún necesitaba ser "condicionado", no se creyó la historia. Sentían que había "algo podrido en el estado de Dinamarca". El hundimiento del Lusitania, con gran pérdida de vidas, fue el tipo de "situación artificial" que necesitaba el presidente Wilson y enardeció la opinión pública estadounidense contra Alemania.

Aprovechando esta experiencia, la Oficina de Guerra Psicológica del ejército británico creó el Instituto Tavistock de Relaciones Humanas por orden de la monarquía británica y colocó al magnate de la prensa británica Alfred Harmsworth, hijo de un abogado nacido en Chapelizod, cerca de Dublín. Más tarde se le concedió el título de 12 Duque de Bedford, Lord Northcliffe.

En 1897, a medida que se acercaba la guerra, Harmsworth envió a uno de sus editores, G.W. Steevens, a Alemania para escribir un artículo de dieciséis partes titulado *Under the Iron Heel*.

En verdadera psicología inversa, los artículos elogiaban al ejército alemán mientras advertían que la nación británica sería derrotada si estallaba la guerra contra Alemania.

En 1909, Northcliffe encargó a Robert Blatchford, un socialista veterano, que viajara a Alemania y escribiera sobre el peligro que suponía el ejército alemán para Gran Bretaña. El tema de Blatchford era que creía, a partir de sus observaciones, que Alemania estaba "preparándose deliberadamente para destruir el Imperio Británico". Esto se corresponde con la predicción de Northcliffe publicada en el *Daily Mail* (uno de sus periódicos) en 1900 de que habría una guerra entre Alemania y Gran Bretaña. Northcliffe escribió un editorial en el que decía que Gran Bretaña debería gastar más de su presupuesto en defensa.

Cuando estalló la guerra, Northcliffe fue acusado por el editor de *The Star* de difundir un clima de guerra.

> "Después del Kaiser, Lord Northcliffe hizo más que cualquier otro hombre vivo para provocar la guerra".

El pobre editor no sabía que él mismo se había convertido en una víctima de la propaganda, ya que el Kaiser había hecho poco por promover la guerra y era considerado con cierto desprecio por el estamento militar británico. Los historiadores coinciden en que el Kaiser no estaba en condiciones de controlar el ejército alemán. Era el general Ludendorff al que debía referirse *The Star*. Fue Northcliffe quien comenzó a hacer campaña a favor de la conscripción el mismo día en que estalló la guerra entre las dos naciones.

Era una institución en la que todos los aspectos del lavado de cerebro masivo y el condicionamiento público se elevaban a un arte. Se establecieron una política y un conjunto de normas que culminaron con la "penetración de largo alcance y el condicionamiento direccional hacia el interior" de Tavistock en 1930, que se desencadenó contra Alemania en 1931.

En el período previo a los primeros años de la Segunda Guerra Mundial, Roosevelt (él mismo masón de grado 33 y miembro de los Illuminati a través de la Sociedad de Cincinnati) buscó la ayuda de Tavistock para que Estados Unidos entrara en la guerra. Los "300" encargaron a Roosevelt que ayudara a sacar las castañas del fuego a los británicos, pero para ello necesitaba un incidente importante en el que apoyarse.

A lo largo del periodo 1939-1941, los submarinos de la Armada estadounidense con base en Islandia atacaron y hundieron barcos alemanes, aunque las leyes de neutralidad prohibían entrar en hostilidades con combatientes. Pero Alemania no se dejó arrastrar por las represalias. El principal incidente que precipitaría la entrada de Estados Unidos en la Segunda Guerra Mundial fue el ataque de Japón a Pearl Harbor. Fue una conspiración de Tavistock contra ambas naciones. Para facilitar este ataque, el Secretario de Estado Marshall se negó a reunirse con los emisarios japoneses que pretendían evitar el conflicto que se avecinaba.

Marshall también retrasó deliberadamente el aviso a su comandante en Pearl Harbor hasta después de que el ataque hubiera comenzado. En resumen, tanto Roosevelt como Marshall estaban al tanto del inminente ataque, pero ordenaron deliberadamente que la información no se transmitiera a sus oficiales sobre el terreno en Pearl Harbor. Tavistock había dicho a Roosevelt que "sólo un incidente importante" llevaría a Estados Unidos a la Segunda Guerra Mundial. Stimson, Knox y Roosevelt eran conscientes del inminente ataque, pero no hicieron nada para detenerlo.

De vez en cuando, personas atentas me han preguntado:

> "Pero, ¿no se dan cuenta líderes como Lord Haig, Churchill,

Roosevelt y Bush de la cantidad de vidas que se perderían en una guerra mundial? "

La respuesta es que, como individuos programados, a los "grandes hombres" no les importaba el alto coste en vidas humanas. El general Haig -un notorio masón, iluminista y satanista- declaró en más de una ocasión su aversión a las clases bajas británicas, y lo demostró enviando oleada tras oleada de "soldados rasos británicos" contra las inexpugnables líneas alemanas, una táctica que cualquier estratega militar decente habría evitado.

Debido a la insensible indiferencia de Haig hacia sus propias tropas, cientos de miles de jóvenes soldados británicos de las "clases bajas" murieron trágica e innecesariamente. Esto hizo que el público británico odiara a Alemania, tal y como había predicho la Oficina de Guerra Psicológica del Ejército Británico. Gran parte de lo que he incluido en este libro quedó deliberadamente fuera de la primera exposición. No creía que el pueblo estadounidense estuviera preparado para entender el lado metafísico de Tavistock. No se puede alimentar a un bebé con carne; la leche es lo primero. Al introducir Tavistock de esta manera, se abrieron muchas mentes que de otra manera habrían permanecido cerradas.

# CAPÍTULO 34

## Los cultos de la Compañía de las Indias Orientales

Durante siglos, la oligarquía británica ha sido el hogar del ocultismo, la metafísica, el misticismo y el control mental. Bulwer Lytton escribió *Los secretos del Libro Egipcio de los Muertos*, y así muchos de los adherentes de la Sociedad Teosófica de Annie Besant provenían de las clases altas británicas, que aún hoy son populares entre ellos. Los descendientes de los cátaros y albigenses del sur de Francia y el norte de Italia habían emigrado a Inglaterra y adoptaron el nombre de "saboyanos". Antes de ellos estaban los bogomilos de los Balcanes y los pelícanos de Asia Menor. Todas estas sectas tuvieron su origen en los maniqueos de Babilonia.

El Instituto Tavistock ha hecho incursiones en este tipo de ocultismo utilizando algunas de sus técnicas de control mental desarrolladas por Kurt Lewin y su equipo de investigación. (Véase *El Comité de los 300* para más detalles).

La Compañía de las Indias Orientales (EIC) y más tarde la Compañía Británica de las Indias Orientales (BEIC) fueron los miembros originales de los "300", cuyos descendientes gobiernan el mundo en la actualidad. El opio y el tráfico de drogas eran entonces la base del comercio, y lo han seguido siendo. De esta estructura compleja y altamente organizada surgieron el socialismo, el marxismo, el comunismo, el nacionalsocialismo y el fascismo.

A partir de 1914, se llevaron a cabo amplios experimentos de control mental en Cold Spring Harbor, Nueva York, el centro de eugenesia racial patrocinado por la señora E.E. Harriman, madre de Averill Harriman, el entonces gobernador del estado de Nueva York, que se convirtió en una figura pública y política de primer orden en Estados Unidos y Europa.

La gran dama invirtió millones de dólares de su propio dinero en el proyecto e invitó a científicos alemanes a asistir al foro. Muchas de las técnicas de control mental de Tavistock, especialmente la técnica de "psicología inversa" enseñada por Reese, se originaron en Tavistock y ahora son la base de los ejercicios de control mental diseñados para implantar en las mentes del público estadounidense la idea de que las razas negra y de color son superiores a la raza blanca, "racismo" a la inversa.

Los científicos alemanes fueron invitados a asistir a los adoctrinamientos de Cold Harbor por la señora Harriman y su grupo, formado por algunos de los principales ciudadanos de la época (1915). Tras uno o dos años en Cold Spring Harbor, el contingente alemán regresó a Alemania y, bajo el mando de Hitler, puso en práctica la eugenesia racial aprendida en Cold Spring Harbor. Toda esta información permaneció oculta al pueblo estadounidense hasta que fue expuesta en mi libro *Codeword Cardinal* y en varias monografías que precedieron a ese libro, y luego en mi libro *Aids-The Full Disclosure*.

**Tavistock y la Casa Blanca**

Las técnicas de condicionamiento mental de Tavistock han sido utilizadas sistemáticamente en los Estados Unidos por algunas de las más altas e importantes figuras políticas de nuestra historia, empezando por Woodrow Wilson y continuando con el presidente Roosevelt. Todos los presidentes estadounidenses después de Roosevelt han estado bajo el control de los "300" y del Instituto Tavistock.

Roosevelt era un típico sujeto programado y controlado mentalmente, entrenado en la metodología Tavistock. Habló de paz mientras se preparaba para la guerra. Se apoderó de poderes a los que no tenía derecho según la Constitución estadounidense, citando como autoridad las acciones ilegales del presidente Wilson, y luego explicó sus acciones mediante "charlas junto al fuego", que era una idea de Tavistock para engañar al pueblo estadounidense. Como otro robot de Tavistock, James Earl Carter, y el presidente Bush, su sucesor, convencieron al pueblo estadounidense de que todo lo que hacía, aunque fuera descaradamente inconstitucional, se hacía en su interés. No era como Roosevelt, que sabía perfectamente que estaba haciendo algo malo, pero que, sin embargo, disfrutaba de su tarea y llevaba a cabo su mandato de la familia real británica de Tavistock con entusiasmo, y con un desprecio total por la vida humana, como es el caso de todos los ocultistas.

Cuando el presidente Bush, el mayor, ordenó la invasión de Panamá, fue una acción descaradamente inconstitucional que costó la vida a 7.000 panameños, pero no le quitó el sueño al Sr. Bush, ni pestañeó ante la muerte de 150.000 soldados iraquíes en la guerra no declarada (ilegal) contra Irak que iba a seguir a su "ensayo" para sondear a la opinión pública.

Carter no era ajeno al ocultismo; una de sus hermanas era una de las principales brujas de Estados Unidos. Carter se creía un "cristiano renacido", a pesar de que toda su carrera política estaba plagada de ideales y principios socialistas y comunistas, que nunca dudó en poner en práctica. Carter es un ejemplo de verdadera doble personalidad, un producto puro de Tavistock. Así lo señaló Hugh Sidey, un conocido columnista de los medios de comunicación, que escribió en julio de 1979:

> "El Jimmy Carter que ahora trabaja a puerta cerrada en la Casa Blanca no es el Jimmy Carter que llegamos a conocer en los primeros 30 días de su presidencia".

Carter, programado por el doctor Peter Bourne, graduado de Tavistock, había pasado por las manos de otro psicólogo de Tavistock, el almirante Hymen Rickover, durante la estancia de Carter en Annapolis.

Carter fue preseleccionado por los Rothschild como alguien admirablemente apto para la formación especial, y como alguien que sería "adaptable a las circunstancias cambiantes", dispuesto a desviarse de los principios.

John Foster Dulles es otra figura adoctrinada por Tavistock que estuvo cerca de la Casa Blanca, sirviendo como Secretario de Estado. Dulles mintió descaradamente a un Comité del Senado de EE.UU. durante las audiencias de las Naciones Unidas (ONU), testificando descaradamente bajo juramento sobre la constitucionalidad de la pertenencia de EE.UU. a ese organismo mundial.

Dulles deslumbró y engañó a los senadores sobre la constitucionalidad de la pertenencia de Estados Unidos a la ONU e influyó en suficientes senadores para que votaran a favor del llamado tratado, que no es un tratado, sino un acuerdo ambiguo.

La Constitución de los Estados Unidos no reconoce los "acuerdos", sólo los tratados firmados por las naciones implicadas. Sin embargo, el problema de Dulles era que la ONU no es un país. Así que Tavistock sorteó este obstáculo aconsejando al Departamento de Estado que llamara al documento "acuerdo". Dulles era satanista, iluminista y miembro de varias sociedades ocultistas.

George Herbert Walker Bush es otro graduado del sistema de control mental de Tavistock. Las acciones de este masón de 33 grados en Panamá e Irak lo dicen todo.

En Panamá, actuando bajo las órdenes de la RIIA y el CFR, Bush el viejo tomó medidas para proteger el dinero de la droga en los bancos de propiedad de los Rockefeller en Panamá después de que el general Noriega revelara que dos de ellos eran instalaciones de blanqueo de dinero en la cadena del tráfico de drogas.

Bush ordenó a las fuerzas armadas de EE.UU. invadir Panamá sin tener la autoridad expresada de la única forma constitucional, una declaración conjunta de guerra por la Cámara y el Senado del Congreso de EE.UU., y en flagrante violación de sus poderes constitucionales como Presidente.

Los Padres Fundadores prohibieron expresamente al presidente el ejercicio de los poderes de guerra. Pero a pesar de esta falta de poder, Bush repitió sus flagrantes violaciones de la Constitución estadounidense al ordenar a las fuerzas armadas de Estados Unidos que invadieran Irak, una vez más sin la preceptiva declaración de guerra y excediendo sus poderes. El público estadounidense "internamente condicionado", las víctimas conmocionadas de la guerra de Tavistock, no movieron un músculo mientras veían cómo se hacía trizas la Constitución.

Su Majestad la Reina Isabel II felicitó calurosamente a Bush padre por su "exitosa" guerra contra Irak, y lo nombró caballero por sus actos de desafío a la Constitución estadounidense. No es la primera vez que Isabel concede altos honores a infractores de la ley estadounidenses.

Los ocultistas e iluministas británicos y estadounidenses de los cárteles del petróleo siguen librando una guerra de desgaste contra Iraq en 2005. No se detendrán hasta poner sus codiciosas manos manchadas de sangre en las riquezas petrolíferas de Iraq, del mismo modo que Milner robó el oro de los bóers durante la guerra anglo-bóer (1899-1903).

¿Te encuentras respondiendo a esta información de manera "inapropiada"? ¿Está diciendo: "Estas no pueden ser las acciones de un presidente estadounidense? Esto es absurdo.

Si esa es su respuesta inadecuada, dirija su atención a la Guerra de los Bóers y verá rápidamente que Bush no hacía más que emular la barbarie satánica de los generales Lord Kitchener y Lord Milner en su guerra de exterminio contra la nación bóer. Del mismo modo, cabe recordar que la tragedia de Waco comenzó bajo el liderazgo de Bush, y que la vendetta contra David Koresh fue dirigida por el líder del Partido Republicano.

Mientras el fiscal general Reno y Clinton llevaban a cabo la política de destrucción por la que se condenó a Koresh, George Bush desempeñó un papel destacado en la preparación de la espantosa operación en la que murieron Koresh y 87 de sus seguidores.

Aunque no es de conocimiento general, Tavistock participó en la planificación e incluso puede haber dirigido el asalto del FBI y la ATF a Koresh y los davidianos. Tavistock estaba representado por unidades del SAS británico que habían participado en el entrenamiento de la ATF y el FBI sobre cómo destruir a Koresh y sus seguidores y quemar su iglesia hasta los cimientos. Waco fue un satanismo impío de artes negras en acción, ni más ni menos.

El extravagante final de Koresh y sus seguidores es típico del satanismo en acción, aunque la mayoría de los que participaron en este atroz crimen y violación de los derechos humanos y de las víctimas bajo $1^{er}$, 2, 5 y 10 no sabían que estaban en manos de satanistas. No tenían ni idea de que estaban siendo utilizados por fuerzas espirituales del tipo más oscuro.

El lavado de cerebro masivo de Tavistock en Estados Unidos puso al público en contra de Koresh y los davidianos, preparando el escenario para la destrucción de vidas y propiedades en Waco, en total desprecio de la Constitución y la Carta de Derechos.

La destrucción gratuita de vidas y propiedades inocentes por parte de agentes del gobierno federal que no tenían jurisdicción en el Estado de Texas (ni en ningún otro estado) y, por tanto, ninguna autoridad para hacer lo que hicieron, violó la 10a Enmienda, la protección de los ciudadanos frente a los excesos del gobierno federal. El Estado de Texas no intervino para detener la violación de la 10a Enmienda que se estaba produciendo en Waco, como era el deber del Gobernador según la Constitución de los Estados Unidos y la Constitución del Estado de Texas.

Tavistock ha recorrido un largo camino desde que Ramsey McDonald fue enviado a EE.UU. en 1895 para "espiar al país para que se ajustara a la implantación del socialismo". Ramsey informó a los fabianos de que para que Estados Unidos se convirtiera en un estado socialista, había que destruir las constituciones estatales y luego la federal (en ese orden); Waco era la encarnación de este objetivo.

John Marshall, el tercer presidente del Tribunal Supremo de los Estados Unidos, y el caso López, resuelto por el Tribunal de

Apelación de 9, dejaron claro de una vez por todas que los agentes federales no tienen jurisdicción dentro de las fronteras estatales, excepto cuando investigan la falsificación de dólares estadounidenses. Esto en sí mismo es un oxímoron, porque los llamados "dólares estadounidenses" no son dólares estadounidenses, sino "billetes de la Reserva Federal", es decir, no la moneda de los Estados Unidos, sino los billetes de un banco central privado y no gubernamental.

¿Por qué proteger el fraude, aunque sea perpetrado por el gobierno estadounidense? Cuando se redactó la Constitución, los Padres de la Patria consideraron que su rechazo a un banco central impediría la existencia de cualquier operación falsa como la Reserva Federal. La disposición constitucional protege los billetes del Tesoro de EE.UU. contra la falsificación. Es dudoso que un billete de la Reserva Federal, que no es un dólar estadounidense, goce de la protección de la Constitución estadounidense.

En Waco, el sheriff no ordenó a los agentes de Tavistock y al FBI que abandonaran el condado porque el FBI no estaba investigando la falsificación de acuerdo con la Constitución de Estados Unidos. El FBI estaba en Waco ilegalmente. Todo formaba parte de un ejercicio cuidadosamente planificado para determinar hasta dónde podía llegar el gobierno federal en la violación de la Constitución antes de quedarse corto.

Al igual que las clases medias y bajas británicas se inflamaron contra Alemania al comienzo de la Primera Guerra Mundial por la falsa propaganda de que el Kaiser había ordenado a sus soldados cortar los brazos de los niños pequeños cuando invadieron Bélgica y Holanda, Tavistock programó a los estadounidenses para que odiaran a Koresh.

Las mentiras de Tavistock sobre Koresh fueron transmitidas día y noche: Koresh tuvo relaciones sexuales con niños muy pequeños en el "complejo". Su iglesia, una simple estructura de madera, fue llamada "recinto" por los controladores mentales de Tavistock. Otra de las burdas mentiras de Tavistock fue que los davidianos tenían un laboratorio de anfetaminas en el "recinto".

El término "compuesto" se convirtió así en una palabra de moda en Tavistock.

No es de extrañar que el Sr. Clinton diera luz verde para que los davidianos fueran gaseados, fusilados, sometidos a música maligna noche y día, y finalmente quemados vivos. A través de la difunta Pamela Harriman, el Sr. Clinton fue introducido en Tavistock e iniciado en el adoctrinamiento de control mental mientras estaba en Oxford. Posteriormente se introdujo en el socialismo/marxismo/comunismo antes de ser aprobado por Tavistock para suceder al Sr. Bush padre, que ya había servido bastante.

Tavistock planificó y ejecutó una campaña masiva en los medios de comunicación utilizando su perfil de encuestas para implantar a Clinton en la mente del pueblo estadounidense como la persona más adecuada para dirigir la nación.

Fue Tavistock quien organizó la entrevista estrictamente controlada de Clinton con la CBS, después de que Geniffer Flowers revelara que había sido su amante durante los últimos 12 años, y fue Tavistock quien tomó el control de la reacción del pueblo estadounidense a la entrevista de la CBS. Así, gracias a su amplia red de encuestas y de opinión, la presidencia de Clinton no fue torpedeada, pero si Tavistock no hubiera controlado la entrevista de la CBS de principio a fin, es seguro que Clinton se hubiera visto obligado a dimitir en desgracia.

Si está buscando pruebas; si todavía está en "negación", entonces compare la fuga de Clinton con la condena de Gary Hart por un cargo mucho menor. El primer abogado de la Casa Blanca de la "nueva era de Acuario" que se formó en la metodología Tavistock fue Mark Fabiani. Su capacidad para manejar situaciones, que todos los observadores esperaban que hundieran a Clinton, se convirtió en la comidilla de Washington.

Sólo 13 personas del círculo íntimo de los Illuminati y de la jerarquía masónica conocían el secreto del éxito de Fabiani. Lanny Davis, que tomó el relevo de Fabiani, tuvo aún más éxito. Conocido como el "Dr. Spin", Davis frustró los planes de dos fiscales especiales, el juez Walsh y Kenneth Starr, y repelió todos los ataques republicanos en el Congreso, dejando al partido republicano en total desorden.

El abogado formado en Tavistock dirigió una audaz incursión en la multitud de enemigos de Clinton en el Congreso. El golpe maestro de Davis llegó con las audiencias de la Comisión Thompson sobre la financiación de la campaña del DNC y una serie de escándalos en Arkansas.

El plan de Tavistock era sencillo y, como todos los planes sencillos, fue un golpe de genio. Davis reunió a todos los periódicos del país que habían publicado la más mínima historia sobre las fechorías de Clinton, los escándalos de recaudación de fondos y Whitewater. El mismo día en que el comité Thompson estaba en pleno apogeo, aullando por la sangre del presidente, uno de los muchos ayudantes de Davis se coló en la abarrotada sala de audiencias y entregó a cada miembro del comité una carpeta con recortes que Davis había recopilado.

El dossier iba acompañado de un memorándum firmado por Davis: lo que la comisión estaba investigando con un coste de millones de dólares no era más que una colección de "viejas noticias". ¿Qué había que investigar cuando las acusaciones contra Clinton eran noticia de ayer?

Cuando la Comisión Thompson fue derrotada, luego se agotó y salió de circulación, fue una gran victoria para Tavistock y la Casa Blanca. El Primer Ministro Blair tuvo que utilizar la misma fórmula para desarmar a los críticos parlamentarios que le acusaron de mentir sobre los motivos por los que fue a la guerra con Bush el Joven. Las cuentas del *Daily Mirror* eran todas "noticias viejas", dijo Blair en respuesta a lo que podría haber sido una pregunta condenatoria. El diputado que hizo la pregunta lideraba un movimiento para destituir a Blair. En lugar de responder, Blair desvió la pregunta. De acuerdo con las normas parlamentarias, el diputado había tenido su "turno" y no tendría otra oportunidad de intentar forzar a Blair a decir la verdad.

# CAPÍTULO 35

## La industria musical, el control mental, la propaganda y la guerra

Cabe destacar que la influencia de Tavistock en América ha crecido desde que abrió sus propias oficinas allí en 1946. Tavistock ha perfeccionado el arte de la desinformación. Estas campañas de desinformación comienzan con rumores cuidadosamente elaborados. Suelen plantarse en los círculos de la derecha, donde crecen y se extienden como un reguero de pólvora. Tavistock sabe desde hace tiempo que la derecha es un terreno fértil para el crecimiento y la difusión de rumores.

Según mi experiencia, no pasa un día sin que me pidan que confirme algún que otro rumor, normalmente por personas que deberían saberlo mejor. La inteligente estrategia de difundir información errónea a través del rumor tiene una doble ventaja:

1) Esto da una apariencia de credibilidad a las historias sembradas en los comisarios.

2) Cuando se demuestra que la información es falsa, la desinformación ha manchado a sus proveedores hasta el punto de que pueden ser etiquetados como "locos", "conservadores paranoicos", "extremistas" y cosas peores.

La próxima vez que oigas un rumor de este tipo, piensa bien en la fuente del mismo antes de transmitirlo. Recuerda cómo trabajan los manipuladores de Tavistock: cuanto más jugoso sea el rumor, más probable será que lo difundas, convirtiéndote en una parte involuntaria de la insidiosa máquina de desinformación de Tavistock.

Pasando ahora a otra área de especialización en la que Tavistock forma a sus graduados, nos referimos al asesinato de políticos importantes que no pueden ser comprados, y que deben ser silenciados. Los asesinatos de los presidentes estadounidenses Lincoln, Garfield, McKinley y Kennedy están vinculados al servicio secreto británico MI6 y, desde 1923, asociados al Instituto Tavistock.

El presidente Kennedy demostró ser impermeable al control mental de Tavistock, por lo que fue elegido para su ejecución pública como advertencia a quienes aspiran al poder de que nadie está por encima del Comité de los 300.

El macabro espectáculo de la ejecución pública de Kennedy fue un mensaje para el pueblo estadounidense, un mensaje del que quizá no sean conscientes ni siquiera ahora. Tal vez el Instituto Tavistock proporcionó el proyecto para la ejecución de Kennedy. Quizás también seleccionó cuidadosamente a cada uno de los participantes, empezando por Lee Harvey Oswald, cuya mente estaba claramente controlada, hasta Lyndon Johnson, cuyo control mental no era tan evidente. Aquellos que no se sometían o que trataban de exponer la verdad sufrían diversas penas, desde la deshonra hasta el destierro de la vida pública e incluso la muerte.

Pasamos del control de Tavistock sobre los presidentes estadounidenses, pasados y futuros, a la industria de la música y el entretenimiento. En ningún lugar es más visible el lavado de cerebro de enormes segmentos del público estadounidense que en la "industria de la música y el entretenimiento". Décadas más tarde, gente equivocada y no iniciada todavía se enfada conmigo por revelar que los "Beatles" eran un proyecto de Tavistock. Ahora espero que los mismos que me dicen que lo saben todo sobre la historia de los Beatles, que ellos son músicos y yo no, cuestionen lo siguiente:

¿Sabías que la música "Rap" es otro programa de Tavistock? También lo es el "Hip-Hop". Por muy inanes e idiotas que sean las palabras (apenas pueden llamarse "palabras"), fueron diseñadas por el técnico de control mental y modificación de la conducta para encajar y formar parte de la agenda de guerra de bandas de Tavistock para las principales ciudades estadounidenses. Los principales proveedores de esta "música" y, de hecho, de toda la llamada música "rock" y "pop" (disculpen el uso de la jerga de Tavistock) son:

- Time Warner
- Sony
- Bertelsman
- EMI
- El Grupo Capital
- Seagram Canadá
- Philips Electronic
- Las Indias

**Time Warner**

Sus ingresos anuales ascienden a 23.700 millones de dólares (cifras de 1996). Su negocio de publicación de música cuenta con un millón de canciones a través de su filial Warner Chappell. Entre ellas, canciones de Madonna y Michael Jackson. Imprime y publica partituras. Entre los sellos de rap y pop de Time Warner figuran Amphetamine Reptile, Asylum Sire, Rhino, Maverick, Revolution, Luka Bop, Big Head Todd y The Monsters, comercializados por Warner REM.

Time Warner también distribuye sellos de música alternativa a través de su filial, Alianza de Distribución Alternativa, que cubre la mayor parte de Europa, y es especialmente fuerte en Inglaterra y Alemania. No es casualidad que estos dos países hayan sido el objetivo de los manipuladores de Tavistock.

La incitación, en su mayoría subliminal pero cada vez más abierta, a la violencia, al sexo desenfrenado, al anarquismo y al satanismo es abundante en las canciones propagadas por Time Warner. Esta dominación casi sectaria de la juventud europea occidental (y desde la caída de la URSS, se está extendiendo también a Rusia y Japón) amenaza la civilización europea, que ha tardado miles de años en construirse y madurar. La inmensa popularidad de la juventud y su aparentemente insaciable apetito por este tipo de "música" basura es aterradora, al igual que el dominio de Tavistock en las mentes de quienes la escuchan.

Time Warner distribuye música a través de clubes musicales, de los que es propietaria o se asocia con otros. Columbia House es un ejemplo. Sony tiene una participación del 50% en Columbia House.

La división de fabricación de Time Warner, WEA, fabrica CD; CD-ROMS, discos de audio, vídeo y digitales multiuso, mientras que otra filial, Ivy Hill, imprime carátulas e inserciones de CD. American Family Enterprises, otra filial, comercializa música, libros y revistas en una empresa conjunta al 50% con Heartland Music.

Time Warner Motion Pictures es propietaria de estudios y productoras como Warner Bros, Castle Rock Entertainments y New Line Cinemas. Time Warner Motion Pictures tiene 467 salas en Estados Unidos y 464 en Europa (cifras de 1989: las cifras son mucho más altas hoy en día, en 2005).

Su red de difusión incluye WB Network, Prime Star; Cinemax, Comedy; Central Court TV; SEGA Channel; Turner Classic Movies (Ted Turner posee el 10% de las acciones de Time Warner).

Emite en China, Japón, Nueva Zelanda, Francia y Hungría. Su franquicia de cable tiene 12,3 millones de abonados.

TV/Producción/Distribución: Warner Bros Television; HBO Independent Productions, Warner Bros. Television Animations; Telepictures Productions; Castle Rock Television; New Line Television, Citadel Entertainment; Hanna Barbara Cartoons; World Championship Wrestling; Turner Original Productions; Time Warner Sports; Turner Learning; Warner Home Videos. Su biblioteca incluye 28.500 títulos de televisión y cortos de animación.

Time Warner posee la radio CNN, adquirida a Ted Turner. También posee 161 tiendas minoristas, Warner Books, Littel, Brown, Sunset Books, Oxmoor House y el Club del Libro del Mes.

Time Warner es propietaria de las siguientes revistas: People; Sports Illustrated; Time; Fortune; Life; Money; Entertainment; Weekly; Progressive Farmer; Southern Accents; Parenting; Health; Hippocrates; Asiaweek; Weight Watchers; Mad Magazine; D.C. Comics; American Express Travel and Leisure; Food and Wine. Time Warner también posee varios parques temáticos: Six Flags; Warner Bros; Movie World; Sea World de Australia.

Espero que en este punto el lector se tome el tiempo de reflexionar sobre el enorme poder, para bien o para mal, que descansa en las manos de Time Warner. Está claro que este gigante puede hacer o deshacer a cualquiera. Y además, recuerda, es un cliente del Instituto Tavistock. Es aterrador contemplar lo que esta poderosa máquina podría hacer a la opinión pública y moldear las mentes de los jóvenes, como vimos con los Días Gay en Disney World.

## SONY

Los ingresos de Sony en 1999 se estimaron en 48.700 millones de dólares. Es la mayor empresa de electrónica del mundo. Su división musical controla Rock/Rap/Pop; Columbia; Rutthouse; Legacy Recordings; Sony Independent Label; MIJ Label; (Michael Jackson); Sony Music Nashville; Columbia Nashville. Sony es propietaria de miles de sellos de Rock/Pop, como Bruce Springsteen; So-So Def; Slam Jazz; Bone Thugs in Harmony; Rage Against the Machine; Razor Sharp; Ghost-Face Killa; Crave; y Ruthless Relativity.

Si alguna vez te has preguntado cómo esta horrible idiotez, con sus palabras altamente sugerentes y su incitación a la violencia, ha podido crecer tanto en tan poco tiempo, ahora lo sabes. Está respaldado a distancia por Sony. Tavistock considera desde hace tiempo que el Rap es un mensajero útil para preceder la anarquía y el caos, que cada vez están más cerca.

Sony distribuye el sello de punk rock alternativo Epitaph Record; Hell Cat; Rancid; Crank Possum Records y Blue Sting Ray's Epitome Surf Music. Además, Sony publica música a través de Sony/ATV Music Publishing. Sony posee todas las "canciones" de Michael Jackson y casi toda la gama de "Beatles".

Sony es propietaria de los teatros Loews y Sony Theatres, y sus intereses televisivos incluyen los programas de juegos. Posee cerca del 15% del mercado de venta de música, partituras, y es la mayor empresa musical internacional del mundo. Otros productos de Sony son los CD, los discos ópticos y las cintas de audio y vídeo.

El hotel Loews de Montecarlo es un centro de información sobre el tráfico de drogas, y sus empleados informan directamente a la policía de Montecarlo de cualquier "actividad sospechosa" que tenga lugar en el hotel.

(Por "sospechoso" nos referimos a cualquier persona ajena a la empresa que intente introducirse en ella). Varios miembros del personal de recepción de alto nivel están formados por la policía de Montecarlo para vigilar.

El objetivo no es erradicar el narcotráfico, sino simplemente evitar que los "advenedizos" se introduzcan en el tráfico de drogas. Los "forasteros" que llegan al hotel Loews son informados y detenidos rápidamente. Estos acontecimientos se venden a la prensa y a los medios de comunicación mundiales como "redadas policiales". La división Motion Pictures de Sony está formada por Columbia Pictures; Tri-Star Pictures; Sony Pictures; Classic Triumph; Triumph Films con los derechos de las películas de Columbia Home Tri-Star. Sus intereses televisivos incluyen programas de juegos.

## Bertelsman

Empresa privada alemana propiedad de Reinhard Mohn, su

facturación se estimó en 15.700 millones de dólares en 1999. Bertelsman posee 200 sellos musicales en 40 países, que abarcan el Rap/Rock/Pop. Whitney Houston; The Grateful Dead: Bad Boys: Ng Records, Volcano Enterprises; Dancing Cat; Addict; Gee Street (Jungle Brothers) y Global Soul. Todos estos títulos contienen incitaciones explícitas a las aberraciones sexuales, el consumo de drogas, la anarquía y la violencia. Bertelsman posee las propiedades de Country & Western Arista Nashville (Pam Tillis); Career (LeRoy Parnell) RCA Label Group; BNA (Lorrie Morgan.) Otros títulos que posee son la banda sonora de Star Wars; Boston Pops; New Age y Windham Hill, etc. La empresa publica partituras a través de BMG Music, que controla los derechos de 700.000 canciones, entre ellas las de los Beach Boys, B.B. King, Barry Manilow y 100.000 temas famosos de los estudios Paramount. Posee siete clubes de música en Estados Unidos y Canadá, y fabrica tarjetas de crédito para el banco MBNA.

Bertelsman A.G. lleva a cabo una amplia labor de librería en todo el mundo y está afiliada al Comité de los 300.

Los holdings de Bertelsmann incluyen Doubleday; Dell Publishers; Family Circle; Parent and Child; Fitness; American Homes and Gardens, con 38 revistas en España, Francia, Italia, Hungría y Polonia. Los canales de televisión y satélite de Bertelsman están en Europa, donde es el mayor emisor. La empresa es muy vengativa y no dudará en atacar a cualquiera que se atreva a revelar lo que cree que no le interesa.

**EMI**

Empresa británica con una facturación estimada de 6.000 millones de dólares en 1999, posee sesenta sellos musicales en cuarenta y seis países: Rock/Pop/Rap; Beetle Boys; Chrysallis; Grand Royal; Parlaphone; Pumpkin Smashers; Virgin; Point Blank.

EMI posee y controla a los Rolling Stones, Duck Down, No Limit, N00 Tribe, Rap-A-Lot (The Ghetto Boys) y un enorme negocio de publicación de partituras. Tiene una participación directa o total en 231 tiendas en siete países, entre ellas HMV, Virgin Megastores: Dillons (EE.UU.). EMI cuenta con emisoras en red en toda Gran Bretaña y Europa, algunas de las cuales trabajan en colaboración con Bertelsmann.

**El Grupo Capital**

El grupo inversor, con sede en Los Ángeles, vendió el 35% de sus acciones a Seagram's, la empresa de bebidas alcohólicas de los Bronstein y miembro principal del Comité de los 300. Seagram's tiene una participación del 80% en Universal Music Group (antes MCA), ahora propiedad de Matushita Electric Industries.

Sus ingresos en 1999 se estimaron en 14.000 millones de dólares. Seagram posee más de 150.000 derechos de autor, entre ellos Impact: Mechanic; Zebra; Radioactive Records; Fort Apache Records; Heavy D and the Boys.

The Capital Group tiene empresas conjuntas con Steven Spielberg, Jeffrey Katzenburg y David Geffen. En su división de Country y Western, la empresa es propietaria de Reba McIntyre, Wynona, George Straight; Dolly Parton; Lee Anne Rimes y Hank Williams.

A través de Seagram, la empresa es propietaria de Fiddler's Green (Denver); Blossom Music Center (Cleveland); Gorge Amphitheater (Estado de Washington); Starplex (Dallas). Se ha expandido a Toronto y Atlanta. The Capital Group, a través de su división Motion Picture, es propietaria de Demi Moore, Danny De Vito, Penny Marshall y una serie de figuras menores de la industria cinematográfica. La Universal Films Library es propiedad del Capital Group, al igual que la Universal Films Library. La empresa es propietaria de 500 tiendas minoristas, varios hoteles y los estudios Universal de Hollywood.

**Las Indias**

Es una de las empresas más pequeñas de la industria de la música y el entretenimiento, y sus ingresos anuales se estiman en 5.000 millones de dólares. La empresa tiene una importante cartera de sellos de Rock/Rap/Pop, sobre todo de los géneros más raros. Su división de Country y Western es la propietaria de Willie Nelson y la distribución se realiza a través de las Seis Grandes. Incluso sin poseer tiendas minoristas o puntos de venta independientes, la empresa ha logrado captar un asombroso 21% de las ventas de música en Estados Unidos.

Lo más importante es que la mayor parte de sus ingresos proviene de las ventas de Rap/Pop/Rock bizarro con títulos violentos, abusivos, con lenguaje soez, sexualmente sugerentes y anárquicos, lo que demuestra la dirección que está tomando la juventud estadounidense.

**Philips Electronic**

Esta empresa holandesa facturó 15.800 millones de dólares en 1996. Aunque es principalmente una empresa de electrónica, se encuentra en la categoría de las "Seis Grandes", principalmente porque posee el 75% de Polygram Music. Su cartera de sellos se encuentra en el área de Rock/Pop/Rap. Elton John es una de sus propiedades. Philips es el tercer editor de música, con 375.000 títulos con derechos de autor.

A través de sus filiales en Europa y el Reino Unido, Philips produjo 540 millones de CD y cintas VHS en 1998. Su división Motion Pictures es propietaria de Jodi Foster, mientras que Philips Television es dueña de Sundance Films y Propaganda Films, de Robert Redford.

La información anterior debería darle a usted, el lector, una idea del inmenso poder que esta gigantesca industria ejerce sobre nuestra vida cotidiana; cómo moldea las mentes de los jóvenes estadounidenses. Sin el control y las técnicas avanzadas que Tavistock ha puesto a disposición de estas empresas, no habrían sido posibles los gigantescos avances que ha hecho la industria. La información que he proporcionado debería sacudirte hasta los cimientos cuando te des cuenta de que Tavistock controla las "noticias" que vemos, las "películas caseras" y los canales de televisión que se nos permite ver, la música que escuchamos. Detrás de esta gigantesca empresa está el Instituto Tavistock para las Relaciones Humanas. Como he demostrado claramente, Estados Unidos está marchando al ritmo de la gigantesca industria del cine y la música; fuerzas hasta ahora desconocidas - fuerzas poderosas cuyo único propósito y objeto es pervertir, torcer y distorsionar las mentes de nuestros jóvenes, para facilitar la introducción del Nuevo Orden Mundial Socialista por el Comité de los 300 - El establecimiento de un gobierno mundial, en el que los nuevos comunistas gobiernen el mundo.

La información que le he presentado debe ser fuente de gran preocupación al contemplar el futuro de sus hijos y de la juventud de América, tras conocer y comprender que se les está alimentando con ideas anarquistas, fervor revolucionario e incitación al consumo de drogas, sexo libre, aborto, lesbianismo y aceptación de la homosexualidad.

Sin esta gigantesca industria de la música y el entretenimiento, Michael Jackson habría sido un ente infantil e insípido, pero se le "infló" y Tavistock le dijo a la juventud de nuestro país lo grandioso que es y lo mucho que ellos, los jóvenes del mundo occidental, lo aman. También tiene que ver con el poder de controlar los medios de comunicación.

En la medida en que la industria de la música y el entretenimiento es lo que yo llamo un "secreto a voces" diseñado por Tavistock, no espero que mi trabajo sobre este tema vital sea aceptado como toda la verdad, al menos hasta 2015, que es el año en que predigo el estallido del "Armagedón", la guerra nuclear total del CAC, cuando la ira de Dios caerá sobre los Estados Unidos de América. Pero en lo que respecta al control masivo de los medios de comunicación, no es difícil, incluso para el observador desinformado, ver, oír y leer que, efectivamente, los Estados Unidos tienen unos medios de comunicación controlados, producidos por el Instituto Tavistock. Fue este factor el que hizo que se eligiera al presidente Bush, y luego, para asombro de toda

Europa y de al menos la mitad del electorado estadounidense, hizo que fuera elegido para un segundo mandato a pesar de su pésimo historial.

¿Cómo ha ocurrido esto? La pregunta es fácil de responder: por el colapso de los medios de comunicación nacionales de Estados Unidos. Las emisoras convencionales abandonaron su obligación de promover el interés público; ya no se sentían obligadas a informar de las dos caras de los asuntos.

Los medios de comunicación nacionales han intensificado su política de "mezcla de noticias y ficción", que comenzó con "La guerra de los mundos".

Aunque esto ha atraído a los espectadores y ha aumentado los ingresos, no ha cambiado la antigua doctrina de la equidad en la radiodifusión, tan esencial para el flujo de información en una sociedad libre. En los últimos años, este grave problema se ha visto agravado por el auge de la "brigada del trueno" de la derecha, que no tolera ninguna opinión contraria. Sólo transmiten la opinión de la administración Bush y no dudan en distorsionar y "girar" las noticias a la manera de Tavistock.

Así lo confirmó una encuesta conjunta realizada en 2004 por el Centro de Estudios Políticos, el Centro de Actitudes Políticas, el Programa de Actitudes Políticas Internacionales y el Centro de Estudios Internacionales y de Seguridad. Lo que encontraron es realmente la clave de por qué Bush sigue en la Casa Blanca, y un tributo al poder de la propaganda profesional:

> ➢ Al 75% de los leales a Bush no les convenció la conclusión de la Comisión Presidencial de que Irak no tenía nada que ver con Al Qaeda.

> ➢ La mayoría de los partidarios de Bush creían que gran parte del mundo islámico apoyaba a Estados Unidos en su invasión de Irak. Esto está en total contradicción con los hechos. Egipto, un Estado musulmán, no apoya a Estados Unidos y la mayoría de los egipcios quiere que Estados Unidos se vaya de Irak. Turquía, que, aunque es un Estado laico, es mayoritariamente musulmana, se

opone a la presencia de Estados Unidos en Irak con un 87% de votos y rechaza las razones aducidas para la invasión.

➢ El 70% de los fieles a Bush creen que Irak tenía armas de destrucción masiva.

Lo que he escrito aquí es la verdad indiscutible, pero se necesitará un acontecimiento importante para confirmarlo como tal, al igual que se necesitaron 14 años para que mi libro del Comité de los 300 y 25 años para que mi informe del Club de Roma fuera confirmado por el propio Alexander King. Pero no hay duda de que Tavistock, hoy, en 2005, controla todos los aspectos de la vida en Estados Unidos. No se le escapa nada.

En 2005 estamos siendo testigos de la asombrosa influencia y el poder del Instituto Tavistock y sus altos mandos, el Comité de los 300, en la forma en que el presidente George Bush dirige los Estados Unidos y en la aceptación de lo que Bush dice y hace sin cuestionar ni dudar.

Las razones de estas creencias erróneas no son difíciles de encontrar. En 1994, la Administración Bush dijo repetidamente a la opinión pública estadounidense que Irak tenía armas nucleares listas para ser utilizadas. Los informes de la administración Bush de que el presidente Hussein apoyaba a las unidades de Al Qaeda en Irak y de que Al Qaeda era responsable del ataque al World Trade Center (WTC) también se hicieron pasar por verdades, sin ninguna base. Sin embargo, la Red de Radio de la Derecha (RRRN) repitió alegremente estos errores, incluidos Hannity y Combs y Fox News. Hannity dijo obligatoriamente a su audiencia que las armas habían sido transferidas a Siria. Nunca ofreció una sola prueba para apoyar su afirmación. Además, Fox News y otros programas de radio escupen masas de propaganda. Los principales representantes de la propaganda radiofónica a favor de la administración Bush son :

➢ Rush Limbaugh
➢ Matt Drudge

- Sean Hannity
- Bill O'Reilly
- Tucker Carlson
- Oliver North
- John Stossell
- Gordon Liddy
- Peggy Noona
- Larry King
- Michael Reagan
- Gordon Liddy
- Dick Morris
- William Bennett
- Michael Savage
- Joe Scarborough

Larry King es uno de los títeres mejor entrenados de Tavistock. Cuando, en las raras ocasiones en que tiene a un opositor a la guerra de Bush en su programa, le da unos dos minutos para exponer sus argumentos, seguidos inmediatamente por cinco "expertos" pro-Bush para rebatir al audaz disidente.

Casi todas las personalidades de la radio mencionadas anteriormente han recibido algún tipo de formación de los expertos de Tavistock. Cuando estudiamos su metodología, vemos un claro parecido con los métodos de presentación perfeccionados en Tavistock. Lo mismo ocurre con las personalidades de la televisión, los "presentadores de noticias" y sus "noticias", que no difieren ni en contenido ni en estilo. Todos, sin excepción, llevan el sello del Instituto Tavistock.

Los Estados Unidos están en las garras del mayor y más duradero programa de control mental masivo (lavado de cerebro) y "condicionamiento" y esto se refleja en todos los niveles de nuestra sociedad. Los maestros de la manipulación, el engaño, la connivencia, el encubrimiento, las medias verdades y su hermano gemelo, las mentiras descaradas, tienen al pueblo estadounidense cogido por el cuello.

Churchill, antes de ser "transformado", dijo en la Cámara de los Comunes que los bolcheviques "se han apoderado de Rusia por los pelos". Nos atrevemos a decir que "Tavistock se ha apoderado de la cabeza y la mente del pueblo estadounidense".

A menos que se produzca un gran renacimiento del espíritu de 1776 y del que tuvo lugar entre la generación que siguió a los Padres Fundadores, los Estados Unidos están condenados al colapso, al igual que las civilizaciones griega y rosneana.

Lo que se necesita es la formación de nuestro propio "ejército invisible" de "tropas de choque" que irán a cada pueblo, cada ciudad, a lo largo y ancho de los Estados Unidos, para dirigir la contraofensiva que llevará a las tropas de Tavistock a la retirada y a la derrota final.

# APÉNDICE

## LA GRAN DEPRESIÓN

Montagu Norman, entonces gobernador del Banco de Inglaterra, y amigo íntimo de la familia de la socialista fabiana Beatrice Potter Webb, realizó una visita sorpresa a Estados Unidos como preludio del inicio de la Gran Depresión. Como puede verse, se trató de un "acontecimiento artificioso", como el hundimiento del Lusitania, que llevó a Estados Unidos a la Primera Guerra Mundial.

**Los acontecimientos que condujeron a la Gran Depresión de los años 30.**

**1928**

23 de febrero - Montagu Norman visita al Sr. Moreau, Presidente del Banco de Francia.

14 de junio - Herbert Hoover es designado candidato presidencial del Partido Republicano.

18 de agosto - Montagu Norman es reelegido presidente del Banco de Inglaterra.

6 nov - Herbert Hoover es elegido presidente de los Estados Unidos.

17 de noviembre - Montagu Norman es reelegido Gobernador del Banco de Inglaterra.

**1929**

1$^{er}$ Enero - El *New York Times* afirma que se espera una gran fuga de oro de los Estados Unidos en 1929.

14 de enero - Eugene R. Black fue reelegido como Gobernador del Banco de la Reserva Federal de Atlanta, Georgia.

26 de enero - Los informes de prensa indican que la próxima visita de Montagu Norman no tiene relación con el movimiento de oro de Nueva York a Londres.

30 de enero - Montagu Norman llega a Nueva York; afirma que sólo hace una visita de cortesía a G.L. Harrison.

31 de enero - Montagu Norman pasó un día con funcionarios del Banco de la Reserva Federal.

4 de febrero - Montagu Norman declara que su visita no debería suponer ningún cambio inmediato en la posición de la libra esterlina o del oro. El congresista Loring M. Black, Jr. presenta una resolución en la que pregunta a la Junta de la Reserva Federal si habló con Montagu Norman en el momento en que emitió su advertencia sobre el crédito o en torno a él.

10 de febrero - El representante Black presenta una resolución en la que pide al presidente Coolidge y al secretario Mellon que aclaren la visita de Norman, que no es funcionario del Banco de Inglaterra.

12 de febrero - Andrews afirma que la afirmación de que el Banco de la Reserva Federal ha perdido el control de la situación monetaria es una ilusión y afirma que el Banco puede regular el mercado a voluntad actuando sobre los redescuentos. Su declaración "ha desencadenado repetidas acusaciones de que el Sistema de la Reserva Federal ha perdido el control de la economía. "

19 de febrero - Las resoluciones de Black son rechazadas por la Comisión de Banca y Moneda.

26 de febrero - El *New York Times* informa de que muchos bancos han solicitado la colaboración del Consejo Consultivo Federal para limitar los préstamos destinados a la especulación bursátil.

4 de marzo - Herbert Hoover jura como presidente.

12 de marzo - El Secretario del Tesoro Mellon declara que no interferirá en la política del Consejo.

21 de marzo - El Banco de la Reserva Federal de Chicago adopta medidas para reducir los préstamos bursátiles recortando los préstamos especulativos en un 25-50%.

1$^{er}$ Abril - En su informe económico de abril, el National City Bank pide que se eleve el tipo de descuento al 6% para frenar la excesiva especulación bursátil. ¡Un banco propiedad de Rockefeller!

El 5 de mayo, la Reserva Federal de Kansas City aumenta el tipo de redescuento al 5%.

14 de mayo - El Banco de la Reserva Federal de Minneapolis eleva los tipos de redescuento al 5%.

19 de mayo - Se declara uniforme el aumento del tipo de redescuento al 5%; se rechaza la petición de un tipo del 6% por parte de Nueva York y Chicago.

23 de mayo - El Consejo Consultivo recomienda un tipo de redescuento del 6%.

9 de agosto - El Banco de la Reserva Federal de Nueva York elevó su tipo de interés al 6%; la medida fue calificada de "inteligente".

3 de septiembre - El National City Bank (un banco de Rockefeller-Standard Oil) afirma en su boletín mensual que el efecto del aumento de los tipos de redescuento es incierto.

29 de octubre - La caída de la bolsa pone fin a la prosperidad de la posguerra; 16.000.000 de acciones, incluidas las ventas al descubierto sin restricciones, cambian de manos.

A finales de año, la caída del valor de las acciones alcanzó los 15.000.000.000 de dólares; a finales de 1931, las pérdidas de las acciones llegaron a los 50.000.000.000 de dólares.

Nov - El Banco de la Reserva Federal de Nueva York rebaja el tipo de redescuento al 5%.

11 de noviembre - Montagu Norman es elegido gobernador del Banco de Inglaterra para un undécimo mandato.

15 de noviembre - El tipo de redescuento se reduce al 4,5%.

A lo largo de la primera parte de 1929, hubo constantes informes de envíos de oro a los EE.UU. desde y hacia Londres, creando la impresión de que el informe del 1$^{er}$ de enero era exacto. Sin embargo, con el desplome de la bolsa, la huida del oro de Estados Unidos comenzó en serio.

**Kurt Lewin**

El trabajo de Kurt Lewin (1890-1947) tuvo un profundo impacto en la psicología social y el aprendizaje experimental, la dinámica de grupos y la investigación de la acción. Lewin nació el 9 de septiembre de 1890 en el pueblo de Mogilno, en Prusia (ahora parte de Polonia). Era uno de los cuatro hijos de una familia judía de clase media (su padre era propietario de una pequeña tienda de ramos generales y de una granja).

Se trasladaron a Berlín cuando tenía quince años y se matriculó en el Gymnasium. En 1909, Kurt Lewin ingresó en la Universidad de Freiberg para estudiar medicina. Después se trasladó a la Universidad de Múnich para estudiar biología. En esta época se involucra en el movimiento socialista. Sus preocupaciones particulares parecen ser la lucha contra el antisemitismo y la democratización de las instituciones alemanas.

Se doctoró en la Universidad de Berlín, donde se interesó por la filosofía de la ciencia y descubrió la psicología de la Gestalt. Su doctorado se concedió en 1916, pero entonces estaba sirviendo en el ejército alemán (fue herido en combate). En 1921, Kurt Lewin se incorporó al Instituto de Psicología de la Universidad de Berlín, donde impartió seminarios de filosofía y psicología. Comenzó a hacerse un nombre en el mundo editorial y en la enseñanza. Su trabajo se dio a conocer en Estados Unidos y fue invitado a pasar seis meses como profesor visitante en Stanford (1930). Cuando la situación política en Alemania empeoró considerablemente en 1933, se marchó a Estados Unidos con su mujer y su hija.

Más tarde participó en el Instituto Tavistock en varias iniciativas de investigación aplicada relacionadas con el esfuerzo bélico (Segunda Guerra Mundial), en particular en lo que respecta a la influencia sobre la moral de las tropas combatientes y la guerra psicológica. Siempre fue un socialista comprometido. Fundó el Centro de Dinámica de Grupos del MIT. También participó en un programa: la Comisión de Interrelaciones Comunitarias de Nueva York. Los "grupos T" por los que Lewin se hizo famoso surgieron de este programa, que pretendía resolver los prejuicios religiosos y raciales.

Lewin obtuvo financiación de la Oficina de Inteligencia Naval y colaboró estrechamente en la formación de sus agentes. Los Laboratorios Nacionales de Formación fueron otro de sus programas de lavado de cerebro masivo que desempeñó un importante papel en el mundo empresarial.

## Niall Ferguson

Niall Ferguson es un profesor de historia que enseñó en Cambridge y ahora ocupa un puesto en Oxford. Estas son las credenciales de un "historiador de la corte" cuyo principal objetivo es proteger los mitos patrióticos y políticos de su gobierno.

El profesor Fergusson, sin embargo, escribió un ataque iconoclasta contra uno de los mitos patrióticos más venerables de los británicos, a saber, que la Primera Guerra Mundial fue una guerra grande y necesaria en la que los británicos realizaron el noble acto de intervenir para proteger la neutralidad belga, la libertad francesa y los imperios francés y británico de la agresión militar de los odiados hunos. Políticos como Lloyd George y Churchill argumentaron que la guerra no sólo era necesaria sino inevitable. Para ello contaron con la ayuda de la fábrica de propaganda de Wellington House, "la casa de las mentiras", como la llama Toynbee.

Ferguson plantea y responde a diez preguntas concretas sobre la Primera Guerra Mundial, siendo una de las más importantes si la guerra, con sus diez millones de bajas, mereció la pena.

No sólo responde negativamente, sino que llega a la conclusión de que la Guerra Mundial no era necesaria ni inevitable, sino que fue el resultado de decisiones gravemente erróneas de los dirigentes políticos británicos, basadas en una percepción inadecuada de la "amenaza" que suponía Alemania para el Imperio Británico. Ferguson lo llama "nada menos que el mayor error de la historia moderna".

Va más allá y atribuye la mayor parte de la culpa a los británicos, ya que fue el gobierno británico el que finalmente decidió convertir la guerra continental en una guerra mundial.

Sostiene que los británicos no tenían ninguna obligación legal de proteger a Bélgica o Francia y que la acumulación naval alemana no los amenazaba realmente.

Los líderes políticos británicos, argumenta Ferguson, deberían haberse dado cuenta de que el principal temor de los alemanes era ser rodeados por el creciente poder industrial y militar de Rusia, así como por el gran ejército francés. Además, sostiene que el káiser habría cumplido su promesa a Londres en vísperas de la guerra de garantizar la integridad territorial de Francia y Bélgica a cambio de la neutralidad británica.

Ferguson concluye que "la decisión británica de intervenir fue el resultado de una planificación secreta por parte de sus generales y diplomáticos, que se remonta a 1905" y se basó en una interpretación errónea de las intenciones alemanas, "que se imaginaban de proporciones napoleónicas". Los cálculos políticos también influyeron en el estallido de la guerra. Ferguson señala que el Secretario de Asuntos Exteriores Edward Grey proporcionó el impulso que puso a Gran Bretaña en pie de guerra. Aunque la mayoría de los demás ministros se mostraron indecisos. "Finalmente aceptaron apoyar a Grey, en parte por miedo a ser expulsados del poder y dejar entrar a los Torys en la Cámara".

Tal era el poder de las mentiras y la propaganda que emanaban de Wellington House, el precursor del Instituto Tavistock de Relaciones Humanas.

La Primera Guerra Mundial sigue preocupando a los británicos hasta el día de hoy, al igual que la Guerra Civil sigue atormentando a los estadounidenses. Las bajas británicas en la guerra ascendieron a 723.000, más del doble que en la Segunda Guerra Mundial. El autor escribe:

> "La Primera Guerra Mundial sigue siendo lo peor que el pueblo de mi país ha tenido que soportar".

Uno de los mayores costes de la guerra, prolongada por la participación británica y estadounidense, fue la destrucción del gobierno ruso.

Ferguson sostiene que, en ausencia de la intervención británica, el resultado más probable habría sido una rápida victoria alemana con algunas concesiones territoriales en el este, pero sin revolución bolchevique.

No habría habido Lenin, ni tampoco Hitler.

> "En última instancia, fue gracias a la guerra que ambos hombres pudieron alzarse para establecer despotismos bárbaros que perpetraron aún más masacres".

Según Ferguson, si los británicos se hubieran mantenido al margen, su imperio seguiría siendo fuerte y viable. Cree que los británicos podrían haber coexistido fácilmente con Alemania, con la que tenían buenas relaciones antes de la guerra. Pero la victoria británica tuvo un precio "mucho mayor que sus ganancias" y "acabó con la primera edad de oro de la 'globalización' económica". Pero la despiadada propaganda antialemana convirtió esas buenas relaciones en enemistad y odio.

La Primera Guerra Mundial también supuso una gran pérdida de libertad personal. "La Gran Bretaña en tiempos de guerra... se convirtió por etapas en una especie de estado policial", escribe Ferguson. Por supuesto, la libertad es siempre una víctima de la guerra y el autor compara la situación británica con las medidas draconianas impuestas en América por el presidente Wilson.

La supresión de la libertad de expresión en Estados Unidos "ridiculizó la pretensión de las potencias aliadas de luchar por la libertad". Lo que el profesor Fergusson sabía era que Wilson había impuesto las peores restricciones a la libertad de expresión. Incluso intentó que arrestaran al senador La Follette por oponerse a la guerra.

Aunque Ferguson se dirigió principalmente al público británico, es relevante para los estadounidenses que siguieron trágicamente a los británicos, aturdidos por la propaganda y completamente manipulados, en dos guerras mundiales, a costa de una enorme pérdida de libertad como resultado de la centralización del poder en el gobierno del Leviatán en Washington.

Se pueden extraer muchas lecciones valiosas de la oportuna advertencia de que el Instituto Tavistock, sucesor de Wellington House, ha demostrado lo fácil que es condicionar y controlar las mentes de grandes segmentos de la población.

**"La Gran Guerra: el poder de la propaganda**

Los frutos de la guerra que la gente de a pie de Gran Bretaña, Francia, Alemania, Bélgica y Rusia no quería: muertos en la flor de la vida:

| | |
|---|---|
| **Gran Bretaña y el Imperio** | 2 998 671 |
| **Francia** | 1 357 800 |
| **Alemania** | 2 037 700 |
| **Bélgica** | 58,402 |

Esto se refiere principalmente a las muertes en el "Frente Occidental" y el "Frente Oriental" y no incluye las pérdidas en otros frentes por otras naciones. El coste ascendió a 180.000.000.000 de dólares en contabilidad directa y 151.612.500.000 dólares en contabilidad indirecta.

Las dos batallas de la Primera Guerra Mundial mencionadas en este libro :

**Passchendaele.** La batalla comenzó el 31 de julio de 1917 y se prolongó durante tres meses. Las pérdidas ascendieron a 400.000 hombres.

**Verdún.** Comenzó el 21 de febrero de 1916 y terminó el 7 de junio. 700.000 hombres muertos.

**Los esfuerzos de propaganda posteriores**

El Instituto Tavistock ha perfeccionado tanto sus técnicas que, según la reciente opinión de los expertos, el 70% de todo el capital y los recursos humanos que los programas de publicidad/propaganda del gobierno de EE.UU. dedican a objetivos estratégicos se destinan a operaciones psicológicas, la propaganda de la que se componen estas operaciones psicológicas se ha convertido en la parte más significativa de lo que significa ser estadounidense y británico.

El nivel de propaganda es ahora tan alto, tan abarcador, que los científicos sociales se basan en ella como la totalidad de la vida estadounidense, y como resultado de esta propaganda sostenida, la vida en ambos países se ha convertido en una simulación. Tavistock predice, al igual que los filósofos y sociólogos desde Beaudrilliard hasta McLuhan, que esta simulación pronto sustituirá a la realidad.

La percepción pública de la propaganda la asocia a la publicidad y al tipo de propaganda partidista que se emite en las tertulias radiofónicas, o a un predicador radiofónico celoso. De hecho, todas estas son formas de propaganda, pero en su mayor parte se reconocen como tales.

El anunciante intenta inculcar su producto o servicio particular en la mente de la audiencia. Los comentarios políticos hacen exactamente lo mismo y, del mismo modo, las emisiones religiosas se dedican tanto a motivar a los seguidores para que adopten una determinada línea de acción, como el apoyo a la guerra o a un país que consideran "bíblico" y que debemos apoyar con exclusión de otros, como a cambiar la orientación espiritual de los oyentes no comprometidos. De este modo, esperan que los oyentes se sientan persuadidos a adoptar las ideas de los oradores o a seguir su ejemplo en apoyo de tal o cual objetivo. Cualquier "prédica" sobre Oriente Medio en la radio estadounidense, en particular, revela rápidamente este objetivo.

Otros tipos de comunicación, en todos los medios de comunicación, son mucho más intrusivos, como la información deliberadamente tendenciosa o falsa e incompleta, presentada como verdad o hecho objetivo. En realidad, se trata de pura propaganda disfrazada de noticia, en la que destacan los licenciados de Tavistock.

La propaganda forzada, introducida por primera vez por Bernays en Wellington House para persuadir a la fuerza a la población que no está dispuesta a ello, se realiza mediante la repetición científica. La Primera Guerra Mundial fue un gran día para la Casa Wellington, con miles de reputaciones como "El carnicero de Berlín", etc.

Durante la última Guerra del Golfo, el pueblo estadounidense no se inclinaba a preocuparse por una invasión de Saddam Hussein, pero Powell, Rice, Cheney y una sucesión de "autoridades" hicieron creer al pueblo estadounidense que Saddam Hussein podría conjurar pronto un "hongo nuclear" sobre Estados Unidos, aunque sus afirmaciones no eran ciertas.

La afirmación de que "Saddam era una amenaza para sus vecinos" fue repetida una y otra vez por funcionarios del gobierno y líderes militares, a los que pronto se sumó un gran número de personas.

Las organizaciones privadas, los comentaristas políticos, los intelectuales, los artistas y, por supuesto, los medios de comunicación ocuparon los titulares, aunque estuvieran basados en capas de mentiras.

Los mensajes de propaganda difieren, pero el mensaje básico es siempre el mismo. El volumen de avisos y la diversidad de fuentes implicadas han servido para confirmar en la mente de la gente que la amenaza es real. Los eslóganes ayudan a los oyentes y lectores de este material propagandístico a visualizar el "peligro", que está orquestado no tanto para proteger al país como para generar una participación activa elevando el nivel de histeria.

Esta es una práctica común utilizada por Gran Bretaña y Estados Unidos en todas las guerras en las que han participado desde 1900 hasta la actualidad. El clima de miedo resultante ha tenido el efecto deseado: una rápida expansión de la investigación militar y el almacenamiento de armas y "ataques preventivos" en Serbia e Irak.

La propaganda se desmoronó durante la guerra de Vietnam, cuando los estadounidenses vieron la brutalidad de los combates en sus salas de estar y la noción de una guerra "defensiva" se derrumbó. Los responsables de las guerras de Serbia e Irak se cuidaron de que no se repitiera el error.

El efecto de la propaganda fue tan grande que la mayoría de los estadounidenses siguen creyendo que Vietnam fue una guerra "anticomunista". Desde la Guerra Fría en general -la crisis de los misiles en Cuba- hasta Serbia, la propaganda permitió que las hostilidades florecieran y se multiplicaran.

La propaganda de la época anticomunista fue hecha a medida por Tavistock y diseñada para facilitar el desarrollo de una expansión militar global de Estados Unidos que se venía dando desde la creación del Instituto de Relaciones Pacíficas en los años 30 y con la que McCarthy había tropezado.

Hay otros tipos de propaganda insidiosa; otros tipos de propaganda se dirigen al comportamiento social o a las lealtades de grupo. Lo vemos en la aparición de la decadencia de la moral que ha barrido el mundo en una ola de propaganda bien dirigida del tipo fomentado por H. V. Dicks, R. Bion, Hadley Cantril y

Edward Bernays, los científicos sociales que en su momento dirigieron la operación en Tavistock. Su producto, la propaganda, es la ilusión de la verdad fabricada por estas prostitutas propagandistas del engaño y la mentira.

# Bibliografía

*Journey Into Madness*, Gordon Thomas

*MK. Ultra 90*; CIA

*American Journal of Psychiatry*, enero de 1956; Dr. Ewan Cameron.

Documentos relativos a las actividades de la "Sociedad para la Investigación de la Psicología Humana". Era una tapadera para los experimentos de control mental de la CIA.

*Ethics of Terror*, Prof. Abraham Kaplan.

*The Psychiatrist and Terror*, el profesor John Gun.

*The Techniques of Persuasion*, I.R.C. Brown.

*The Psychotic; Understanding Madness*, Andrew Crowcroft.

(Una vez que se entiende la "locura", se puede recrear en cualquier tema).

*The Battle for the Mind*, Invicta Press.

*The Mind Possessed*, Invicta Press.

*The Collected Works of Dr. Jose Delgado*

*The Experiments of Remote Mind Control (ESB)*: Dr. Robert Heath.

El Dr. Heath ha realizado con éxito experimentos con el EGS que han demostrado que puede crear lapsos de memoria, provocar impulsos repentinos (como disparos aleatorios), evocar el miedo, el placer y el odio a sus órdenes.

*ESB Experiments*, Gottlieb.

El Dr. Gottlieb afirmó que sus experimentos condujeron a la creación de una persona psicocivilizada, y luego de toda una sociedad psicocivilizada, en la que cada pensamiento, emoción, sensación y deseo humano está completamente controlado por la estimulación eléctrica del cerebro.

El Dr. Gottleib dijo que podía detener a un toro de carga en su camino; programar a los humanos para que maten a la orden.

Documentación detallada de los experimentos realizados por la CIA con el CSE, bajo el control del Dr. Stephen Aldrich.

*The Collected Research Papers of Dr. Alan Cameron.*

Se encontraron con la enorme colección de documentos sobre experimentos de control mental, empaquetados en 130 cajas, realizados por el Dr. Gottleib y que no había destruido como le había ordenado la CIA.

The *New York Times*, diciembre de 1974. "Una exposición de los experimentos de control mental de la CIA. "

Aparte de lo anterior, existe la propia obra del Dr. Coleman, *Metaphysics, Mind Control, ELF Radiation and Weather Modifications*, publicada en 1984 y actualizada en 2005.

En el mismo libro, el Dr. Coleman explica cómo funciona el control mental y da ejemplos claros. Ha ampliado su trabajo anterior con *Mind Control in the 20$^{th}$ Century*, que detalla explícitamente cómo han avanzado las técnicas de control mental.

*A Dynamic Theory of Personality*. Dr. Kurt Lewin

*Time Perspective and Morale*

*The Neurosis of War*. W.R. Bion (Macmillan Londres 1943)

'Experiences in Groups' (*Lancet*, 27 de noviembre de 1943)

*Leaderless Groups* (Londres 1940)

*Experiences in Groups* (Boletín Mensajero)

*Catastrophic Change,* (The British Psychoanalytical Soc.)

*Elements of Psychoanalysis*, Londres 1963

*Borderline Personality Disorders*, Londres

*Force and Ideas*, Walter Lippmann

*Public Opinion*, Walter Lippmann

*Crystallizing Public Opinion*, Edward Bernays

*Propaganda*, Edward Bernays

The *Daily Mirror*, Alfred Harmsworth 1903/1904

The *Sunday Mirror*, Alfred Harmsworth 1905/1915

*Calidad humana*, Aurelio Peccei 1967

*El abismo por delante,* Aurelio Peccei

*Guillermo II, emperador de Alemania*. Correspondencia de Guillermo II

*Memorias de Lenin*, N. Krupskaya (Londres 1942)

*La crisis mundial*, Winston Churchill

*How We Advertised America*, George Creel, Nueva York 1920

*Wilson, La nueva libertad*, Arthur S. Link 1956

*La Conspiración de Acuario*, Marilyn Fergusson

*Algunos principios de la persuasión de masas*, Dorwin Cartwright

*Journal of Humanistic Psychology*, John Rawlings Reese

*Comprender el comportamiento del hombre*, Gordon Alport

*Invasión de Marte*, Hadley Cantrill

*La guerra de los mundos*, H. G. Wells

Terror por radio, The *New York Times*

*Psicología de la ciencia*, Aldous Huxley

*Una historia de reyes*, El Duque de Windsor

*Mis cuatro años en Alemania*, James W. Gerard

*Bajo el talón de hierro*, G. W. Stevens

*La era tecnotrónica*, Zbigniew Brzezinski

*Publicaciones del Instituto de Desarrollo y Gestión*, Ronald Lippert,

Cuando la investigación-acción se convierte en una metodología de guerra fría

*La ciencia de la coacción*, Renses Likert

Sistemas y estilo de gestión.

*Tensiones mentales*. H.V. Dicks

*El estado de la psiquiatría en la psiquiatría británica*, H.V. Dicks

*La Jungla*, Upton Sinclair

*Apelación a la razón Los cambistas*

*Técnicas de Propaganda en la Guerra Mundial*, Harold Lasswell

*Imperial Twilight*, Berita Harding

*Inocencia y experiencia*, Gregory Bateson

*Por el amor de Dios*, Bateson y Margaret Meade

*Echaron a Dios del jardín*, R.D. Laing

Pasos hacia una ecología de la mente. Los hechos de la vida.

*En nuestro camino*, Franklin D. Roosevelt

*Cómo perecen las democracias*, Jean François Revel

*Disraeli*, Stanley Weintraub

*Fuerza bruta: Tácticas de estrategia aliadas en la Segunda Guerra Mundial*. John Ellis

*Los campos de concentración en Sudáfrica*, Napier Davitt

*The Times History of the War in South Africa*, Sampson Low 7 Vols.

*El hombre de la organización*, Jorgen Schleiman 1965

*Stalin y el comunismo alemán*, Jorgen Schleiman 1948

*Willi Munzenberg Una biografía política*, Babetta Gross 1974

*La técnica de la propaganda en la guerra mundial*, Harold Lowell

*La amenaza de la propaganda*, Frederick E. Lumley 1933

*Historia del Partido Comunista Ruso*, Leonard Schapiro 1960

*Neue Zurcher Zeitung*, 21 de diciembre de 1957

*El ascenso al poder de los bolcheviques y la revolución de noviembre*, A.P. Kerensky 1935

*Diez días que estremecieron al mundo*, John Reed 1919

# Ya publicado

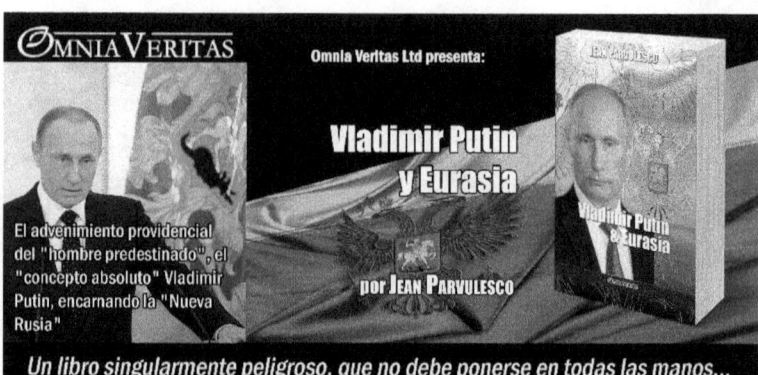

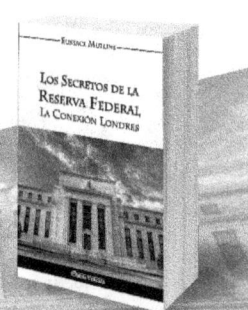

**OMNIA VERITAS**

Omnia Veritas Ltd presenta:

**LOS SECRETOS DE LA RESERVA FEDERAL**
LA CONEXIÓN LONDRES

POR
**EUSTACE MULLINS**

*La historia americana del vigésimo siglo ha grabado los logros asombrosos de los banqueros de la Reserva Federal*

AQUÍ ESTÁN LOS HECHOS SIMPLES DE LA GRAN TRAICIÓN

**OMNIA VERITAS** Omnia Veritas Ltd presenta:

**EUSTACE MULLINS**

**MUERTE POR INYECCIÓN**

SE REVELA LA RED SECRETA DEL CÁRTEL MÉDICO

**OMNIA VERITAS** OMNIA VERITAS LTD PRESENTA:

**NUEVA HISTORIA DE LOS JUDÍOS**

por
**EUSTACE MULLINS**

*A lo largo de la historia de la civilización, un problema específico ha permanecido constante para la humanidad...*

Un pueblo irritó a las naciones que lo habían acogido en todas las partes del mundo civilizado

## OMNIA VERITAS

Omnia Veritas Ltd presenta:

### HISTORIA PROSCRITA
### I
### LOS BANQUEROS Y LAS REVOLUCIONES

POR

VICTORIA FORNER

*Los procesos revolucionarios necesitan agentes, organización y, sobre todo, financiación, dinero.*

**LAS COSAS NO SON A VECES LO QUE APARENTAN...**

## OMNIA VERITAS

Omnia Veritas Ltd presenta:

### HISTORIA PROSCRITA
### II
### LA HISTORIA SILENCIADA DE ENTREGUERRAS

POR

VICTORIA FORNER

*"El verdadero crimen es acabar una guerra con el fin de hacer inevitable la próxima."*

**EL TRATADO DE VERSALLES FUE "UN DICTADO DE ODIO Y DE LATROCINIO"**

## OMNIA VERITAS

Omnia Veritas Ltd presenta:

### HISTORIA PROSCRITA
### III
### LA II GUERRA MUNDIAL Y LA POSGUERRA

POR

VICTORIA FORNER

*Distintas fuerzas trabajaban para la guerra en los países europeos*

**MUCHOS AGENTES SERVÍAN INTERESES DE UN PARTIDO BELICISTA TRANSNACIONAL**

# EL INSTITUTO TAVISTOCK DE RELACIONES HUMANAS

www.ingramcontent.com/pod-product-compliance
Lightning Source LLC
Chambersburg PA
CBHW050132170426
43197CB00011B/1805